高等职业院校公共基础课系列教材

活页式教材

创新教育与创业基础

主编　黄奕　李想　薛靖

同济大学出版社
TONGJI UNIVERSITY PRESS
·上海·

内 容 提 要

本书以问题为导向，将课内和课外的教学训练和实践有机结合，突出学生的实践、应用与反思，是创新创业教育改革的创新性尝试。本书包括创新和创业两个单元模块，共九个专题，创新单元模块介绍国内外先进的创新发明理论，创业单元模块围绕大学生群体近年来的创业先进典型案例展开。每个专题后都配有实训内容，方便教师和学生在教学过程中进行双创实践。

本书通俗易懂，可供普通高等学校和高等职业院校作为创新创业教育相关课程的教材使用，也可供相关研究者参考借鉴。

图书在版编目(CIP)数据

创新教育与创业基础 / 黄奕，李想，薛靖主编. —上海：同济大学出版社，2022.12(2024.12重印)
ISBN 978-7-5765-0596-2

Ⅰ.①创… Ⅱ.①黄… ②李… ③薛… Ⅲ.①大学生—创业—教材 Ⅳ.①G647.38

中国版本图书馆CIP数据核字(2022)第256094号

创新教育与创业基础

主编 黄 奕 李 想 薛 靖

责任编辑 任学敏 **助理编辑** 竺奕辰 **责任校对** 徐春莲 **封面设计** 渲彩轩

出版发行 同济大学出版社 www.tongjipress.com.cn
(地址：上海市四平路1239号 邮编：200092 电话：021-65985622)
经　　销 全国各地新华书店
排　　版 南京文脉图文设计制作有限公司
印　　刷 苏州市古得堡数码印刷有限公司
开　　本 787mm×1092mm 1/16
印　　张 16.5
字　　数 412 000
版　　次 2022年12月第1版
印　　次 2024年12月第3次印刷
书　　号 ISBN 978-7-5765-0596-2

定　　价 64.80元

前　言

创新是社会进步的灵魂，创业是推动经济社会发展、改善民生的重要途径。党的二十大报告更是指出，创新才能把握时代、引领时代，创新是第一动力。要实现高水平科技自立自强，进入创新型国家前列。为此，要关注广大青年人才的成长发展，鼓励青年有理想、敢担当、能吃苦、肯奋斗。解决好青年就业问题，完善促进创业带动就业的保障制度，支持和规范发展新就业形态。

随着宏观形势的变化，一直以就业教育为主的中国高等教育，开始认识到创新创业教育的重要性，国内各级教育部门开始探索创新创业教育与创新创业的相关性，高等院校开始鼓励学生自主创新创业。创新创业教育相关教材旨在推动专创融合的高等教育改革。

增强教材的双创功能是本书的鲜明特点。也就是说，一方面要促进学生创新，另一方面要促进学生创业。创新创业教育以推进素质教育为主题，以提高人才培养质量为核心，以创新人才培养机制为重点，以政策为保障，以完善的教学条件为支撑，促进高等教育与科技、经济、社会紧密结合，加快建设规模可观、富有创新精神、勇于投身实践的创新创业人才队伍。这就要求创新创业的课程教学体现素质性、通识性、基础性、实践性等特征，应以创业的要素为脉络，重在对学生可迁移能力和素质的培养，为学生今后更好地融入社会、实现自我价值做准备。本教材较为朴实地运用了社会建构主义(Social Constructivism)学习理论和基于学习产出的教育模式(Outcomes-based Education，OBE)，在教材中实现了对实践教学的引领性应用，突出了以学生为主体、以教师为主导的教学特色，使学生能够在教师的引导下，用自己的思考和行为完成创新创业课程的学习和自我成长。这种方式既方便了教师的教，更有利于学生的学，可以实现教师好用、学生会学、学有所得的教材应用效果。

本教材强调了创新创业教育课程内容的连贯性与系统性，以问题为导向，将课内和课外的教学训练和实践有机结合，在体现教学的过程性管理的同时，还突出了学生的实践、应用与反思，是创新创业教育改革的创新性尝试。本教材在知识方面突出了实用性而非研究性，利用移动学习技术使知识更具有系统性和全面性，满足有限的课程学习时间内各类教学群体的不同需求，使教材的应用具有了良好的可拓展性和可操作性。本书的创新单元模块中运用了国内外先进的创新发明理论，创业单元模块结合了大学生群体近年来的创业先进典型案例。配套的专题实践环节有9个实践任务，以双创启蒙、创新思维、创新方法、创业机会、创业团队、商业模式、商业路演等活动为载体，着力提高大学生创新创业能力。每个章节都有主题鲜明的练习内容，促进教师和学生在教学过程中实现双创实践。

本教材由福建船政交通职业学院的黄奕、李想、薛靖担任主编，在此感谢北森生涯(北京)教育科技有限公司福建区域经理李炳贤参与编写和指导。在编写本教材的过程中，编者参考和引用了部分国内外同类教材和有关文献资料，在此对参考文献的作者表示谢意。

由于编者水平有限，时间仓促，书中难免存在疏漏之处，希望大家对教材内容的不足之处提出宝贵意见，以帮助我们不断地提高教材质量，改进教学方法。

编　者

2022年10月

目　录

专题一

认识创新创业

名人名言

希望你们扎根中国大地了解国情民情，在创新创业中增长智慧才干，在艰苦奋斗中锤炼意志品质，在亿万人民为实现中国梦而进行的伟大奋斗中实现人生价值，用青春书写无愧于时代、无愧于历史的华彩篇章。

——习近平总书记给第三届中国“互联网＋”大学生创新创业大赛“青年红色筑梦之旅”的大学生的回信

课前互动

问卷调查

1. 你认为创业者要具备哪些核心的职业素养和能力？

A. 奋斗精神	B. 团队精神	C. 创新精神
D. 工匠精神	E. 领导能力	F. 科研能力
G. 统筹能力	H. 思考能力	I. 解决问题的能力
J. 沟通能力	K. 表达能力	L. 其他：________

2. 你认为目前自身较强的能力有哪些？

____

3. 数据分析：

(1) 对班级同学的回答进行整理。

(2) 分析自己和同学个人能力的现状和特点。

学思之窗

前些年有人采访史玉柱时问及为什么投资巨人网络这样一个游戏公司，史玉柱很实在地回答说："我就很喜欢玩游戏，每天在办公室玩，被下属看到后感觉不好意思，不如干脆投资一个游戏算了。"不妨试试以下的三二法则，即选择以下三个问题问问自己，如果有两个"是"，项目就可以进行；回答三个"是"，则要恭喜你找到了毕生奋斗的事业。这三个问题是：你对项目感兴趣吗？短时期内能挣钱吗？长时间来看有发展吗？因兴趣而萌生的创业往往会走得很远并且取得较大的成就。青年人朝气蓬勃，充满了各种新想法，更容易找到感兴趣的事业。

根据上述背景材料及所在学校的实际，探讨以下问题：

（1）兴趣对于创新创业的作用大吗？

（2）大学生创新应该从何处下手？

（3）如何找到感兴趣、有前途的好项目？

第一节 创新创业概述

一、社会发展与创新创业

（一）创新创业是推动创新型国家建设的第一动力

目前，中国的改革正进入攻坚阶段，产业结构正进行优化和调整。国家坚持把创新与创业、创业与就业紧密结合起来，大力发展战略性新兴产业和数字经济，培育壮大新动能。创新创业可推进经济社会的全面发展、协调发展和可持续发展，推动创新型国家的建设；同时使各方面利益得到统筹兼顾，促进社会更加和谐稳定，形成人尽其才的体制机制。

（二）创新创业是引领经济发展的核心要素

当前，世界百年未有之大变局加速演进。以创新带动各类资源和要素的进步为经济增长提供了新动能，不但解决了阻碍经济发展的各种矛盾，也促进了传统经济发展模式的转变。首先，创新创业推进产业结构调整加快步伐。新兴行业的出现和投资主体的多元化，都与创新创业密不可分。其次，创新创业促进知识向现实生产力的转化。创业成功有利于知识向资本的转化，有利于资本与知识、技术的融合，资本借助知识又能发挥更强大的作用，这将有力地促进经济发展、财富增长与结构调整，提高国家整体竞争能力。最后，创新创业为经济增长提供了新动能。科技创新活动和产业的发展，可以促进科技创造能力提升、促进科技流动能力提升、促进科技产业化能力提升，从而使社会经济高质量发展。

（三）创新创业促进个人全面发展

创新创业正在为世界点亮美好。习近平总书记深刻指出，人的创造力是个人、民族、国家发展的最大动力源。每个人都是社会的一员，个人创新创业意识越强，竞争能力提升就越快，综合素养就越好，职业生涯发展也就越顺利。因此，学习创新创业知识，掌握创新创业方法，让每个人利用所学知识和本领进行创业，就有可能创造世界，改变未来。

二、国内外创新创业教育的发展

（一）国外创新创业教育发展情况

随着宏观形势的变化，创新创业教育已经在世界范围内引起了广泛重视。1998 年 10 月，联合国教科文组织在巴黎召开该组织成立 50 年来首次世界高等教育会议，发表了《21 世纪的高等教育：展望与行动世界宣言》（以下简称《宣言》）和《高等教育改革和发展的优先行动框架》。两个文件都强调，必须把培养学生的创新创业技能和创新创业精神作为高等教育的基本目标。《宣言》称，培养创新创业技能与主动精神，应成为高等教育主要关心的问题，因为毕业生将成为工作岗位的创造者。

1. 美国

美国作为最早发展创新创业教育的国家，到目前为止，已经有 60 多年的创新创业教育历史了，在理论和实践方面均领先于世界各国。美国高校的创新创业教育从研讨型、教学型延伸到创新创业型；其教学设置也成为一个专业研究方向，美国高校制订了一套完备的、具有特色的创新创业教育的上课体系和教学计划。

特色的高校创新创业教育研究体系有以下五个特点：①比较完善的学科体制；②有明确的创新创业人才培养目标；③师资队伍较为卓越；④既丰富又实用的实践教学活动；⑤优质课程设置得更为系统化。

美国考夫曼创新创业领导中心报告显示，在美国有 91%的人认为创新创业是一项令人尊敬的工作，每 12 个人中就有一个人想开办属于自己的企业。迄今为止，美国高校毕业生创新创业比率已达到近 25%，远远高出世界各国创新创业比率。

2. 日本

日本高校创新创业教育最初的目的就是培养学生成为企业家、实业家，以达到刺激日本经济复苏的效果，有效地缓解全球经济危机给日本带来的就业压力，体现了创新创业教育功利性极强的特点。但是随着时间发展，近年来，日本高校的创新创业教育将原有的功利性教育转变成了现今的大众式教育。

日本的创新创业教育结构分为 3 个部分：针对高中生的创新创业教育培养、针对本科学生的创新创业教育培养，以及与当地政府、行业协会共同进行的创新创业培训。

日本高校的创新创业教育的特点：①由政府主导，高校和社会辅助政府完成创新创业教育；②创新创业教育极具地域性；③创新创业教育体系具有连贯性；④风险企业计划对于创新创业教育发展有卓越的成效。

3. 英国

1982 年，英国政府成立“英国高校学生创新创业”项目，这意味着英国的创新创业教育的开始。项目开展以来，英国高校毕业生就业率和自主创新创业率得到了有效的提高。之后，英国将创新创业教育的目标改为培养创新创业者品质。21 世纪，英国的创新创业教育目标又改变为对创新创业文化进行建设及营造出和谐的企业环境。

英国的创新创业教育历经了多年的发展之后，很大程度地提高了其普及程度，发展了课程设置及活动实践等方面。因此，英国的创新创业文化氛围更趋向宽容，配套设施也比较完善。但由于英国高校针对创新创业教育开设的课程较少，大多数都是商业课程，各地区发展并不均衡。

（二）国内创新创业教育发展情况

创新创业教育被联合国教科文组织称为教育的“第三本护照”，被赋予了与学术教育、职业教育同等重要的地位。一项统计表明，在发达国家，大学生创新创业的比例一般占 20%至 30%，但中国大学生创新创业的比例不到毕业生总数的 1%。在这样的背景下，大学生创新创业教育在中国高校逐步开展。

1. 起步与萌芽阶段(1998—2002 年)

1989 年年底，在北京召开的联合国教科文组织“面向 21 世纪教育国际研讨会”正式提出了“创新创业教育”这一概念，这是创新创业教育在我国正式开始出现的标志。1998 年，具有里程碑意义的事件是我国的清华大学首次引入了创新创业教育并在其管理学院率先为 MBA 开设了企业创新和创新创业管理方向的课程。同年 5 月，清华大学学生社团——清华大学学生科技创新创业者协会成功举办了第一届“创新创业计划大赛”，从此拉开了中国创新创业教育的序幕。创新创业计划大赛推动了全国高校创新创业的热潮，引发了全国高校对创新创业教育的探究。

这一阶段，国家并没有出台针对创新创业教育明确而专门的纲领性文件或教育政策，创新创业教育尚处于刚刚起步和萌芽的阶段。

2. 尝试与探索阶段(2002—2010 年)

2002 年，教育部高教司发布《创新创业教育试点工作会议纪要》，确定包括清华大学在内的 9 所高校作为“创新创业教育试点”，标志着创新创业教育在我国正式开始进入探索阶段。同年，旨在探索创新创业教育作为高等院校人才培养的新模式，学术界探讨了拟在各大高校开设创新创业教育课程的设想。这也是“创新创业教育”作为一个固定专业名字的最早呈现。

2003 年是我国高校扩大招生规模后本、专科生全面毕业的第一个就业高峰年，而且自此以后每年高校毕业生就业没有“最难”，只有“更难”。高校毕业生就业给整个社会带来了前所未有的压力。这一阶段，国家越来越意识到高校创新创业教育的重要性，许多高校根据自身发展需要都采取了相应的措施，加入到创新创业教育改革与探索的行列中来。

2004 年，为了探索我国的创新创业教育发展模式，教育部组织试点院校相关专业人员赴多所美国高校进行深入细致地考察、学习和交流，全方位、多角度地了解美国创新创业教育文化及其高校开展的创新创业教育的情况。

2009 年，高等教育学会在中南大学成立中国高等教育学会创新创业教育分会，这标志着高校创新创业教育的发展有了专门性的组织。第二年，我国第一家学术理论类期刊《创新与创业教育》由中南大学和高等教育学会创新创业教育分会联合创办，此期刊旨在搭建一个创新创业教育学术活动与交流的有效平台，从而更好地推广与加强我国的创新创业教育。

紧接着，国家出台了一系列明确而具体的政策和纲领性文件。这充分彰显了国家对高校开展创新创业教育的高度重视和大力支持，也推进高等院校创新创业教育从理论走向实践探索。

3. 全面推进与拓展阶段(2010—2013 年)

2010 年 5 月，教育部颁发的《关于大力推进高等学校创新创业教育和大学生自主创新创业工作的意见》(教办〔2010〕3 号)中第一次将“创新”的概念融入“创新创业教育”之中，形成独具中国特色、符合我国国家经济社会发展要求的创新创业教育。同年 6 月，《国家中长期人才发展规划纲要》和《国家中长期教育改革和发展规划纲要》(2010—2020 年)相继出台并指出要“加强就业创业教育和就业指导服务”，着重强调创新创业教育对创新型人才培养的重要性，要求各高校将其融入学校人才培养的全过程。

因此，2010 年被学术界公认为是我国创新创业教育进入全面实施的元年。“创业教育”拓展为“创新创业教育”，其理念和模式在中华人民共和国教育部的政策性文件中被正式列出，这些文件的出台标志着我国高校创新创业教育已进入全面推进阶段并拓展至全国高等院校。2012 年教育部办公厅出台的《普通本科学校创新创业教育教学基本要求》中指出，各高校应创设各种条件，把“创新创业基础”作为一门必修课程面向全体学生开设。

4. 成熟与蓬勃发展阶段(2014 年至今)

2014 年 9 月，在“大江南北”“长城内外”的中华大地上，涌现了一批又一批的“弄潮儿”，他们“向涛头立”，到“中流击水”，积极投身于“大众创新创业”“草根创新创业”的浪潮中。

2015 年 6 月，国务院发布的《关于大力推进大众创业万众创新若干政策措施的意见》，指出推进大众创业、万众创新，是发展的动力之源。2016 年 6 月北京展览馆举办了以“创新驱动发展，科技引领未来”为主题的国家“十二五”科技成果展。这向外界传递了一个明确的信息，即党中央号召全党全国各族人民进一步实施创新驱动发展战略，继续在加快和推进创新型国家建设、世界科技强国建设的历史进程中建功立业。

2017 年 10 月，在党的十九大报告中，习近平总书记多次强调创新创业的重要性，要求注重培养学生的技术技能和创新创业能力。2018 年 3 月，人力资源社会保障部

《关于做好2018年全国高校毕业生就业创业工作的通知》(人社部函〔2018〕16号)指出,要坚持把高校毕业生就业摆在就业工作首位,以实施就业创业促进计划为抓手,突出创新创业引领、基层成长两大方向。2019年7月,人力资源社会保障部发布的《关于做好当前形势下高校毕业生就业创业工作的通知》指出,要加强创新创业教育,并将创新创业培训向校园延伸,提升大学生创新创业能力。2021年,全国普通高校毕业生就业创业指导委员会由教育部组建,旨在全面贯彻党的教育方针,落实立德树人根本任务,围绕全面提升高校毕业生就业创业能力和质量,做好毕业生就业创业研究、咨询、指导、服务和评估等工作。

2022年9月15日上午,全国大众创业万众创新活动周北京会场暨中关村创新创业季活动在中关村国家自主创新示范区展示中心启动。本届双创周北京会场活动以"创新增动能,创业促就业"为主题,高标准举办启动仪式、线上展示、大赛路演等一系列精彩活动,全方位展现创新创业取得的新进展、新成就和新突破。活动周通过云启动、云展览、地方云上分会场、部委活动专区等平台开展系列活动,展示我国创新创业的新进展、新成效,多渠道促进创新创业,进一步营造有利于创新创业的良好发展环境,释放全社会创新创业的动能,助力形成以国内大循环为主体、国内国际双循环相互促进的新发展格局。

三、大学生创新创业教育的意义

(一)有利于建设创新型国家,满足建设知识经济社会的迫切需要

2020年10月16日,习近平总书记在中央政治局第二十四次集体学习时强调,当今世界正经历百年未有之大变局,科技创新是其中一个关键变量。我们要于危机中育先机、于变局中开新局,就必须向科技创新要答案。建设创新型国家,其核心就是培养高水平创新人才,把增强自主创新能力作为发展科学技术的战略基点,走出中国特色自主创新道路。而在高校开展创新创业教育是建设创新型国家的重要举措,是培养创新创业型人才的重要力量。

(二)促进人才合理分配,推进科技成果向生产的转化

我国科技成果的转化率较低,据统计,我国科技成果转化率仅为6%~8%,人才高度密集的北京中关村科技成果转化率也只有20%,与发达国家的50%相差甚远。高校创新创业教育可促进大学生利用自身专业技能进行创新创业,通过创办中小型企业和研发新产品,加大科技成果的转化率,为建设创新型国家作出贡献。

(三)有利于提高学生综合素质,增强我国的总体竞争力

创新创业教育旨在培养学生思维的灵活性、敏捷性和创造性,培养出具有独创能力,能够提出问题、解决问题,有积极进取与开拓精神的人才,使其在面向现代化、面向世界、面向未来的经济开放型的社会中立于不败之地。

第二节 认识创新

一、创新的内涵

美籍奥地利经济学家约瑟夫·熊彼特(Joseph Alois Schumpeter)在其著作《经济发展理论》中首先提出,创新是指企业家对于生产要素"进行新的结合",从而获得超额利润的过程。

熊彼特描绘了五种创新组合:①引入新的产品或提供产品的新质量;②采用新的生产方法、新的工艺过程;③开辟新的市场;④开拓并利用新的原材料或半成品的新的供给来源;⑤采用新的组织方法。创新大致可分为以下四类。

(一) 产品创新

产品创新是指提出一种能够满足顾客需求或解决顾客问题的新产品。例如,海尔推出的"环保双动力"洗衣机("不用洗衣粉的洗衣机"),集波轮式、滚筒式、搅拌式于一体,以健康、环保、节能的优越洗衣性能受到专家和消费者的一致青睐。每月销量都以50%以上的幅度迅速提升,成为洗衣机更新换代的首选。其独有的膜化学、电渗析电解专利技术使产品在不用洗衣粉的状态下,就能轻松达到和洗衣粉一样的洗净效果。海尔又运用变频技术推出了洗好1公斤衣物平均大约只需2分钱的功能。

(二) 工艺创新

工艺创新是指企业采取某种方式对产品、服务的加工生产过程、工艺路线及设备所进行的创新。其目的是提高产品质量、降低生产成本、降低消耗、改善工作环境与增强灵活性,最终将价格、质量和性能各方面都很突出的产品提供给市场。另外,产品创新与工艺创新的区分并不是绝对的,有时两者之间的边界不甚清晰。例如,一台新型的太阳能动力轿车既体现了产品创新,也是工艺创新。

案例分享

华为关于5G方案的创新战略

1987年华为在深圳注册成立,并于2009年开始有计划地布局5G,逐步从基础研究、技术开发走向终端商用。根据华为5G的发展历程,将其5G创新生态系统划分为孵化期、生长期和上升期。上升期是华为关于5G方案应用和商用部署的战略期。2019年6月,工信部发放5G商用牌照,我国正式进入5G商用元年。华为已经获得超过100个5G商用合同,稳居世界第一。

(1) 创新主体。各创新主体动态变化明显,且数量持续增加。器件供应商、设备制造商、运营商等参与者经过市场选择与淘汰,最终筛选出创新网络中适合留存的创新主体。政府作为创新中介继续提供政策支持,对企业合作平台的创立起到重要推介作用。老牌竞争者爱立信、诺基亚在国内的5G份额被边缘化,中兴逐渐成为国内市场主要对手。华为与国内高校5G学术交流频繁,5G研发中心在北美、欧洲、国内等地均有设立,呈现全球布局的趋势。

(2) 创新生境。我国连续颁布5G基地建设、场景培育、技术研发与安全保障等领域相关纲要、通知,对5G基站建设提出明确目标。移动互联网趋向工业互联网,用户的场景化体验迭代成为企业不可忽视的关键要素。5G第一个演进版本标准完成提高了商业应用效率。

(3) 创新资源。上升期创新资源达到新的历史高度,主要表现为以下几个方面:一是资金实力较雄厚。华为发布2022年前三季度经营业绩,销售收入4 458亿元人民币;二是5G领域全球领先优势明显,芯片研发和关键技术处于全球领先水平,是全球唯一能够提供端到端5G商用解决方案的通信企业;三是加大5G人才梯队培养。华为从5G能力咨询、培养、认证三大体系开展对5G人才的培育工作,提供"5G人才启航论坛"等平台,实现场景与人才能力匹配的快速就绪。

(4) 创新边界。地域、组织、知识边界高度渗透融合,区域内同质性、异质性边界同时出现。创新主体为了获得更多的机会和互补资源通过多途径联结在一起,5G知识边界交融。由于部分国外5G供应商无法继续提供关键零部件,亟需挖掘国内市场形成区域内同质性、异质性边界扩展。值得关注的是,华为海思的存在为华为5G成果商业化的推动提供可靠保障,包揽了华为5G基站、5G手机重要芯片,是华为5G的坚实后盾。2021年华为意图推动消费云、华为云业务与5G的简化,以组织架构变动实现组织内部边界扩展。

(5) 创新机制。华为根据市场空间的调整,在以下3个方面做出了机制变动。在研发上继续加大5G芯片理论突破与基础技术研究,推出5G终端产品。在2020年遭受疫情冲击的全球艰难背景下,华为研发费用再创历史新高,占全年收入的15.9%,芯片技术转化为商业化成果进程明显加快。在管理上华为坚持"硬件开放,软件开源,使能合作伙伴"的策略,以华为为技术核心构建兼容5G相关企业及用户的创新生态系统平台的目标愈加清晰。在价值上华为着重聚焦利益机制,在提升自身利润的同时也顾及相关者的利益,令参与者得到产品或服务的单独盈余,实现价值共创。

(案例来源:李妍,李天柱. 5G企业创新生态系统演化模型:华为公司的案例研究[J/OL],科学学与科学技术管理:1-30[2022-12-15]. http://kns.cnki.net/kcms/detai/12.1117.G3.20221126.2010.002.html)

思考

你怎样理解华为的5G创新上升期?

（三）服务创新

服务创新是企业为了提高服务质量和创造新的市场价值而发生的服务要素的变化，是对服务系统进行有目的、有组织地改变的动态过程。服务创新的理论来源于技术创新，两者之间有着紧密的联系。

1. 服务产品创新

服务产品创新指服务内容或服务产品的变革，重点是产品的设计和生产能力。例如，可以在自行车车座的组件中添加灌有凝胶的材料从而增强减震效果，而并不需要对自行车的其余结构做任何改变。

2. 服务流程创新

服务流程创新指服务产品生产和交付流程的更新。这两者经常交叉，如在供应商和顾客关系比较密切的服务企业，顾客需要参与到服务流程中，服务产品由供应商和顾客共同完成，那么产品与流程就很难区分，所以在这些企业中，区别产品创新和流程创新是困难的。

3. 服务管理创新

服务管理创新是指服务组织形式或服务管理的新模式。例如，服务企业导入全面质量管理（TQM）、海底捞火锅对员工独特的管理创新等。

4. 服务技术创新

服务技术创新是指支撑企业提供服务的技术手段方面的创新，如支付宝推出的“刷脸支付”、华为 Mate40 智能手机的隔空操控 AI 技术、电影院推出的网上自助订票及选座服务等。

5. 服务模式创新

服务模式创新是指服务企业提供服务的商业模式方面的创新。例如，有初创公司针对传统的洗车店、推拿店而推出的 O2O 上门洗车服务、O2O 上门推拿服务等。

以上五种服务创新都应以用户的服务体验为核心，如图 1-1 所示。

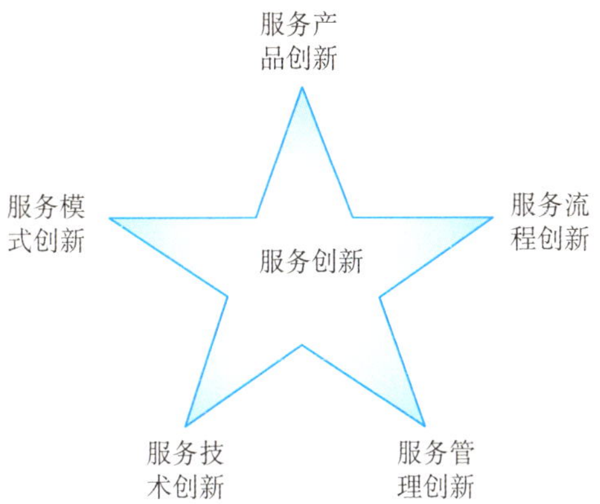

图 1-1　服务创新五角星模型

（四）商业模式创新

商业模式创新指力求满足顾客不断变化的要求，为顾客提供更多的价值，为企业开拓新的市场，吸引新的客户群的经营策略。例如，传统的书店决定利用互联网来销售书籍，即开通网上书店。与传统书店相比，中国图书网和当当网就是一种商业模式创新。

二、创新的特征

（一）渐进性

渐进性创新是指在原有的技术轨迹下，不断对产品或工艺流程等进行的程度较小的改进和提升。许多实证的研究显示，渐进性创新能维持企业现有产品的竞争能力。例如，优秀的格力集团科技人员和企业家正精益求精地进行着自己的渐进性创新以提高家电的性能。

案例分享

腾讯的渐进性创新

腾讯是最早执行快速迭代微创新的互联网企业之一，这种能力使它击败了MSN、联众、盛大等众多互联网巨头，获得强大的盈利能力。

从QQ的第一个版本到现在，腾讯发布了数以百计的QQ版本，这其中当然有大的重构和功能的革新，但更多的是遍布在小版本中的渐进性创新。

从2011年1月推出到年底，微信在1年的时间里更新了11个版本，平均每个月迭代1个版本。1.0版本仅有聊天功能，1.1版本增加对手机通信录的读取，1.2版本打通腾讯和微博，1.3版本加入多人会话，2.0版本加入语音对讲功能。直到这个时候，腾讯才完成了对竞争对手的模仿和追赶，开始创新之路，2016年9月微信小程序开启内测，并于2017年1月正式上线。2017年12月28日，微信更新的6.6.1版本开放了小游戏功能，微信启动页面还重点推荐小游戏“跳一跳”，吸引了大量用户参与。2018年，微信陆续更新了语音搜索、制作个人表情、将重要好友设置为“强提醒”、切换账号等功能。2019年，更新了即刻视频、订阅号分组管理、留言、朋友圈特别关注及分组等功能。2020年，更新了深色模式、支付分、拍一拍、指尖搜索等功能，为用户提供更多服务。

（案例来源：整理自网易 https://www.163.com/dy/article/CQ79RVBK0514CN9Q.html）

思考

腾讯以“微创新”著称，但也有很多人认为这与抄袭无异，请就此谈谈你的看法。

（二）突破性

突破性创新是指产品性能的主要指标发生巨大跃迁，对市场规则、竞争态势、产业版图具有决定性影响，甚至使产业重新洗牌的一类创新。

这类创新需要全新的概念与重大的技术突破，往往需要优秀的科学家或工程师花费大量的资金，历时8~10年或更长的时间来实现。这些创新常伴有一系列的产品创新、工艺创新及企业组织创新，甚至导致产业结构的变革；通过改进流程，显著降低成本或显著提高产量也可以说是一种突破。

（三）不确定性

创新的不确定性是必然的，创新程度越高，不确定性就越大。创新的不确定性主要来自市场、技术、战略的不确定性。市场的不确定性主要源于很难把握市场需求，以及不易把市场需求引入创新过程。技术的不确定性可能导致不能准确表达市场需求特征，设计并制造出的产品或工艺可能满足不了市场需求和设计目标。战略的不确定性主要是针对重大技术创新和重大投资项目而言的。

（四）耗时性

从创新研究来看，大多数创新进展是非线性的。创新进程中会出现激进、倒退甚至不可预见的延迟等现象，并且伴随随机的相互影响，继而导致创新的耗时。

案例分享

美的从成本领先到创新驱动

随着人口红利逐渐消失、资源环境约束日益趋紧，我国制造业成本优势正在逐步削弱，美的集团股份有限公司（简称美的）通过技术创新、体系创新、经营创新、产品创新，实现从成本领先的规模效益型向创新驱动的质量效益型竞争战略转型升级，发展成为集消费电器、暖通空调、机器人与自动化系统、供应链管理、芯片、电梯等产业于一体的科技型企业集团，旗下拥有美的、小天鹅、安得、美芝等十多个知名品牌。

2020年以来，新冠肺炎疫情、国际经贸摩擦冲击全球产业链供应链。面对多种不确定性因素叠加的发展环境，2020年12月30日，美的通过官方微信公众号发布公告，决定对集团发展战略及整体业务架构进行战略调整，将原有的消费电器、暖通空调、机器人与自动化系统、创新业务四大业务板块更新迭代为智能家居事业群、机电事业群、暖通与楼宇事业部、机器人与自动化事业部、数字化创新业务部五大业务板块，提出围绕“科技领先、用户直达、数智驱动、全球突破”四大主轴的创新驱动发展战略。这标志着美的在以研发为主导的创新驱动模式基础上，更加重视打造数字驱动的全价值链及柔性化智能制造能力，通过国际化合作、数智驱动、科技创新，进一步增强核心竞争力，推动企业高质量发展。开始从成本领先的规模效益型向有差异化竞争优势的质量效益型战略转型，不仅实现了企业的逆周期增长，更为美的迈上创新驱动的高质量发展道路奠定了基础。美的战略转型的创新路线图分为“屋顶”“墙面”和“地面”三个部分。

“屋顶”是企业使命、愿景、价值观，对美的创新发展战略起着引领作用。2018年，美的发布了新的愿景、使命和价值观，即以“科技尽善，生活尽美”为愿景，以“联动人与万物，启迪美的世界”为使命，恪守“敢知未来——志存高远，客户至上，务实奋进，包容共协，变革创新”的价值观。“墙面”是创新路线相关模块，包括“3(三轮联动)＋3(三项原则)＋3(三种途径)”发展思路和“市场—产品—技术”三大发展路线。“地面”是创新路线的基础依托，为美的战略转型提供组织结构、人力资源、管理模式、资源配置等保障服务。美的累计专利申请量达16万件，专利授权量达6.26万件，授权发明专利连续五年居家电行业第一。美的致力于建立开放式创新平台，打造市场导向的敏捷型、学习型、去中心化创新组织，构建了“2＋4＋N”全球化研发网络：“2”指顺德总部全球创新中心和上海全球创新园区，“4”指美国路易斯维尔、德国斯图加特、日本大阪、意大利米兰4个全球性全品类研发中心，“N”指分布在全球各地的单一品类、单一技术和某一核心技术研发中心。近年来，美的围绕“全价值链优化”目标，以数智驱动的体系创新为抓手，实施“创新专利化、专利标准化、标准国际化、美的标准走出去”战略，搭建全球化创新平台。截至目前，美的已经在11个国家建立了28个研发中心，涵盖33个研究领域，拥有各类研发人员16 000多名，形成了领先全球家电行业的研发网络规模优势、研发人才优势和研发成果转化应用优势。在市场路线方面，美的紧随“服务立体化、节能环保化、健康大众化、功能多样化、智能人性化”五大需求趋势，聚焦“国外发达市场、国外新兴市场、国内成熟市场、国内潜力市场”四大市场，通过创新营销模式、打造高端品牌群、提供高于同行业的服务标准等举措，实施差异化市场竞争战略。美的产品创新以“用户直达”为导向，遵循“生产一代、提升一代、储备一代、研发一代、构思一代”的发展路线，通过聚焦核心产品、精心培育潜力产品、深度挖掘名优产品三大“亮点”，做强空调、冰箱、洗衣机、微波炉、机器人五大产业链，形成“重点突出、层次清晰、特色明显、竞争力强”的产品结构，并积极拓展新业务成长空间。

（案例来源：谷增军，马欣蕾．美的从成本领先到创新驱动[J]．企业管理，2022(03)：84-88.）

思考

请通过网络搜索美的公司的信息，试分析美的公司的产品与其创新有什么样的关系。

（五）阻力性

新技术的发展往往会创造新产业、摧毁旧产业。而现有权力结构会对任何重要创新产生冲击，会存在对变革的敌意。当创新摧毁原来的工作方式、权力和财富时，便会招致敌意。只有在新技术带来的益处大大超过它的预期风险时，才会被接受。

二、创新精神

（一）创新精神的内涵

创新精神是一个国家和民族发展的不竭动力，指具有能够综合运用已有的知识、信息、技能和方法，提出新方法、新观点的思维能力和进行发明创造、改革、革新的意志、信心、勇气和智慧。创新精神属于科学精神和科学思想范畴，是进行创新活动必须具备的心理特征，包括创新意识、创新兴趣、创新胆量、创新决心以及相关的思维活动。

例如，不满足已有认识（掌握的事实、建立的理论、总结的方法），不断追求新知；不满足现有的生活生产方式、方法、工具、材料、物品，根据实际需要或新的情况，追求新颖、独特、与众不同的事物；不墨守成规（规则、方法、理论、说法、习惯），敢于打破原有框框，探索新的规律、新的方法；不迷信书本、权威，敢于根据事实和自己的思考，向书本和权威质疑；不盲目效仿别人的想法、说法、做法，不人云亦云，唯书唯上，坚持独立思考，说自己的话，走自己的路等，这些都是创新精神的具体表现。只有具有创新精神，我们才能在未来的发展中不断开辟新的天地。

（二）创新精神的特征

1. 反对僵化教条，打破旧的平衡

当今世界，科技革命把人类带入了一个全新的时代，知识积累速度加快，知识传播手段日新月异，信息知识的产业化进程飞速发展，知识经济和传播媒介成本降低，知识经济时代已初现端倪。大学生就应该打破现有思维束缚，敢于在“换一种想法、换一种做法、换一种活法”的过程中追新求异，勇于创新。

2. 反对孤立静止，突破原有限制

古希腊哲学家赫拉克利特曾说过：“人不能两次踏入同一条河流。”创新是时代发展之精华，是推动历史前进之动力，而片面、孤立、静止的形而上学思维方法，只能阻滞思路，堵塞言路，窒息民主，扼杀创新。要发展、要变化、要前进，就必须突破原有的思想限制，增强事物发展中的前瞻性与预见性，不断创造新事物，开拓新的生存和发展空间。

3. 反对因循守旧，创立新的模式

因循守旧来源于思想上的惰性。很多大学生在长期的学习中比较强调客观，强调主观要顺从客观，因而往往拘泥于书本知识，停留在维持性的学习上，没有充分发挥主观能动性。大学生要敢于挑战权威，充分发挥主体学习的创造性、积极性，使自己成为尊重事实、独立思考、充满自信的人。

三、创新成果转化

（一）创新成果转化的概念

创新成果转化，指创新成果知识产权人，通过自己使用、许可使用、转让、特许经营等方式行使创新成果知识产权的财产权利，实现创新成果知识产权的经济价值。创新成果的取得和保护是让智力成果转化为经济价值和市场效益。创新成果知识产权的转化，既为权利人实现其财产权利提供了渠道，又让社会大众分享创新成果的效用，从而实现了激励创造、鼓励传播、促进社会进步的目的。

（二）创新成果转化模式

1. 自主创业

自主创业即自己使用、自主发布成果，是指个人、科研院所、大专院校、企业等创新者的创新成果在内部进行消化的一种成果转化模式。其特点是创新成果的成果源与吸收体融为一体，将市场交易内部化，消除了中间环节，转化交易成本较低，转化效率较高。

对于朝气蓬勃的大学生而言，通过自身的创业，把青年人的奇思妙想和创新思维转化为商品和利润，显得更为重要和紧迫。对于我国这样的一个人口大国来说，面临严峻的就业压力时，创业不再是少数人的专利，而是多数人的选择。

2. 许可使用

创新成果的许可使用，是指产权人授权他人在一定时期和范围内，以一定的方式行使创新成果的使用权并获得相应报酬的行为。“许可是在不转让财产所有权的条件下让渡财产中的权利”，这包含了以下四点含义：创新成果产权中的人身权利不得许可使用；许可使用不导致产权所有权的主体发生变化；许可使用不得超出许可人自身所拥有的权限；被许可人不得超出合同约定范围行使权利。著作权、专利实施和商标都可以进行许可使用。

（1）著作权的许可使用

著作权许可使用，指著作权人授权他人在一定的地域、期限内，以一定方式使用其作品并获得报酬的行为。著作权许可使用是最常见的著作权贸易方式，是著作权人实现其著作财产权的主要方式。

案例分享

青年作家获得著作权收益

一间毛坯宿舍，一台台式电脑，两张并排放置的书桌。胡磊读书坊成立于2015年3月。读书坊成员、湖北文理学院大三学生张金梦创作的民国爱情传奇丛书《仙侣奇缘：郁达夫与王映霞》由北岳文化出版社出版后反响不错，已经有传媒公司购买这本著作的电视剧改编权。之后，出版社又邀请她写《萧红传》。

（资料来源：周娜.胡磊读书坊惠及上万人，荆门日报，2016年8月31日第6版）

思考

目前，将小说改编为影视剧的案例非常多，如《鬼吹灯》《盗墓笔记》等，请通过查阅相关资料，讨论其共同的特点、差异是什么。

（2）专利实施许可

专利实施许可是指专利权人授权他人在一定地域、期限内，以一定方式，包括使用、制造、销售等方式，实施其专利并获得报酬的行为。专利实施许可是最常见的专利贸易形式，是专利权人获得经济价值的主要途径之一。

案例分享

大学生靠申请专利成百万富翁

吴刚，浙江师范大学职业技术教育学院数控专业大三学生，已申请技术专利40多项，目前审查通过18项。

“实在不好意思，我只想用专利技术入股，不想卖掉。如果你们不接受，我会考虑找其他公司合作。”面对北京某公司的“甜言蜜语”，昨天，吴刚又一次委婉谢绝。

这已经是吴刚第N次拒绝对方了，尽管对方提出的8万元收购价十分诱人，不过这个在大二就靠专利年收入近百万的“专利哥”，还是把持得很牢。

在老师和同学们眼中，吴刚对科研近乎痴狂。大二时，他就向国家知识产权局递交了40多项专利申请，目前已经审查通过18项。吴刚说，由于开始不懂“行情”，最贵的专利才卖了3万多元，便宜的8 000元就卖掉了。

除了自己发明专利，吴刚还在淘宝上开了店，卖的不是商品，而是服务，专门代别人写专利。“这是一个知识产权的时代，国家越来越重视保护知识产权。个人、企业等申请专利的越来越多，我的生意才越来越好。”吴刚说，他不只局限在自己熟悉的数控、机械领域，还和全国其他领域的知识产权代理事务所合作，进行业务共享。

思考

请尝试总结并讨论吴刚这种创业方式的根本方式是什么。

（3）商标的许可使用

商标许可使用是指注册商标所有人授权他人在一定地域、期限内，以一定方式使用其注册商标并获得报酬的行为。商标许可使用是现代商标法的主要内容，是商标注册人实现其商标经济价值的主要形式。

3. 产权转让

创新成果的转让，指创新成果产权所有人依法将其享有的创新成果的产权中的财产权利全部或部分转让给他人的行为。当前，许多创新成果通过有偿转让，实现其经济价值。

（1）著作权转让

著作权转让是指著作权人依法将其享有的著作财产权的全部或者部分转移给他人的行为。通过著作权转让，受让人成为该作品全部或者部分财产权的权利人，转让人丧失相应权利。

（2）专利权转让

专利权转让指专利权人依法将其专利权转移给他人的法律行为。转让人有权依照合同收取转让金；受让人有权受让该项专利权，成为新的权利主体。

案例分享

重庆市高校研究生发明专利获200万元转让费

记者从重庆科技学院获悉，该校一研究生研发的国内首台低成本3D打印抛光机，通过中央电视台科教频道的《发明梦工厂》栏目竞拍，获200万元专利转让费。

大四就加入学校大学生创新创业团队的刘洪伟，在老师的带领下开始研究3D打印抛光机。通过温度的控制、耗材的选择等一系列改进设计，刘洪伟自主研发出一种环保材料，运用材料转移技术为3D打印成品抛光。

“国内尚没有成熟的3D打印抛光机，国外的产品售价则高达几万美元，而且所使用的耗材极其昂贵。”刘洪伟告诉记者，他自主研发的3D打印抛光机售价只有2 000～5 000元/台，价格大大低于国外产品，而且抛光速度很快。

中央电视台科教频道《发明梦工厂》栏目播出了刘洪伟的发明后，一共有6家企业举牌参加竞拍。由于该发明填补了国内空白，最终该专利以200万元实现转让。

（案例来源：创业邦）

思考

此例对于专利权转让有何借鉴意义？

（3）商标转让

商标转让是指商标权人依法将其注册商标专用权转移给他人的法律行为。商标权人为转让人，接受注册商标专用权的一方为受让人。

第三节 | 认识创业

一、创业的内涵

“创业”在《现代汉语词典(第7版)》里被定义为开创基业。“创”，篆文从刀，仓声，是形声字。“业”，篆文像古代乐器架子横木上的大板，上面刻有锯齿，以便悬挂钟、鼓等乐器。后引申为学业、事业、职业、行业、就业、产业、创业等。由此可见，创业是创字当头，业为基础。这就意味着任何一项事业都是一个由无到有、由小到大、由简到繁、由旧到新的创造过程。

创业是新颖的、创新的、灵活的、有活力的、有创造性的、能承担风险的过程，是包括创造价值、创建并经营一家新的营利性企业的过程，是通过个人或一个群体投资组建公司，提供新产品或服务，有意识地创造价值或实现某种追求或目标的过程。

从创业的性质来看，可以是学业、事业、专业、产业等；从类别来看，包括各行各业、各种职业和岗位；从范围来看，有个人的小业，集体的中业，国家、社会的大业；从动机层次看，可以是自发创业、自主创业、自觉创业等；从过程来看，会经过起始阶段、中间阶段和成就阶段。

二、创业模式

(一) 加盟

1. 加盟创业及其在中国的发展

作为一种现代化的商业模式，特许加盟是特许人向被特许人提供一种独特的商业经营特许权，并给予人员训练、组织结构、经营管理、商品采购等方面的指导和帮助，被特许人向特许人支付相应的费用。

据中国连锁经营协会的调查结果显示，目前我国特许加盟已经覆盖了13个大类别，80多个细分行业和业态，主要行业有餐饮业、休闲旅游、零售业，教育文化、商业服务、家庭服务、汽车服务、IT业等新兴行业的特许加盟也在快速推进。

2020年1月20日，商务部等13部门联合发布了《关于推动品牌连锁便利店加快发展的指导意见》，提出鼓励各地引进国内国际知名的品牌连锁便利店企业；鼓励连锁便利店企业股权并购、强强联合，推动国有便利店企业与直营连锁、加盟连锁等多种经营模式结合；鼓励吸收大学生加盟创业。

如今，优良的创业环境与优越的创业政策促使越来越多的大学生加入创业队伍。与个人创业比起来，连锁加盟分享品牌资源、分享经营诀窍、分享资源支持的特点为大学生创业者省去了诸多的创业烦恼。据统计数据显示，在相同的经济领域里，个人创业的成功率低于20%，而加盟创业的成功率则高达80%。

2. 采取特许加盟方式进行创业的优势和可行性

（1）弥补社会经验不足的劣势

以特许加盟方式从事连锁经营，可以通过扬长避短的方式来提高大学生创业的成功率。但连锁加盟并非零风险，一般来说，大学生创业者刚走出校门，对市场不了解，资金实力较弱，适合选择启动资金不多、人手配备要求不高的加盟项目，从小本经营开始为宜。此外，最好选择运营时间在5年以上、拥有10家以上加盟店的成熟品牌。

（2）弥补动手能力差的劣势

刚出校门的大学生虽然具备理论知识，但动手能力差，缺乏实际的操作经验。大学生加入特许加盟企业，可以立即得到特许总部在管理技巧、经营诀窍及服务、质量、业务知识等方面的培训；有时总部还会派专业的工作人员帮助加盟者解决特许加盟企业在开业之初及经营过程中出现的问题，使之集中精力以最有效的方式经营和管理企业。

（3）弥补资金缺乏的劣势

对于大学生创业来说，最关心和最棘手的问题就是资金的筹集。特许加盟的资金门槛较低，有很多低成本加盟项目的开业资金需要得并不多，如餐饮业、服务业等。甚至有些特许总部还会向加盟者预拨一部分资金作为财政援助帮助创业者度过初期的困难；还有些总部会联系银行采用担保方式，使加盟者获得贷款。

（4）享有知名品牌、商标带来的利润

特许总部已经建立起了良好的公众形象，提供高品质的产品和服务。特许加盟方式可以让大学生分享特许总部的无形资产，借此迅速建立自己稳固的市场地位并不断发展壮大。

（5）受益于整体广告带来的客源及减少广告宣传费用

特许总部为了扩大市场知名度，会定期在市场大力宣传，而特许总部的广告宣传费由众多加盟者分摊，因此，加盟者分摊的宣传成本相比独自宣传来说要低很多。这样，大学生加盟就可以减少很多宣传费用。

案例分享

茗记甜品：大学生加盟成功案例讲坛

一次由美食体验迸发的创业想法

小志与茗记甜品“结缘”于一次偶然的品尝。“当时有一家名为茗记甜品的甜品店在市区开张，我和朋友逛街时正好碰上就进行了试吃。”小志说。谁知这么一次随意的甜品消费，却令小志对茗记甜品印象深刻，萌发了创业的想法，“它10点开张，11点就爆满了，那是我第一次见到如此的‘开张盛况’”。

茗记甜品店座无虚席

据小志介绍，每到黄昏时分，茗记甜品总会迎来人流高峰期，既有一家老小来这里吃甜品聊家常的，也有情侣小聚的，同学、朋友之间的聚会更是经常选择在茗记甜品。对于大多数消费者来说，茗记甜品不仅就餐环境舒适，甜品也好吃实惠，因而成为他们消费聚餐的首选之地。

创业分享：胆大心细

加盟茗记甜品的小志表示，2年前他之所以敢做出“集资”之事，是因为茗记甜品的项目优势给了他很大的信心。而事实也证明，小志仅花了小半年的时间，就将资金返还于朋友，并给予了他们不少分红。

（案例来源：搜狐网）

思考

小志能够通过加盟创业成功，其关键因素有哪些？

（二）积累演进

积累演进创业模式是最为困难也最为接地气的创业方式。该模式对创业者要求较低，适用于在创业初期没有成熟的条件、不具备很突出的专业技能、没有充足的资金或资源，但却有创新创业的勇气和必胜信心、卓越的社会能力和解决问题的能力的创业者或创业团队。这是一个从无到有、从零开始的创业模式，由量变引起质变，最后成就一番事业。

案例分享

拼多多的独特创业模式

在2020年的“6·18”和“双11”的“百亿补贴”和10亿现金红包等钜惠福利的带动下，拼多多平台订单量较去年同期增长119%。2022年，拼多多入选福布斯2022全资企业2000强榜单，排名第581位，俨然已经成为互联网零售行业的后起之秀，更是淘宝、京东的强力对手。

从白手起家到千亿市值，拼多多做对了什么？

市场策略

拼多多抓住了国内的下沉市场。先是通过低价来吸引三、四线城市的用户，等到有一定基础之后，就来吸引一、二线城市的用户，一、二线城市的用户大多是在拼多多购买生鲜和农产品。拼多多还会对一些农产品商家进行扶持，进一步吸引一、二线城市的用户。

差异性特点突出

拼多多将零售行业四原则“多、快、好、省”中的“省”做到了极致，将“省”作为最能突出其差异化的特点和能给消费者带来与众不同体验的地方。平台上产品的头部效应、规模效应非常明显，产品低价的重要原因是以价换量。就拿“百亿补贴”来说，消费者买了便宜的好东西、商家赚了更多的钱，同时消费者留存率变高了，后面的规模效应起来后再减弱补贴，最终退出补贴。这就是黄峥说的让“省”这个概念占据消费者“心智”的过程，这个过程可能会持续很长时间，可推广效应绝对是明显的。

广告宣传

2020 年多次“零元领现金红包”的宣传活动以“反正闲着也是闲着，还不如赚点钱”的口号迅速在朋友圈里流传。此外，拼多多还和湖南卫视等平台合作开展“现金红包”“9 块 9 秒杀 iPhone 11”等福利活动，表示让消费者的购物既要实惠多多，也要乐趣多多，使参与者人数不断攀升。

（案例来源：创业超市网）

思考

逐步演进式的创业，需要大量时间、资源和精力的积累，往往需要很久以后才能看到成效，你是否愿意这样创业？

（三）网络创业

1. 创建网站

大学生中有少数人拥有良好的计算机网络知识储备，因此，会选择创建网站这种方式进行网络创业。大学生创建的网站前期通常以校园周边资讯的整合为主，以此来增加网站的浏览量和点击量。下一步转向吸引校园周边的实体店铺入驻网站，通过为实体店铺提供这样一个面向校园的宣传平台进而向实体店铺收取入驻费来获得利润。

2. 创建网店

基于淘宝这一类平台的存在，目前大学生中大多数人创业时选择开网店。对于大学生而言，开网店较之其他的创业方式具有进入门槛低、投入资金少、时间灵活、风险低等优点。

3. 网络自由职业者

目前还有少数大学生基于网络这一庞大的社交媒介和信息平台选择做一些网络自由职业者，如游戏陪练、淘宝等网店的客服、杂志的自由撰稿人等。这一类工作可以随时随地开展，工作更加自由，但是由于收入微薄，常常作为兼职。

案例分享

携手打造剧情短视频

短视频平台的火爆，带火了草根、造就了网红，无数人从中看到了机遇。在广佛智城的佛山市絮初文化有限公司——抖音号“荃小七”的运营团队，就是从发小结盟创业到组成成熟团队，而迅速崛起的短视频多频道网络(MCN)机构。

美女大学生的剧情短视频之路

荃小七的扮演者小七成熟、甜美，今年才大四。但她做过演艺公司的练习生、演员，参演过电影和30多个抖音账号的视频，从艺是她的梦想，抖音是她起步的平台。2018年，在熟人的帮助下，她开始参演短视频。

2019年，她心怀梦想，加入了絜初文化有限公司，这家初创公司带领她创造出了属于自己的IP——“荃小七”，依靠原创的剧情短视频为社会传递着正能量。在小七的故事里，有关于职场，关于亲情、友情的暖心剧作，反映当代青年职场、生活中的酸甜苦辣；也有“偷药救母”这样的正能量伦理剧，感动着百万网友。

有一个网友在抖音里私信后台说：“每一次难过的时候看看你们的视频，都会带来感动、带来能量。”这样的评价对“荃小七”团队也是莫大的鼓励。也有人看了视频后发问：“现实中哪有这样的人？”小七说：“可能你没有遇到过，但是你可以做这样的人。”

正是秉持着这样的信念，小七觉得她的作品更加具有意义，创作起来也动力满满。由于团队人数有限，小七既是主演，也是编剧之一，这是她专业学习传媒带来的优势。此外，在现场的拍摄、灯光、文案等环节，她都参与其中，与团队融为一体，共同为粉丝带来优质的内容。

相比同班同学，她提前锁定了就业岗位，对职业的前景抱有着信心。

三发小结盟创业，走上内容电商之路

“荃小七”团队背后的运营公司，是由三个发小合资创立的。现在的主要负责人黄生说，他看到了短视频运营的趋势，于是拉上了另外两个发小，创立了絜初文化有限公司。

他们的创业过程分成四个步骤。第一步，公司选址。他们看中的地方离广州近、创业氛围好、园区拍摄环境也很好，因此选择落户在广佛智城。

第二步，选择做什么内容。絜初认为，正能量在任何一个时代都不会落伍，都会有市场。于是打造传播正能量的IP成为他们的首选。

第三步，募集演员。他们相中了小七，除了她长相甜美的原因，还因为她演技全面，适合大多数角色。

第四步，内容制作。刚开始时，他们二次创作影视剧和小说的桥段，取得了不错的成效，获得了几十万的粉丝量。随后他们坚定内容创作，通过原创、二次创作，慢慢做大账号的同时，也承接拥有600万粉丝的网红账号，做内容代运营，播放量最高达到过2亿次。随后他们通过在作品中融入广告变现。

此外，随着业务越做越大，团队也越趋成熟，加之此前创始人积累的资源，絜初文化开始承接企业抖音策划、培训和账号孵化等业务，拥有了自己的商业模式。

现在，絜初也开始做直播带货服务，为汽配、手机、服饰、美妆、零食等行业的商家直播带货。

（案例来源：搜狐网）

思考

本案例给了你怎样的启示？

（四）知识型创业

知识型创业模式就是大学生将自己的专长或技术发明转化为直接的生产力，通过“知本＋资本”的方式发展成企业。知本指的是大学生创业者所具备的某一专业能力、技术特长或成功研制的一项新产品、新工艺；资本指的就是投资者的风险投资。

知识型创业模式主要集中在电子信息、生物技术、高科技农业等技术含量高、知识密集型的行业。当今大学生思维新颖、思路活跃、敢于先行先试，用智力换资本。一些风险投资家往往就因为看中大学生所掌握的先进技术，而愿意对其创业计划进行资助。因此，打算在高科技领域创业的大学生，一定要注意技术创新，开发具有自己独立知识产权的产品，吸引投资商。

案例分享

创新未必要“硬来”

独立自主的技术创新之路

折叠屏手机最关键也最独特的零部件，就是那块柔性屏，早在 2018 年 10 月，柔宇就发布了全球首款折叠屏手机 FlexPai 柔派，并持续研发，推出了第三代蝉翼全柔性屏，通过了中国计量科学研究院 180 万次折叠测试认证。

与目前主流的三星路线不同，柔宇的蝉翼全柔性屏选择了一条前人没有走过的自主技术创新路线：超低温非硅制程集成技术（ULT-NSSP™）能够有效精简柔性显示面板的核心工艺制程，使得量产良品率和产品弯折可靠性大幅提升，同时投资成本和生产周期也显著降低。柔宇的特立独行曾经饱受外界的质疑：既然三星等国际厂商已经蹚出了低温多晶硅（LTPS）这条可行的技术路线，柔宇为什么还要走别人没走过的道路？

在柔性屏领域，LTPS 的一些关键点掌握在日韩厂商的手中。不仅产量有限，而且单台售价高达 10 亿元。为了不被供应链卡脖子，柔宇实现了整个技术方案的自主可控，包括材料体系、制程工艺、器件设计、电路设计、显示驱动芯片以及整个产线。同时，整个产线成本可以很好地控制，投入成本仅为其他厂商的八分之一或者五分之一。

两线作战的商业模式创新

既然柔宇一开始做的是柔性屏，那就安安静静地做个2B的柔性屏供应商就好了，为什么还要自己去做2C的手机？作为创业公司的柔宇，选择了大胆的商业模式创新：一方面自己做折叠屏手机，直接面向消费市场；另一方面则积极与各行业合作伙伴展开全方位合作，力图打开企业市场，发力构建柔性电子生态。柔宇在公司内部成立了相对独立的2C业务部门，同时招揽了大批2C的优秀人才加盟；在2B领域，柔宇则是跟不同行业的500多家客户合作，比如同LV、空中客车等知名企业都有深度的合作。为此，如今的柔宇已经组建了智能移动终端、文娱传媒、运动时尚、智能家居、办公教育、智能交通六个事业群，每个行业都有很清晰的定位。

创新价值逐渐被认可

2020年3月，柔宇与中兴通讯达成战略合作，双方将共同探索柔性折叠屏手机这一智能手机新品类，携手推动5G时代全柔性屏在智能终端等领域的快速普及和应用。这其实也说明，柔宇的技术路线已经获得了手机厂商的认可。2020年10月15日，央视一套综合频道直播的“庆祝深圳特区建立40周年文艺晚会”上，柔宇的4 000片全柔性屏作为核心科技道具，带来了全新的艺术要素和灵动的舞台视觉，也展现了带有深圳城市特点的科技之美、创新之美。

“什么是创新？柔宇的理解是从0到1，是在无人区的拓荒，是打着手电挖地洞，是想到做而不是看到做，是受得了委屈、熬得住寂寞、经得起诱惑的砥砺奋进。因为创新，这个世界才得以进步和变得更美好。”这就是刘自鸿理解的创新，也是中国经济转型升级的希望所在。

（案例来源：中国教育在线）

思考

在柔宇创业成功的过程中，知识起到了怎样的作用？

三、创新与创业的关系

创新是以新思维、新发明和新描述为特征的一种概念化过程。创业是人类社会生活中一项最能体现人的主体性的社会实践活动。这两个概念有所不同，但却存在本质上的契合，内涵上的相互包容和实践过程中的互动发展。

（一）创新是创业的基础

从总体上说，创新促进人们物质生产和生活方式的变革，引发新的生产、生活方式，进而为整个社会不断地提供新的消费需求，这是创业活动之所以源源不断的根本原因；创业是主体的一种能动性的、开创性的实践活动，正是这种主观能动性充分体现了创业的创新性特征。

（二）创新是创业的源泉

约瑟夫·阿洛伊斯·熊彼特曾提出，创业包括创新和尝试未曾尝试过的技术。创业者只有在创业的过程中具有持续不断的创新思维和创新意识，才可能产生新想法、新方案，才能不断寻求新模式、新思路，最终获得创业的成功。

（三）创新的价值在于创业

从一定程度上讲，创新的价值就在于将潜在的知识、技术和市场机会转变为现实生产力，实现社会财富的增长，造福于人类社会。而实现这种转化的根本途径就是创业。创业者可能不是创新者或是发明家，但必须具有能发现潜在商机的能力和勇于冒险的精神。创新者也并不一定是创业者或是企业家，但是，创新的成果是经由创业者推向市场的，使潜在的价值市场化，创新成果才能转化为现实生产力。这也从侧面体现了创新与创业的相互关联性。

（四）创业推动并深化创新

新是创新的本质，是创新的价值所在。创新必须在创新思维的作用下，用新思路、新方法去解决问题，从而获得新理论、新技术、新设计、新方案、新产品。创业可以推动新发明、新产品或是新服务的不断涌现，创造出新市场需求，从而进一步推动和深化各方面的创新，因而也就提高企业或是整个国家的创新能力，推动经济的增长。

案例分享

付红杰的创业之路

创业养鸡 4 年，每一个春节，付红杰都在山上和鸡一起度过。生鲜电商这条路远比想象中难走。

包山

因为一次骑行，付红杰与山脚下偶遇的村里老人聊天，勾起了小时候关于农村生活的点滴记忆，于是他决定辞职并开始养鸡，花几万元包下 1 000 多亩、距离山东省济南市区一个多小时车程的章丘荒山。

山中自然风光虽好，但无基础建筑和设施，不适合人和鸡居住。付红杰发现最要紧的是盖房子、拉电线、铺水管等。50 多个工人的施工团队一天的开销也是个不小的数字。为了省钱，付红杰曾在大年初二自己开着铲车运物料，爬坡中不慎翻车，幸亏早一秒跳到车的另一侧，这才捡回了一条命。

筹粮

荒山建造工程大，资金周转压力陡增。为了筹钱，他曾带着一箱自己捡的鸡蛋，慕名拜访当地的冷冻食品行业人士，用建造生态农场的蓝图和做 100%放心食品的情怀，募得 100 多万元资金。

最难时，他没钱买粮食，山上的上千只鸡被饿了一个多星期。看着鸡遭罪，付红杰瞒着父母，卖掉了临沂沂水老家的婚房，用40多万元解了燃眉之急。山上的鸡最多时有17 000多只，一天能捡2 000多枚鸡蛋。但是他发现销路也是个难题。有一段时间，山中气温低，鸡蛋过不了多久就冻坏了，鸡也只能一天卖出几只、几十只，这让付红杰一筹莫展。

直播

付红杰想通过网络直播展示山里的环境，拓宽销路。他买了新机器，拉了网线，兴奋了一个多月，期待在忙碌之余，每天和粉丝聊美食、聊生活、聊生意。但由于他没有经验，开播没几天，就在直播时违反规则，账号被关闭了。这让他一度很懊恼。

反思了一段时间后，他和队友重新打起精神。最初观看福满仓生态农业直播的人数很少，付红杰也不知道该讲些什么，每天直播一两个小时就下播。几个月之后，他发现不需要刻意组织语言，只要展现原生态的自我，粉丝增长就很快，这给了他动力。去年下半年开始，他平均每天直播十几个小时，吸引约20 000人观看，最多的一天卖出了300只鸡。一年多的时间，他收获了近50 000名粉丝，直播赢得了更多的信任。

野心

相对于一般的年轻创业者做直播，付红杰更接地气。1991年出生的他，皮肤黝黑，戴着眼镜，笑起来眼睛眯成一条缝，看上去比实际年龄成熟得多。没有化妆、不需要精心布置直播场景，他展示的是最真实的生活。

随着业务规模扩大，三个人的团队负责10 000多只鸡，还要打包、发货、当客服，他越来越觉得有些吃力。付红杰希望转型，于是他和村民达成合作并签订协议，采取村民认领孵化、山中代养的模式发展。基于这些业务，他还想打造一个集观光旅游于一体的生态农场，让人们吃上放心食品，玩得开心。

生活随时都会有变数。之前付红杰为了包下章丘的山已投资了300多万元，但由于政策规划，那里已经不能再长期使用。于是他将阵地转移到了位于淄博沂源的3 600多亩的山上，继续着生态农场梦。

讨论：请试用几个关键词归纳付红杰创业中遇到的困境和转折点，并谈谈你对创业的理解。

【专题实训】

实践目标：

通过采访创业人物，引导大学生了解创新与创业的内涵，初步掌握创新创业基础知识，认识创业者价值观与创业资源、机会、团队等的关系，帮助同学树立创新创业全过程系统思考意识。

实训步骤：

一、活动情景：完成对创业者访谈的任务，并对创业者和其项目进行描述。

二、小组活动：小组分享与创业者交流的体会，讨论与创新创业相关的问题，并达成共识，从中获得启发。

三、个人内化：客观地认识自我，分析自己过去的成绩、遗憾及其背后的原因。

四、应用拓展：通过与家人、朋友等的沟通，进一步厘清自己对创新、创业、就业和专业的想法。

五、活动评价：通过小组总结会进行个人表现自评、他评、总评等讨论环节，由组长汇总后对每个组员进行打分。

实训过程：

一、活动情景

情景设计：采访创业者

1. 主动扩宽自己的视野，努力扩大自己的人脉资源，寻找一位你身边熟悉的创业者。

建议：用高标准选择采访对象。如企业成立3年以上、具有一定的行业或区域影响力；有鲜明的创新点；创业者学历为大专及以上。

(1) 你选择的访谈人物是________________。

A. 校友中的创业者　　　　B. 同学中的创业者

C. 家族成员或朋友中的创业者　　　　D. 其他

(2) 请把你与创业者的合影贴在下面的方框内。

2. 根据下列提纲与创业者进行交流，并做好记录；积极提升自己的沟通协调能力和问题分析能力。

(1) 创业者年龄。

(2) 创业者学历。

(3) 公司注册时间。

(4) 公司项目概述。

(5) 公司运营进展情况。

(6) 创业者的创业感受是什么？最难的是什么？印象最深的是什么？

(7) 创业者的价值观是什么？怎样看待创业精神？

(8) 为什么选择创业？对企业今后的发展有什么打算？

(9) 当初为什么选择这个项目？

(10) 创业最需要的素养是什么？

二、小组活动

针对下列问题，请小组讨论并取得共识。

1. 小组目前一致认同的价值观有哪些？

2. 在最难的情况下，大家会考虑创业吗？

3. 大家认为发现创新创业机会的途径有哪些？请列举具有可操作性的途径，不少于3条。

4. 大家最担心的创业风险有哪些？

5. 大家最希望得到的创业资源有哪些？

6. 大家希望共同组成的这个创业团队具有哪些价值观特性？用不少于5个关键词概括。

三、个人内化

1. 思考并回答问题。

思考题	我的思考
请用5个关键词说明你目前的价值观	
在哪3种情况下你会考虑创业	
你通过哪些途径发现创新创业机会？请列举3个途径	
你最担心的创业风险有哪些？请列举3个	
你最关注哪些创业资源？请列举3个	
你希望自己的创业团队可以体现哪些价值观特性？请列举3个	

（续表）

思考题	我的思考
请你给创业下一个定义	
请你给创新下一个定义	
你怎样看待创新与创业之间的关系	
记录一下你采访创业者的整体感受	

2. 在对创新创业有了初步认知的基础上，思考一下自己是否适合创业。请对自己进行一个初步的分析。

序号	曾经的实践成绩	支持我实践活动的要素
1		知识：
		能力：
		素质：
		资源：
2		知识：
		能力：
		素质：
		资源：

序号	曾经的失败与遗憾	主要原因
1		
2		
3		

四、应用拓展

1. 听听朋友、家人或老师对你是否合适在毕业后创业的建议，尽可能请他们详细阐述客观的理由或依据。

2. 认真思考以下问题，并记下自己感触最深或最感兴趣的体会。

（1）结合创新进行思考。

- 创业是不是必须要结合创新？创新在创业过程中有什么作用？

- 如果没有创新的实力,你是否会选择创业?

(2) 结合专业进行思考。

- 你认为有哪些渠道可以了解专业趋势和未来机会?

- 在你的专业中,哪种专业资源最重要? 怎样与这些资源对接?

(3) 结合就业进行思考。

- 从专业与兴趣的角度出发,你需要建立哪些途径去发现就业机会?

- 请从机会、资源、团队等角度,谈谈如何衡量一个用人单位的优劣。

五、活动评价

1. 召开小组总结会议,请每个组员围绕以下问题进行发言、讨论。

(1) 我对活动的贡献是什么? 请从承担的内容、完成情况、工作实效等方面阐述。

(2) 我对他人的评价。

(3) 我对活动的建议。

2. 请记录以下内容。

(1) 他人对自己的评价。

(2) 他人对活动的建议。

3. 请组长做好记录和汇总，并综合大家的讨论情况，给每个组员评分。

小贴士

商业模式不是简单的盈利模式或者赚钱的方法，而是由价值体现方式、价值创造方式、价值传递方式和企业的盈利方式四者及其联系构成的。商业模式的开发是企业战略设计的基础，同时可以从客户价值实现的程度、客户价值实现的可靠性和客户价值实现的效率三个角度评价商业模式设计得是否理想。

专题二

培养创新思维

名人名言

惟创新者进，惟创新者强，惟创新者胜。

——习近平

课前互动

异想天开

请从下列任意一个词语出发，在 1 分钟内联想 8 个不同的词语，并把这些词语汇集成一个故事。例如：给定“手机”一词，可以自由联想“手机—通信—问候—朋友—工作—无人机—运动会—奔跑”。完成该训练题后小组成员之间相互分享，看看谁的思维跳跃度最大，故事最精彩。

(1) 水　　(2) 课本　　(3) 天空

学思之窗

社会的发展离不开创新，创新是社会发展的不竭动力。思路决定出路，格局决定结局。创新思维是进行创新实践、发挥创造力的前提。因此，培养创新思维是推进创新成功的重要途径，是社会高质量发展的法宝。

结合上述材料与实际情况，探讨以下问题：

(1) 创新思维对大学生职业发展有什么意义和帮助？

(2)创新思维有哪些特征与形式?
(3)大学生要如何培养创新思维?

第一节 创新思维的概念

一、创新思维的内涵

关于创新思维的定义和本质,一般是指对事物间的联系进行前所未有的思考,从而创造出新事物的思维方法,是一切具有崭新内容的思维形式的总和。

科学家的新发现,科技人员的技术革新和发明,社会改革家的新设想、新计划,普通劳动者的创造性活动,艺术家的创作,甚至小学生通过独立思考,解决从未遇到过的难题的活动都是创新思维的具体体现。总之,凡是能想出新点子、创造出新事物、发现新路子的思维都属于创新思维。

案例分享

韩信的智慧

韩信是我国历史上有名的将领。有一天,刘邦想试一试韩信的智谋。他拿出一块五寸见方的布帛,对韩信说:"给你一天的时间,你在这上面尽量画上士兵。你能画多少,我就给你带多少兵。"站在一旁的萧何想:"这一小块布帛,能画几个兵?"他急得暗暗叫苦。不想韩信却毫不迟疑地接过布帛就走。第二天,韩信按时交上布帛,上面虽然画了些东西,但一个士兵也没有。不过刘邦看了大吃一惊,心想韩信的确是一个胸有千军万马的人才,于是把兵权交给了他。那么,韩信究竟在布帛上画了些什么呢?原来,韩信在布帛上画了一座城楼,城门口战马露出头来,一面"帅"字旗斜出。虽没见一兵一卒,却可想象到千军万马。

(案例来源:大学生创业网)

思考

本案例给了你怎样的启示?

二、创新思维的特征

人类的思维方式大体分为两类,即逻辑思维和创新思维。逻辑思维又称为抽象思维，主要包括分类与比较、推理与判断、分析与综合、抽象与概括、归纳与演绎等。这种思维是目前人类社会最熟悉、社会最流行、表现最活跃、使用最广泛的思维形式，因而又称为习惯思维或惯性思维。每个人从受教育起，所学到的各种知识几乎都离不开逻辑思维。但逻辑思维具有很大的局限性，由于其有一套完整的逻辑规则，因此运用逻辑思维进行思考时，无形中形成了一个思维定势，把人们的思维牢牢地束缚在一套系统的、完整的清规戒律上面，使人很难有所创新和发现。

创新思维与逻辑思维的最大区别就在于：它没有一套完整的清规戒律，提倡自由畅想；它也不像逻辑思维那样按部就班、层次分明，而是完全可以不受顺序、层次甚至方向等的影响，从多个角度、多个方向思考问题。创新思维在创新活动中占有主导地位，起决定性作用，表现出以下特点。

1. 求异性

创新思维在创新活动过程中，尤其在初期阶段，求异性特别明显。它要求关注客观事物的不同与特殊性，关注现象与本质、形式与内容的不一致性。一般来说，人们对司空见惯的现象和已有的权威结论怀有盲从和迷信的心理，这种心理使人很难有所发现、有所创新。而求异性思维则不拘泥于常规，不轻信权威，以怀疑和批判的态度对待一切事物和现象。

案例分享

没有一直成功的产品，只有时代产品

抖音是在2016年9月上线的一款注重年轻人的音乐创意的短视频社交软件，力求感性、主观、美好，通过用全屏、音乐、滤镜和拍摄的体验突破，构建了产品体系。在这里，用户可以拍摄15秒的音乐短视频，形成自己的作品。2020年11月，抖音在其企业号生态大会上公布了数据，抖音日活用户达6亿。

微信是2011年腾讯公司向用户推出的一款异常强大、功能齐全的聊天应用软件，可以发送语音、短信、图片、视频等，一经上线便火爆大江南北。微信创始人张小龙曾提出微信的七大价值观：一是做对用户有价值的事情；二是保持我们自身的价值观，因为它会体现在我们的产品和服务中；三是保持小团队，保持敏捷；四是学习和快速迭代比过去的经验更重要；五是系统思维；六是让用户带来用户，口碑赢得口碑；七是思辨胜于执行。

（资料来源：创业超市网）

思考

创新者通过创新思维实现更快更好的发展。无论是产品还是营销，创新思维都能够另辟蹊径，找到最适合用户的新方法和新路径，在赛道中保持优胜地位。本例给你怎样的启示？

2. 联想性

联想是将表面看来互不相干的事物联系起来，从而达到创新。世界上的事物虽有千差万别，但总有千丝万缕的联系。人类与动物、植物、微生物之间也存在着联系；看得见、摸得着的有形物体与看不见、摸不着的无形物体如理论、概念等也存在着联系。联想性思维可以利用已有的经验创新，如我们常说的由此及彼、举一反三、触类旁通，也可以利用别人的发明或创造进行创新。联想是创新者在创新思考时经常使用的方法，也比较容易取得良好的创新成果。能否主动地、有效地运用联想，与一个人的联想能力有关。任何事物之间都存在着一定的联系，这是人们能够采用联想的客观基础，因此联想的最主要方法是积极寻找事物之间的联系。

3. 发散性

发散就是让从事创新活动的人把自己的思路扩散出去，多角度、多层次、多方位地去寻找问题的答案，以达到解除束缚、开阔思路、扩大视野的目的。发散思维把待研究的原始问题看作空间中的一个点，然后通过这个点发散出许多射线，再沿着这些射线向更高、更新、更复杂的方向延伸下去，从而达到“思绪万千”“创意无穷”的目的。发散性思维是创新思维的核心。发散性思维能够产生众多的可供选择的方案、办法及建议，能提出一些独出心裁、出乎意料的见解，使一些似乎无法解决的问题迎刃而解。

4. 逆向性

逆向性是指在思考问题时随时注意调整自己的思维方式，不要一条路走下去，要有意识地从常规思维的反方向去思考问题的思维方法。要敢于打破常规，换一个角度去思考问题。如果把传统观念、常规经验、权威言论当作金科玉律，常常会阻碍我们创新思维活动的展开。因此，面对新的问题或长期解决不了的问题，不要习惯于沿着前辈或自己长久形成的、固有的思路去思考问题，而应从相反的方向寻找解决问题的办法。所谓物极必反、否极泰来就是告诫人们，当你感到十分困惑、迷茫时，不要悲观，不要失望，不要怨天尤人，而要以积极的态度正视现实、正视困难，及时改变自己的思维方式，及时启动逆向思维。

5. 综合性

综合性是把对事物各个侧面、部分和属性的认识统一为一个整体，从而把握事物的本质和规律的一种思维方法。这种方法善于选取前人智慧宝库中的精华，通过巧妙结合，形成新的成果；能把大量的概念、事实和观察材料结合在一起，加以概括、整理，形成科学的概念和体系；能对所占有的材料进行深入的分析，把握它们的个性特点，然后从这些特点中概括出事物的规律。综合性思维不是把对事物各个部分、侧面和属性的认识，随意地、主观地拼凑在一起，也不是机械地相加，而是按它们内在的、必然的、本质的联系把整个事物在思维中再现出来的思维方法。

创新思维是多种思维的结晶，也是多种思维协同的统一。

6. 风险性

创新思维的核心是创新突破。它没有成功的经验可以借鉴，没有有效的办法可套用，因此创新思维不能保证每次都会取得成功的结果，有时可能毫无所获，甚至可能得出错误的结论，具有一定风险性。但是无论取得什么样的结果，创新思维都具有重要的认识论和方法论的意义，都能为人们提供新的启示。

三、大学生创新思维的特征

（一）创新思维基础良好，提升空间大

大学生的思维能力处于人生中的高峰水平，各种思维方式趋向完善，充分具备创新思维的基础。随着年龄的增长和教育的积累，大学生掌握和运用的抽象概念越来越多，抽象逻辑思维占主导地位；辩证逻辑思维也趋向成熟，能够更全面地、发展地看问题。但大学生的理论知识和社会经验还较少，分析问题的深度有时不够，因此创新思维有非常大的提升空间。

大学生要认识到自身有良好的创新思维基础和潜力，正处于最富有创造力和学习能力的阶段，即使目前创新思维水平不高，创新思维的成果可能不成熟或价值不大，但也可以通过学习、训练、应用加以提高。

案例分享

一位专利大神的创新思维

西安理工大学白恒宇一年申请了20多项国家专利，9项专利获批，其中1项专利参展“陕西省庆祝中华人民共和国成立70周年成就展”，因此，白恒宇被同学老师称为“专利大神”。

白恒宇本科就读于西安理工大学土木工程专业。大三时，他偶然得知专利属于科研成果，便盘算着：“我是不是也可以试一试呢？”于是他开始有意识地关注专利申请的程序和专业知识储备，同时积极主动地跟申请过专利的老师、同学交流，吸取经验。经过不断地努力，他的小发明“一种和平板电脑绘画类App结合使用的绘画板”取得成功，极大地鼓舞了白恒宇的信心。确定了现有技术的不足后，他还需要绘制三维建模绘图。白恒宇把模型建出来后，就开始书写专利初稿，与专利代理员探索修改专利初稿。终于，第一件专利获得审批。

“做专利，最难的是寻找创新点：还有日日夜夜地阅读文献，反反复复地修改

建模图，但是这一切都是值得的。”白恒宇表示说，趁着年轻，多学点儿东西，不断拓展新知识技能，“未来还要在创新的路上一直走下去。”

（案例来源：西安学子一年申请国家专利20余项，被同学老师称为“专利大神”，西安晚报，2020年1月10日）

思考

你是否发现你身边的物品也有改进的空间？

（二）创新思维活跃，存在专业差异

从横向对比来看，大学生创新思维方式有专业的差异。有的专业内容比较抽象，学生主要运用抽象思维，而有的专业（如艺术类、学前教育专业）的学生更多地运用形象思维，锻炼了较高的视觉表象、动觉表象的感知和储存能力。但是由于学习的专业化，思维受其学科限制，一般来说会导致发散思维减弱，聚合思维增强。因此，大学生创新既要运用自身擅长的思维方式，也要有意识地运用多种不常用的思维方式，提高创新思维能力。

第二节 | 创新思维的常见类型

创新思维的常见类型包括：发散思维、收敛思维、想象思维、联想思维、组合思维。

一、发散思维

1. 发散思维的内涵

发散思维是大脑在思考时呈现的一种扩散状态的思维模式，表现为思维视野广阔，思维呈现出多维发散状。发散思维也叫辐射思维、扩散思维、求异思维、多向思维等，是一种非逻辑思维、跳跃式思维。它指人们在进行创新活动或解决问题的思考过程中，从一个已有的问题或信息出发，无拘无束地将思路由思维原点向四面八方展开，突破原有的圈，充分发挥想象力，经不同途径以不同的视角去探索，重组眼前的和记忆中的信息，产生新信息，从而获得众多的解题设想、方案和办法，使问题得到圆满解决的思维过程。不少心理学家认为：发散性是创新思维最主要的特点，也是测定一个人创新能力的主要标志之一。

案例分享

突破传统的发散思维

老师问同学:“树上有10只鸟,开枪打死1只,还剩几只?”

这是一个传统的脑筋急转弯题,有的人会老老实实地回答“还剩9只”,还有的人会回答“1只不剩”,但是有个孩子却是这样反应的。

他反问:“是无声手枪吗?”

“不是。”

“枪声有多大?”

“80分贝至100分贝。”

“那就是会震得耳朵疼?”

“是。”

“在这个城市里打鸟犯不犯法?”

“不犯。”

“您确定那只鸟真的被打死了?”

“确定。”老师已经不耐烦了,“拜托,你告诉我还剩几只就行了,可以吗?”

“好的,树上的鸟中有没有耳朵听不见的?”

“没有。”

“有没有关在笼子里的?”

“没有。”

“边上还有没有其他的树,树上还有没有其他的鸟?”

“没有。”

“有没有残疾的鸟或饿得飞不动的鸟?”

“没有。”

“算不算怀孕的鸟肚子里的小鸟?”

“不算。”

“打鸟的人眼睛有没有花?保证是10只?”

“没有花,就10只。”

老师已经满头大汗,但那个孩子还在继续问:“有没有不怕死的?”

“都怕死。”

“会不会一枪打死2只?”

“不会。”

“所有的鸟都可以自由活动吗?有没有鸟巢?里边有没有不会飞的小鸟?”

“没有鸟巢。所有的鸟都可以自由活动。”

“如果您的回答没有骗人，”学生满怀信心地说，“打死的鸟要是挂在树上没掉下来，那么就剩1只，如果掉下来，就1只不剩。”

这位学生的话还没说完，习惯于标准答案的老师已经晕倒了。

（案例来源：青年创业网）

思考

相对于标准答案，这位学生的思维有怎样的不同之处？

2. 发散思维的特征

（1）流畅性。流畅性就是观念的自由发挥，指在尽可能短的时间内生成并表达出尽可能多的思维观念及较快地适应、消化新的思想观念。流畅性反映的是发散思维的速度和数量。

（2）变通性。变通性就是人们克服头脑中某种自己设置的僵化的思维框架，按照某一新的方向来思索问题。变通性需要借助横向类比、跨域转化、触类旁通，使发散思维沿着不同的方面和方向扩散，表现出极其丰富的多样性和多面性。

（3）独特性。独特性指人们在发散思维中做出不同寻常的新奇反应的能力。独特性体现的是发散思维成果的新颖、独特和稀有的特点，是发散思维的灵魂，因而它更多地代表着发散思维的本质，属于最高层次。

（4）多感官性。发散性思维不仅运用视觉思维和听觉思维，而且也充分利用其他感官接收信息并进行加工。发散思维还与情感有密切关系。如果思维者能够想办法激发兴趣，产生激情，把信息情绪化，赋予信息以感情色彩，会提高发散思维的速度与效果。

案例分享

秸秆变成“草罐头”既环保又增收

秋收接近尾声，玉米和稻谷的秸秆应该如何处理？几辆割草机在玉米地里收割秸秆，收获的秸秆被装车运往山羊养殖场，粉碎打包成圆滚滚的“草罐头”后，运入库房进行发酵，成为喂食山羊的“青储饲料”。“秸秆被碎成小段后，通过微生物厌氧发酵和化学作用，在密闭无氧条件下制成青储饲料，这样处理过的秸秆不仅保存时间长，还保持了丰富的营养，而且具有青草的清香气，是秋冬季节的理想饲料。”李国辉的养殖场内圈养了3 000只羊，一到秋冬季节常常为饲料的短缺问题犯愁，为此去年他专程到山东学习了“青储饲料”的制作技术，今年9月份，在当地政府的支持下，他开始在金泉、东太、复兴等乡镇大量收购玉米秸秆制作“草罐头”。“以往全家累好几天才能干完的农活，现在自己不费一点力气，不但落得轻松自在，还能卖钱。”该村村民李大爷高兴地说。如今农村的精壮劳动力大多在外打工，劳动力相对缺乏，所以养殖大户直接把秸秆从地里运走，很受当地农民的欢迎。“不仅解决了养殖户秋冬饲料问题，还杜绝了秋收期间焚烧秸秆的行为，可谓是一举两得，让小秸秆有了大价值。”西充县畜牧局副局长田华称。这也符合近年来西充县坚持的生态发展战略，让农业产业化走上了一条绿色发展、低碳发展、循环发展的路子。

这种新的发散式思维能够打破原有的思维格局，以一个事物为中心，联系它的原型及其各种变化形式，从不同的角度或侧面进行发散性思考，为创造者提供一种全新的思考方式。

（案例来源：四川日报，2015 年 09 月 21 日）

思考

以你感兴趣的产品为例，列举出其各方面的要素并利用发散思维思考其利用价值。

3. 发散思维的类型

（1）功能发散型。功能发散型是以某种事物的功能为扩散中心，设想这种功能的其他用途。

（2）材料发散型。材料发散型是以制作某种物品的常见材料为基点，设想其他各种可用材料，并对材料的各种专用特性进行研究、改进，达到要求的目标。例如，传统的衣服是用棉做的，还可以用毛、麻、人造纤维等材料制作。

（3）结构发散型。结构发散型是以某事物的结构为发散点，设想出利用该结构的各种可能性。

（4）方法发散型。方法发散型是围绕问题或目标，提出尽可能多的解决办法。

案例分享

超级蚯蚓

大学生王维晨成功研发了“超级蚯蚓”项目，用科学仪器对蚯蚓进行辐射，选取优质变异体的蚯蚓来分解农业废弃物，得到蚯蚓粪并提纯里面的高活性黄腐酸。这种高活性黄腐酸做成的肥料产品可使玉米增产 14%，使番茄增产 30%。在高品质蚯蚓粪中，黄腐酸的含量提升了将近 30～40 倍，且生产过程零污染零排放，在未来有望产生巨大的生态价值。这还能够改良土壤、培肥地力，进而缓解环境问题。

（案例来源：中青在线 http://chuangye.cyol.com/content/2018-02/06/content_16933949.htm）

思考

本案例给了你怎样的启示？

(5) 因果发散型。因果发散型是以事物发展的原因或结果为中心点，进行发散思考，从而找到导致某一现象的原因或某一现象可能引起的结果。

(6) 逆向发散型。逆向发散型是对司空见惯的且似乎已成定论的事物或观点反过来思考。敢于“反其道而思之”，让思维向对立面的方向发展，从问题的相反面深入地进行探索，树立新思想，创立新形象。人们习惯于沿着事物发展的正方向去思考问题并寻求解决办法，其实，对于某些问题，尤其是一些特殊问题，从结论往回推，倒过来思考，从求解回到已知条件，或许会使问题简单化。

案例分享

解决脱水缸的颤抖

最初，洗衣机的主件是一只圆桶，桶内装有一根带有桨状叶子的直轴，轴是通过摇动和它相连的曲柄转动的。19 世纪末期的洗衣机已发展到一只用手柄转动的八角形洗衣缸，洗衣时缸内放入热肥皂水，衣服洗净后，由轧液装置把衣服挤干。当初设计时，为了解决脱水缸的颤抖和由此产生的噪声问题，工程技术人员想了许多办法，先加粗转轴，无效，后加硬转轴，仍然无效。最后，他们采用逆向思维，弃硬就软，用软轴代替了硬轴，成功地解决了颤抖和噪声两大问题。洗衣机的脱水缸，它的转轴是软的，用手轻轻一推，脱水缸就东倒西歪。可是脱水缸在高速旋转时，却非常平稳，脱水效果很好。这是一个由逆向思维而诞生的创造发明的典型例子。

（案例来源：业百科 https://www.yebaike.com/21/202111/3396980.html）

思考

本案例给了你怎样的启示？

二、收敛思维

1. 收敛思维的内涵

收敛思维又称聚敛思维、集中思维、求同思维、复合思维，是创新思维的一种形式。它与发散思维不同，发散思维是为了解决某个问题，从已有问题出发，思考的方法、途径越多越好，总是追求还有没有更多的办法。而收敛思维在解决问题时和发散思维相反，思维主体总是尽可能地利用众多的现象、线索、信息、方法和途径，把众多的信息和解题的可能性逐步引导到条理化的逻辑链中去，向着问题的一个方向思考，根据已有的经验、知识或发散思维中得出的针对问题的最好办法去得出最好的结论和解决问题的方法，即从已知的信息中产生逻辑结论，从现成资料中寻求唯一正确或可行的答案的思维，其思维方向总是从四面八方指向思维目标。

2. 收敛思维的特征

(1) 封闭性。如果说发散思维的思考方向是以问题为原点指向四面八方的,具有开放性,那么,收敛思维则是把许多发散思维的结果由四面八方集合起来,选择一个合理的答案,具有封闭性。

(2) 连续性。发散思维的过程是从一个设想到另一个设想,设想之间可以没有任何联系,是一种跳跃式的思维方式,具有间断性。收敛思维的进行方式则相反,是一环扣一环的,具有较强的连续性。

(3) 求实性。发散思维所产生的众多设想或方案,一般来说多数都是不成熟的,也是不实际的。对发散思维的结果,必须进行筛选,收敛思维就可以起这种筛选作用。被选择出来的设想或方案是按照实用的标准来决定的,应当是切实可行的。这样,收敛思维就表现了很强的求实性。

(4) 聚焦性。收敛思维就是围绕问题进行反复思考,有时甚至停顿下来,使原有的思维浓缩、聚拢,形成思维的纵向深度和强大的穿透力。在解决问题的特定指向上通过思考,积累一定量的方案,最终达到质的飞跃,顺利解决问题,体现了聚焦性。

案例分享

有一个篮球运动员,有一天只穿了一条内裤,戴了一块手表,在球场上练习投篮。有个人给了他 20 个鸡蛋,这个人把鸡蛋放在球场边的地上就走了。这时,球场边没有任何可以用来装鸡蛋的东西,也找不到可以帮忙的人,这实在让这位运动员为难。身上仅有的一条内裤显然不能再脱,手表又显然派不上用场。唯一可以利用的只有篮球。

于是,他开始思考如何对篮球加以利用,必须在头脑里事先设想一番:这 20 个鸡蛋能不能放得进去?放进去以后能不能拿着它走路?拿着它走回家鸡蛋会不会滚出来导致摔坏?最后,这位篮球运动员决定放掉篮球里的气,把篮球弄成盆状,然后把鸡蛋放在里面,抱着篮球回家。

(案例来源:https://www.renrendoc.com/paper/200165608.html)

思考

这个案例给了你什么启发?

3. 收敛思维的类型

(1) 目标确定型。人们平时遇到的问题大多比较明确,很容易找到问题的关键,只要采用适当的方法,问题便能迎刃而解。但有时,一个问题并不是非常明确,很容易产生似是而非的感觉,把人们引入歧途。这种方法要求正确地确定搜寻目标,进行认真地观察并作出判断,找出其中关键的现象,围绕目标进行收敛思维。目标的确定越具体，越有效，不要确定那些各方面条件尚不具备的目标。这就要求人们对主客观条件有一个全面、正确、清晰的估计和认识。目标也可以分为近期的、远期的、大的、小的。开始运用目标确定法时，可以先选小的、近期的目标，熟练后再逐渐扩大目标。

（2）求同思维型。如果有一种现象在不同的场合反复出现，而在各场合中只有一个条件是相同的，那么这个条件就是这种现象的原因，寻找这个条件的思维方法就是求同思维法。

（3）求异思维型。如果一种现象在第一个场合出现，第二个场合不出现，而这两个场合中只有一个条件不同，这一条件就是现象的原因。寻找这一条件，就是求异思维法。

三、想象思维

1. 想象思维的内涵

创作技法之父奥斯本曾经说过："想象力可能成为解决其他任何问题的钥匙。"美国科学家富兰克林也认为，想象在解决创新问题的过程中起着主导作用。事实和设想本身都是死东西，是想象赋予了它们生命。有了精确的观测和实验作依据，想象便成为科学理论的设计师。科学家只有具备想象能力，才能理解肉眼观察不到的事物是如何发生和作用的，从而构想出解释性的假说。狄德罗说过，想象是一种特质，没有了它，一个人既不可能成为诗人，也不可能成为科学家，更不会成为会思考的人、有理想的人、真正的人。

2. 想象思维的特征

（1）形象性。想象是通过对已有表象的加工而创造新形象的过程，它加工的对象是形象信息，而不是语言或符号。有了想象，人们看小说时就仿佛能看到书中人物的音容笑貌；看图纸时仿佛能够看到立体的物体；看设备说明时仿佛真的看到了设备的外形和结构。想象思维的形象性，使它不同于逻辑思维，想象思维的过程和结果丰富多彩、生动活泼、直观亲切。

（2）概括性。想象思维是以形象的形式进行的，因而具有概括性，它是借助具有一定概括性程度的意象的联结与组合，以意象形式加以表达的。例如，可以把地球想象成鸡蛋，蛋壳是地壳，蛋白是地幔，蛋黄是地核，这种想象就非常有概括性。科学家把原子结构想象成太阳系，太阳是原子核，核外电子是行星，围绕原子核高速旋转。俄国科学家门捷列夫的元素周期表是众多元素的重新排列组合，也具有概括性。

（3）超越性。想象是以组织起来的形象系统对客观现实的超前反映，创造出新的事物、看法和技术。创造性活动中始终存在想象。想象既是一种极具自由度的思维活动形式，同时又是一种可以自觉引导进行的积极主动的心理活动。想象力是创造性思维的主要品质，它能使人们超越已有的知识经验，超越逻辑的束缚，使思维插上翅膀，达到新的境界。

3. 想象思维的类型

（1）有意想象型。有意想象是有明确的目的、任务，并且是自觉的，有时还要做出一定努力的想象。想象不是已有表象简单地再次出现，而是以加工改造后的新形象出现。按照想象的创造性程度的不同，或依据想象在新颖性和独创性上的差异，可以把有意想象分为再造想象、创造想象和幻想。

① 再造想象是根据他人对某一事物的描述（语言、文字描述和图样示意），在头脑中形成相应新形象的心理过程。例如，机械工人根据机器的图纸想象出机器的构造和形状；技术人员依据别人对国外某种产品外形和功能的介绍，想象出它的基本原理及内部大致构造；当读到“天苍苍，野茫茫。风吹草低见牛羊”的词句时，就会在头脑中形成一幅草原的图画。这些就是再造想象所产生的结果。虽然再造想象的事物形象不是创造者本人独立创造出来的，但是再造想象仍然带有创造性成分。

为了有效地、正确地进行再造想象，必须注意以下三点：一是要善于正确理解语言文字所表达的意思；二是要善于精细准确地观察有关图片、标本、模型等；三是要善于在头脑中积累广泛丰富的表象材料或感性知识。

② 创造想象是不依据现成的描述，而根据一定的目的，在头脑里独立地创造新形象的过程。创造想象，其形象特点是新颖、独创、奇特。例如，文学艺术创作、科学发明、技术革新等都是创造想象。在创造新技术、新产品和新形象之前，创造者已经在头脑中构成这种新事物的形象。例如法拉第所提出的力场中的力线、磁场中的磁力线，作为“线”并不存在，但作为“力”在现实中是有某种东西与它对应的，正是这种创造性想象创立了电磁学的概念体系。作为一位发明家，法拉第的智慧和多产在很大程度上应归功于其丰富的想象力。一名普通的科研工作者，在其专著或论文中也都留有想象的影子。科学创造活动最重要的条件之一是善于按新的方式想象事物的进程，创新活动的一切阶段都离不开想象。

创造想象是人类创造性活动必不可少的重要因素之一，没有创造想象就没有发明创造。如果创造想象薄弱，就很难有独到的见解。有效的创造想象必须具备两个条件：一要储备丰富的表象；二要善于分析和综合。

③ 幻想是想象的特殊形式，它是由个人愿望或社会需要所引起的指向未来的思维过程。它不与目前行动直接联系，而是指向未来的活动。幻想的特点在于：幻想中的形象体现着个人的愿望，它指向未来，不能立即实现。幻想有积极和消极之分，凡违背客观发展规律，不能实现的幻想，叫作空想，空想是一种有害的幻想。凡在科学理论指导下，符合客观发展规律，能够实现的幻想，就是积极的幻想，叫作理想。一切理想都是有益的，是激励和鼓舞人们学习、工作和创造发明的巨大动力。由于幻想在人们的创造活动中具有重要作用，因此创造学允许并鼓励人们对事物进行各种各样的幻想。

幻想是“脱离实际”的，不受任何束缚，可以在没有现实干扰的理想状态下向任意方向发展，从而构成创造性思维的重要组成部分。幻想越是大胆，它可能包含的错误也越多，不过这并没有什么关系，只要对从幻想得到的结果加以检验，错误就会被发现、被修正，从而更好地为创造服务。

(2) 无意想象型。事先没有明确目的，不由自主地想起某事物形象的过程，叫无意想象，也称随意想象。无意想象是从知识积累材料和个人经验中，选用某种可用概念并使之与事物发生联系，从而产生想象。这是一种下意识的想象，主要特点是自由联想，它是不受控制的，因而有可能产生完全出乎意料的设想。它也是最简单、最初级的现象，常发生于注意力不集中或半睡眠状态时。例如，看天上的云和远处的山，想象它们像某种事物或动植物，这就是无意想象。无意想象中最典型的是梦，梦具有离奇性和逼真性两个特点。

有意想象是高级想象，是依据一定的目的自觉进行的想象；而无意想象是初级想象，没有明确目的。有意想象和无意想象常常互相交叉、促进和转化，在人的创造活动中都起着重要作用。例如，调查报告显示，70%左右的数学家和科学家承认，自己有些问题的解决，是在梦中得到启示和帮助的。

四、联想思维

1. 联想思维的内涵

联想思维是通过思路的连接把看似“毫不相干”的事件(或事项)联系起来，从而形成新成果的思维过程。一般而言，我们把联想思维看成创新思维的重要组成部分，联想思维的成果就是创造性的发现或发明。

2. 联想思维的特征

(1) 连续性。联想思维方法的主要特征是由此及彼、连绵不断，可以是直接地，也可以是迂回曲折地形成闪电般的联想链，而联想链的首尾两端往往是风马牛不相及的。心理学家哥洛万斯和斯塔林茨曾用实验证明，任何两个概念词语都可以通过四五个步骤建立起联想的关系。例如，木头和皮球是两个风马牛不相及的概念，但可以通过联想作媒介，使它们发生联系：木头—树林—田野—足球场—皮球。又如，天空和茶：天空—土地—水—喝—茶。假如每个词语都可以与 10 个词直接发生联系，那么第一步有 10 次联想的机会；第二步有 100 次机会；第三步就有 1 000 次机会。因此，联想有广泛的基础，它为思维的运行提供了无限广阔的天地。

(2) 形象性。由于联想思维是形象思维的具体化，其基本的思维操作单元是表象，是一幅幅画面。因此，联想思维和想象思维一样显得十分生动，具有鲜明的形象。

(3) 概括性。联想思维可以很快把联想到的思维结果呈现在联想者的眼前，而不管其细节如何，是一种把握整体的思维活动。因此，可以说联想思维有很强的概括性。

案例分享

一顿特殊的午餐

在英格兰，有人曾做过这样一个有趣的实验。那是在一次有许多人的聚会上，实验者特意聘请了一个非常有名的厨师来为大家做午餐。但实验者别出心裁地对做好的饭菜进行了“颜色加工”。他将牛排制成乳白色，把色拉（西餐中的一种凉拌菜）染成发黑的蓝色，把咖啡泡成混浊的黄色，把芹菜变成了并不高雅的淡红色；牛奶被他弄成血红色，而豌豆则被染成了黏糊糊的漆黑色。满怀喜悦的人们本来都想大饱口福，但当这些菜被端上桌子时，他们都对这美餐的模样发起呆来。只见有的人迟疑不前，有的怎么也不肯就座，有的狠下心勉强吃了几口，都恶心得直想呕吐。而在隔壁餐厅，同样是这样一桌颜色奇特的午餐，却遇到了一些被蒙住眼睛的就餐者，这桌菜肴的命运可就大不相同了，很快就被人们吃了个精光，人们意犹未尽，赞不绝口。

思考

两桌客人面对同样的菜肴，态度和评价却截然不同，他们各自联想了什么？

3. 联想思维的类型

（1）相似联想。由某一事物或现象想到与它相似的其他事物或现象，进而产生某种新设想。

（2）接近联想。根据事物之间在空间或时间上的彼此接近进行联想，进而产生某种新设想的。

（3）对比联想。根据事物之间存在的互不相同或彼此相反的情况进行联想，从而引发出某种新设想。

（4）因果联想。由于两种事物存在因果关系而引起的联想。这种联想往往是双向的，既可以由起因想到结果，也可以由结果想到起因。它源于人们对事物发展变化结果的经验性判断和想象，触发物和联想物之间存在一定的因果关系，如，看到蚕蛹就想到飞蛾，看到鸡蛋就想到小鸡。

（5）飞跃联想。在看上去没有任何联系、相距甚远的事物之间形成联想，以引发出某种新设想。这种联想的能力在我国古典诗词中有着充分的表现。李煜《虞美人·春花秋月何时了》中说：“问君能有几多愁？恰似一江春水向东流。”这里就用“一江春水”来联想，形容愁的“几多”。曹子建的《七步诗》：“煮豆燃豆萁，豆在釜中泣，本是同根生，相煎何太急？”寥寥数语，把兄弟之间的残杀刻画得如此形象逼真。

五、组合思维

1. 组合思维的内涵

组合思维又称“连接思维”或“合向思维”，是指把多项貌似不相关的事物通过想象加以连接，从而使之变成彼此不可分割的新的整体的一种思维方式。

2. 组合思维的特征

（1）创新性。许多科学家认为知识体系的不断重新组合是人类知识不断丰富发展的主要途径之一，是组合思维创新性的体现，从这一角度看，近现代科学的三次大创造是由组合思维带来的。第一次大组合是牛顿组合了开普勒天体运行三定律和伽利略的物体垂直运动与水平运动规律，从而创造了经典力学，引起了以蒸汽机为标志的技术革命。第二次大组合是麦克斯韦组合了法拉第的电磁感应理论和拉格朗日、哈密顿的数学方法，创造了更加完备的电磁理论。因此引发了以发电机、电动机为标志的技术革命。第三次大组合是狄拉克组合了爱因斯坦的相对论和薛定谔方程，创造了相对量子力学，引起了以原子能技术和电子计算机技术为标志的新技术革命。

（2）时代性和继承性。组合思维的形成具有形式上新颖、技术上独创、结构上完整和功能上协调等特征，从而使它具有鲜明的时代性和继承性。例：电视＋电话＝可视电话；数据＋文字＋图像＋声音＝多媒体；电子管＋电阻＋电容＝集成电路；台秤＋电子计算机＝电子秤；飞机＋飞机库＋军舰＝航空母舰；手枪＋消声器＝无声手枪；自行车＋电机＋蓄电池＝电动自行车。

案例分享

多用童车的产生

有位儿童商品生产商，偶然看见一个家长一手抱孩子，一手吃力地推着一辆小三轮车。他猜想这是因为孩子骑车骑累了要大人抱，才出现了这种情况。这位生产商想，如果设计一种多用童车，家长们就不用挨这份累了。他首先想象出把坐式推车和三轮童车组合起来，在小三轮童车的后面加上一个推把。后来，他又想到加一个连接装置，把童车挂在自行车上作母子车用；接着他又想到，再加一个可摇动部分，便可当安乐椅；或者要是在前面再装一个把手，还能让孩子把它当木马骑。经过这些不断的组合想象，他设计出了与众不同的“多用童车”。

思考

这个案例中运用了哪些创新思维？

3. 组合思维具有以下类型

（1）同类组合是若干相同事物的组合。参与组合的对象在组合前后的基本原理和结构一般没有根本的变化，往往具有组合的对称性或一致性的趋向。例如，双向拉锁、三合米、鸡尾酒、双排订书机、多缸发动机、双头液化气灶、双层文具盒、三面电风扇、双头绣花针、3 000 个易拉罐组合在一起的汽车、1 000 只空玻璃瓶组合在一起的埃菲尔铁塔等。

（2）异类组合是两种或两种以上不同领域的技术思想的组合、两种或两种以上不同功能的物质产品的组合。组合对象（技术思想或产品）来自不同的方面，一般无主次关系。参与组合的对象从意义、原子、构造、成分、功能等任一方面和其他多方面互相渗透，整体变化显著。异类组合是异类求同的创新，创新性很强。

（3）重组组合就是在事物的不同层次分解原来的组合，然后再按照新的目标重新安排组合形式。以重组作为手段，可以更有效地挖掘和发挥现有技术的潜力。如飞机的螺旋桨装在尾部就是喷气式飞机，装在顶部为直升机。企业的“资产重组”等说明重组可以引发质变。

（4）共享补代。共享组合是指把某一事物中具有相同功能的要素组合到一起，达到共享的目的。例如，吹风机、卷发器、梳子共用同一带插销的手柄。补代组合是通过对某一事物要素的摒弃、补充和替代，形成一种在性能上更为先进、新颖、实用的新事物。例如，拨号式电话改为键盘式电话、银行卡代替存折。

（5）概念组合就是以词类或命题进行的组合。例如，绿色食品、阳光拆迁、阳光录取、音乐餐厅、裴多菲俱乐部等。

第三节 开拓创新思维的方法

托兰斯创造性思维测验

一、创新思维的主要障碍

人的创造性是生来就存在的，只是随着年龄的增长和周遭的影响，慢慢地被抑制了。一般来说，影响创新思维最主要的障碍是存在于头脑中的传统的、固有的观念以及思维中形成的定势和偏见。思维障碍并不是医学上的大脑疾病，而是人的思维方式上的局限性。托兰斯创造性思维测验可扫描二维码进行。

（一）传统观念和固定观念

观念是内化于人脑潜意识中的观点和认识。人们在思维过程中，反复运用某种观点去思考问题、评价问题、解决问题，久而久之，这些观念和认识被积淀到大脑深层意识中而达到了无意识状态，这就形成了观念。在人脑思维加工过程中，主体对材料的选择、组织，对问题的评价、解释，很大程度上取决于观念。历史上，每种观念的产生都是以当时的实践水平和历史文化发展为基础的，但随着实践活动的发生和时代的进步，深藏于人们头脑中的观念却不愿随之改变。受这种观念影响，人们会因循守旧，墨守成规，用老眼光、老办法去面对新问题，并反对思维对现存事物的超越，观念就成为阻碍创新思维的主要因素。

固定观念是指人们在特定的领域内形成的观念。在该领域内某种观念是适用的，但超出这个范围，它们就可能变得不再适用了。由于观念的主导作用，人们总是习惯于用固有的观念去认识、评价面对的问题，而忽略这个问题是否超出了原来的领域范围。比如，我们可以用经验在一定范围内解决一些常规性问题，但当问题超出了原有领域而进入一个新的领域，那么原来的经验和观念就会排斥新思想，扼杀新观念，阻碍创新。

（二）思维惯性

思维是一种复杂的心理现象，是大脑的一种能力。人的思维一旦沿着一定方向、按照一定次序思考，久而久之，就形成一种惯性。也就是说，当你这次这样解决了一个问题，下次遇到类似的问题，不由自主还是沿着上次思考的方向或次序去解决，这种情况就是思维惯性。

我们小的时候在寻找物质需求，青年时代在寻找精神思考模式，而当我们真正成熟后，我们却在努力打破自己刚刚花尽心血建立的惯性思维。惯性思维有利于迅速解决问题，我们会寻找自己最有把握的途径解决问题，但是，这些也会成为我们思考的障碍，我们会放弃听取别人的意见，会阻止别人讲解自己的思考，即使听到别人的想法，我们第一时间考虑的是这个方案应该如何反驳。虽然惯性思维有效地解决了一些问题，但这些阻碍了我们接触更多解决问题的途径，阻止了我们思考。

案例分享

脑电波控制假肢系统

一年一度的巴黎国际发明展览会在巴黎凡尔赛门展览馆举行。它由法国发明与制造者协会主办，是法国政府和巴黎市政府支持的巴黎博览会的一部分，展览会上，湖南工业职业技术学院学生张江杰的两项发明成果双双获奖。其“一种脑电波控制假肢系统”荣获金奖，“烟花无线电子点火系统”荣获铜奖。

张江杰发明的一种脑电波控制假肢系统，由处理执行部分对过滤部分输入的脑电波数据进行处理，并输出数据至镶嵌在假肢内的多个微型舵机，实现对假肢动作的控制。本发明采用可测参数作为数据来源，对数据进行处理后作为假肢舵机的控制动作信号，这种“拟制”信号的使用及其处理方法，使得脑电波控制的假肢系统能够真正得以实现，且经过1周左右的训练周期后，基本能够完成正常人所能完成的动作。近年的相关数据表明，全球残疾人数量已达到6亿，其中肢体残疾接近1.8亿。该项发明技术成熟度高，是一项造福残疾人并能产生良好经济效益的优秀新发明成果。Orange Franc Telecom（法国第一大电信运营商）、捷克医疗协会、YVCEL SAS（国际进出口贸易公司）、国内某大型企业等提出了相关的合作意向。多位法国残疾儿童的父母提出了购买产品的要求。

思考：

是什么原因导致了思维惯性？

（三）思维定势

如果对于自己长期从事的事情或日常生活中经常发生的事物产生了思维惯性，多次以这种惯性思维对待客观事物，就会形成非常固定的思维模式，这就是思维定势。

一般地，思维定势对常规思维是有利的，它使思考者在处理同样问题的时候少走弯路。我们遇到的问题大约有90%是靠思维定势来解决的。

思维定势的弊端在于：当我们面临剩下的1%的新情况时，如果一味遵守约定俗成的规则，它就会变成“思维枷锁”，阻碍新观念、新方法的构想，成为创造性地解决问题的障碍。生物学家贝尔纳说过：“妨碍人们创新的最大障碍，并不是未知的东西，而是已知的东西。”因此，要想挖掘无穷的创新能力，必须跳出消极思维定势的框架，开阔视野及思路。消极思维定势的表现形式有以下六方面。

1. 依赖经验

依赖经验是指人们不自觉地用某种习惯了的思维方式去思考已经变化的问题。经验虽然宝贵，但有其局限性。前人的经验及自己总结的经验会给我们办事带来方便。如品茶大师拿着茶叶一看一品，就知道它的产地和等级；老农抓起一把土一看，就知道适宜种什么庄稼。但是经验（习惯）也会经常成为发挥创新能力的障碍。经验型思维定势会削弱大脑的想象力，造成创新能力的下降，这正是创造发明的大敌。

2. 受缚权威

受缚权威是指人们对权威人士的言行有一种不自觉的认同和盲从。迷信权威，带来的是无知与懒惰；怀疑、质疑权威，则表现出一个人的勇气；战胜权威，才能证明一个人的知识与智慧。只有这样，我们才有可能站在巨人肩膀上创造辉煌的未来。

3. 盲目从众

盲目从众是指人们不假思索地盲从众人的认知与行为。从众心理与行为最大的特征是人云亦云，没有独立思考的品格，一切跟在别人后头，不出头、不冒尖、随大流。当一个人陷入盲从他人的心理状态，必然与创新绝缘，可见从众的消极思维定势是创新思维的一大障碍。

4. 迷信书本

迷信书本是指人们对书本知识的完全认同与盲从。书本知识对人类所起的积极作用确实是巨大的。但书本知识也和任何事物一样有弱点，即滞后性，知识也会过时，知识只有不断更新才能成为有效行动的信息，才能推动事业的进步和发展。

5. 崇尚自我

崇尚自我是指人们想问题、做事情完全从自己的利益与好恶出发，主观武断地不顾他人的存在和感觉。以自我为中心对一个人、一个家庭、一个组织、一个民族甚至一个国家是有危害的，它是文化创新、体制创新的最大障碍。

6. 简单刻板

简单刻板是指人们面对复杂和多变的事物，仍用简单的非此即彼或者按顺序排列的方式去思考问题，不懂得变通，即“刻舟求剑”。在现实生活中直线思维是屡见不鲜的。如把类似的例题拿来照搬，死记硬背现成的答案。直线思维的习惯是不善于从侧面、反面或迂回地去思考问题。

案例分享

瓶子里的蜜蜂和苍蝇

有这样一个著名的试验：把六只蜜蜂和同样多的苍蝇装进一个玻璃瓶中，然后将瓶子平放，让瓶底朝着窗户。结果发生了什么情况？

蜜蜂不停地想在瓶底上找到出口，一直到它们力竭倒毙或饿死；而苍蝇则会在不到两分钟之内，穿过另一端的瓶颈逃逸一空。

蜜蜂基于出口就在光亮处的思维定势，想当然地设定了出口的方位，并且不停地重复着这种合乎逻辑的行动。可以说，正是由于这种思维定势，它们才没能走出囚室。而那些苍蝇则对所谓的逻辑毫不留意，全然没有对亮光的思维定势，而是四下乱飞，终于走出了囚室。头脑简单者在智者消亡的地方顺利得救，这在偶然当中有很深的必然性。

思考：

在现实中，你是否遇到过与蜜蜂一样的处境？你是如何处理的？

7. 自卑自闭

自卑自闭就是非常的不自信，由于过去的失败或成绩较差，受到过别人的轻视，产生了自卑心理。总以自己不行为借口，什么东西都不敢尝试。

8. 麻木僵化

麻木僵化就是不敏感，思维欠活跃；注意力不集中，反应迟钝；总是兴奋不起来，存在惰性。

9. 顽固偏执

顽固偏执的表现形式很多样。有的颇为自信；有的钻牛角尖、“抬杠”，明知这条道路行不通，非要往前闯；有的喜欢唱对台戏，人家往东，他偏往西。

了解了以上消极的思维定势，便于我们在培养创新思维过程中引以为鉴，注重采取多种多样的方式、方法抑制这些消极思维定势的影响。

（四）思维偏见

思维偏见是创新思维的主要障碍，有多种表现形式，包括经验偏见、位置偏见、利益偏见、封闭思维和点状思维、文化偏见和刻板印象。其中经验偏见思维是指对公正产生一种无意识的微妙偏离。我们常说，物以类聚，人以群分，我们很喜欢跟与自己兴趣、爱好、人生观和价值观相同的人待在一起，因为我们的观点和意见会常常得到认同，这样会使我们陷入“确认偏误”的陷阱。

如果确认偏误和自利偏误结合在一起，会带来更严重的偏见，自利偏误就是我们把什么事情都往对自己有利的方向去解释。确认偏误和自利偏误不仅会禁锢我们的思维，还会让我们做出错误的判断。哲学家波普尔说：“真正的无知不是知识的缺乏，而是拒绝获取知识。"沉默的证据和幸存者偏差，其实是类似的，我们总是看到媒体报道那些创业成功的天才和明星企业，但是我们没有看到 99%倒下的失败者和失败企业。我们总是被明显的已知的现象所吸引，忽视了更多沉默的证据。这种偏见让我们对世界的随机性产生了偏见，至少在概率判断上出现了偏见。

(五) 寻错思维

有些性格细致的人会迅速捕捉到细节问题，这个优势是解决问题的快捷途径。但是如果这个优势与"寻错思维"或"寻错情结"结合，那么，结果可能是捡了芝麻丢了西瓜。比如，在讨论会上，一名主要负责人的汇报 PPT 中有两张图的顺序相互颠倒了，但大家都看懂了他要表达的意思。有个参会者却被这个细小的错误"吸引"了，他一直在思考要怎样寻找合适的机会提醒他这两张图放错了位置。在这个不停纠结和思考的过程中，他远离了会议讨论的内容和根据内容进行的一些外延性思考。

二、开拓创新思维的基本方法

(一) 思维导图

1. 思维导图的含义

思维导图，又称脑图、心智地图、脑力激荡图、灵感触发图、概念地图、树状图、树枝图或思维地图，既是一种图像式思维的工具，也是一种利用图像辅助思考的工具，它充分利用色彩、图画、代码和多维度等图文并茂的形式来增强记忆和分析，使人们关注的焦点清晰地集中在问题逻辑和框架上。

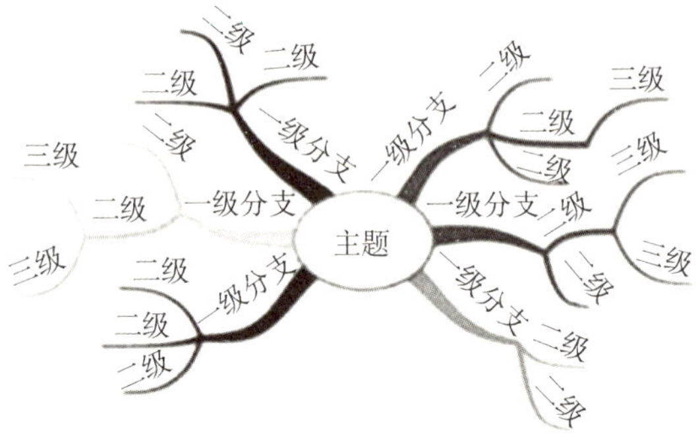

图 2-1　思维导图

思维导图是一种将放射性思考具体化的方法。我们知道放射性思考是人类大脑的自然思考方式，每一种进入大脑的资料，不论是感觉、记忆或是想法——包括文字、数字、符号、食物、香气、线条、颜色、意象、节奏、音符等，都可以成为一个思考中心，并由此中心向外发散出成千上万的关节点，每一个关节点代表与中心主题的一个联结，每一个联结又可以成为另一个中心主题，再向外发散出成千上万的关节点，这些关节的联结可以视为个人的记忆也就是个人数据库。将其运用在有创意的方面，往往会产生令人惊喜的效果。

这是一种展现个人智力极致潜能的方法，可提升思考技巧，大幅增进记忆力、组织力与创造力。

2. 绘制思维导图的方法

（1）准备一张白纸；

（2）准备数支彩色水笔、铅笔、油画棒或自己习惯的绘图工具；

（3）运用你的大脑；

（4）运用你的想象。

3. 绘制思维导图的步骤

（1）从一张白纸的中心画图，周围留出足够的空白。

（2）在白纸的中心用一幅图像表达你的中心思想。

（3）尽可能多地使用各种颜色。

（4）将中心图像和主要分支连接起来，然后把主要分支和二级分支连接起来，再把二级分支和三级分支连接起来，以此类推。

（5）让思维导图的分支自然弯曲，不要画成一条直线。

（6）在每条线上使用一个关键词。

（7）自始至终使用图形。

以上是绘制思维导图的 7 个步骤，不过，很多技巧可以在自己绘制的过程中不断总结。你可以运用想象力，不断改进你的思维导图。

（二）六顶思考帽

1. 六顶思考帽的含义

六顶思考帽法是一种思维训练方法，是一个全面思考问题的模型。六种颜色的思考帽来代表六种思考问题的角度，每一种颜色都会引起人们的一种联想，每一种颜色都对应着一种思考问题的角度，见表 2-1。

表 2-1　六种思考帽的思考角度

序号	六顶思考帽	颜色联想	思考角度
1	白色思考帽	中性和客观	搜索并展示客观的事实和数据
2	红色思考帽	直觉和情绪	表达对事物的感性看法
3	黑色思考帽	冷静和严肃	用小心谨慎的态度指出任一观点的风险所在
4	黄色思考帽	希望和价值	用乐观、积极的态度指出任一观点的价值所在
5	绿色思考帽	活跃和生机	运用创新思维提出新观点
6	蓝色思考帽	理性和沉稳	对整个思考过程和其他思考帽的控制和组织

（1）白色思考帽

白色思考帽与信息和数据直接相关，代表客观的事实和数字，当我们使用白色思考帽的时候，每个人都只能把注意力直接放在信息上。白色思考帽是一种方便的思考方式，为此我们首先需要列出我们已经掌握的信息；其次努力找出信息的空白处，检查已有的信息，收集我们遗漏的信息；最后通过倾听、阅读、提问来获取我们需要的信息。白色思考帽明确地重视事实和信息，拒绝个人主观情感的参与，要求参与的每个人都要说出一个观点，要求充分发挥每个人的主观能动性，发挥自己在群体思考中的作用。

（2）红色思考帽

红色思考帽允许我们肆无忌惮地表达我们的情感，讲述我们的直觉。直觉是一种复杂的判断，它往往基于对某个领域的了解和在类似领域取得的经验，为我们的判断增加砝码；它基于过去的经验，让经验以不同角度出现在脑海里，结果可能是迸发创意、取得重大突破。

（3）黑色思考帽

黑色思考帽考虑事情的负面因素，它运用否定、怀疑、悲观的看法对事物的负面因素进行逻辑判断和评估，谨慎小心地指出任一观点的风险所在。

（4）黄色思考帽

黄色思考帽是将正面的、乐观的、积极的情况集中起来，饱含希望和正面思想，积极寻找事物的闪光点。它让我们追寻利益、渴望成功，这种思考模式指引我们的未来向好的方向发展。

（5）绿色思考帽

绿色思考帽的思考方向是创意思考、解决方案，它能够帮助我们提出新的创意。在绿色思考帽下，我们可以排列出各种可能的选择，既包括原有的选择也包括新产生的选择。绿色思考帽让我们对提出的意见进行修正和改进。它的价值在于：让每个人都留出专门的时间进行创意思考，培养我们的创新创造能力，这种创造力不仅包括大胆的创造力，也包括审慎的创造力。绿色思考帽本身并不能使我们变得更有创造力，但是它可以使我们有时间集中精神加强创造力。

（6）蓝色思考帽

蓝色思考帽是思考中的思考，是对思考的指挥和控制，安排思考的程序和方法，并不时地进行总结。它的作用就是组织前五种思考方法，有机地排序并进行集体思考，同时还要经常进行总结。例如，在一个四人的集体中，有三位戴的帽子不一样，另一个人就要自始至终戴蓝色帽子，指挥和安排整个思考过程的发展，并经常对思考结果加以总结。他是组织者、指挥者和总结者。蓝色思考帽的主要责任是集中思考者的思考范围，把所有人的心智集中在某个点上，尽可能地深入思考，尽可能地就某一点拓宽思路。

案例分享

爱因斯坦的直觉

一次，一位物理学教授把自己的一项研究成果拿给爱因斯坦。爱因斯坦看了最后的结论，说："你这个结论有错误。"那位教授很奇怪："您还没有看我的推导过程，怎么知道我的结论有错误呢？"爱因斯坦说："正确的结论一般都很简单，而你的结论太复杂了。"教授不服气，回去重新推导了几遍，果然发现有错误。成功的科学家、企业家都具备这种直觉能力，尽管它不能保证百分百正确，但它也有可能成为我们决策时的影响因素，爱因斯坦凭着直觉来判断结论，成为思考的一部分。而直觉对应的就是红色思考帽。

思考

你经常戴这六顶思考帽吗？你对哪些方面有敏锐的直觉？

2. 六顶思考帽的使用方法

（1）六顶思考帽的操作步骤和作用

六顶思考帽是一个操作简单、经过反复验证的思维工具，可以单独使用或综合运用。强调"能够成为什么"，而不是"本身是什么"，可以帮助人们更好地聆听别人的观点，提出建设性的观点；用"平行思维"取代批判式思维和垂直思维，从不同角度思考同一个问题从而创造高效能的解决方案，进一步提高团队成员的集思广益能力，使每个人变得富有创造性。

六顶思考帽在会议中的典型应用步骤：

一是陈述问题（白帽），二是提出解决问题的方案（绿帽），三是评估该方案的优点（黄帽），四是列举该方案的缺点（黑帽），五是对该方案进行直觉判断（红帽），六是总结陈述，做出决策（蓝帽），见表 2-2。

表 2-2 每种思考帽的作用

黄色思考帽的单独使用	黑色思考帽的单独使用	绿色思考帽的单独使用
探求新见解	避免错误	寻求改进
减少负面性	变化评估	摆脱束缚
处理重大变化	检查可能性	寻找创新
红色思考帽的单独使用	**白色思考帽的单独使用**	**蓝色思考帽的单独使用**
探索内心	影响决定	探索主题
寻求突破	预先计划	思维架构
征求意见	解决争端	要求结果

（2）六项思考帽的使用方法

六顶思考帽在不同思考过程的使用方法见表 2-3。

表 2-3　初始序列、中间序列、结尾序列中使用的思考帽

思考过程	关　注　点	思考帽
初始序列	我该如何解决这个问题？ 你怎么看这个问题？ 我有什么可用的信息？ 先看这个观点对我们有利的地方	蓝色思考帽 红色思考帽 白色思考帽 黄色思考帽
中间序列	替代方案是什么？ 它有什么价值？ 它有什么缺点？ 与我们所知道的信息是不是相符？	绿色思考帽 黄色思考帽 黑色思考帽 白色思考帽
结尾序列	总结一下我们的思考 这能达到预期的结果吗？ 我们该如何处理这个方案？ 我们现在觉得如何？	蓝色思考帽 黑色思考帽 绿色思考帽 红色思考帽

（3）六顶思考帽的使用方式

六顶思考帽在不同实施阶段的使用方式，见表 2-4。

表 2-4　不同阶段使用的思考帽

实施阶段	实施方式
初步方案	黄色思考帽——思考的任务是什么？ 白色思考帽——对这个情况我们都知道什么？ 绿色思考帽——我们能想出什么主意？
快速评价	黄色思考帽——优点是什么？ 黑色思考帽——缺点是什么？ 蓝色思考帽——我们能总结这些优缺点吗？
改　　进	黑色思考帽——缺点是什么？ 绿色思考帽——如何克服这些缺点？
设　　计	蓝色思考帽——设计任务是什么？ 绿色思考帽——可能的设计是什么？ 绿色思考帽——我们如何看每种可能的设计？

（三）5W1H 分析法

1. 5W1H 分析法的含义

5W1H（WWWWWH）分析法也叫六何分析法，是一种思考方法，也可以说是一种创造技法。其在企业管理、日常工作、生活和学习中得到广泛的应用。1932 年，美国政

治学家拉斯维尔提出“5W 分析法”，后经过人们的不断运用和总结，逐步形成了一套成熟的“5W＋1H”模式。

5W＋1H 是管理工作中对目标计划进行科学分析、决策的思维程序。即对某一工作在调查研究的基础上，就其工作内容（What）、工作原因（Why）、工作场所（Where）、工作时间（When）、责任者（Who）以及怎样操作（How）六个方面提出问题并进行思考，形成行动方案进行操作，达到完成工作任务的目标。

2. 5W1H 分析法的思路

具体分析思路见表 2-5。

表 2-5 5W1H 分析法的思路

	现状如何	为什么	能否改善	该怎么改善
对象（What）	生产什么	为什么生产这种产品	能否生产别的产品	到底应该生产什么
目的（Why）	什么目的	为什么是这种目的	有无别的目的	应该是什么目的
场所（Where）	在哪里做	为什么在那里做	能否在别处做	应该在哪里做
时间（When）	何时做	为什么在那个时间做	能否在其他时候做	应该什么时候做
作业人员（Who）	谁来做	为什么是那个人做	能否由其他人做	应该由谁来做
方式方法（How）	怎么做	为什么那么做	有无其他的方法	应该用什么方法

（1）对象（What）——什么事情

公司生产什么产品？车间生产什么零配件？为什么要生产这个产品？能不能生产别的产品？我到底应该生产什么？如果这个产品不挣钱，换个利润高点的好不好？

（2）为什么（Why）——原因

为什么采用这个技术参数？为什么不能有变动？为什么不能使用？为什么变成红色？为什么要做成这个形状？为什么采用机器代替人力？为什么非做不可？

（3）场所（Where）——什么地点

是在哪里干的？为什么偏偏要在这个地方干？换个地方行不行？到底应该在什么地方干？

（4）时间和程序（When）——什么时候

这个工序或者零部件是在什么时候做的？为什么要在这个时候干？能不能在其他时候干？把后工序提到前面行不行？到底应该在什么时间干？

（5）人员（Who）——责任人

这个事情是谁在干？为什么要让他干？如果他既不负责任，脾气又很大，是不是可以换个人？换一个人，整个生产就会有起色吗？

（6）方式（How）——如何做

我们是怎样干的？为什么用这种方法来干？有没有别的方法？到底应该怎么干？

5W1H分析法广泛应用于企业管理、生产生活、教学科研等方面，常常被运用到制订计划草案和对工作的分析与规划中，能使我们工作有效地执行，从而提高效率。这种思维方法极大地方便了人们的工作、生活。

三、开拓创新思维的途径

同思维的其他具体形式相比，创新思维具有灵动性、跳跃性。一旦出现思想火花，马上记录下来。那么，怎样激发灵感、突破固化思维呢？

1. 改变思考顺序

我们思考问题时常常习惯于顺着想。顺着想使我们较为方便地找到解决问题的切入点，帮助我们解决一些普通的问题。但客观事物的发展是千变万化的，凡事都顺着想未必能够真实地反映事物的客观规律。一个立志于创新的人一定要认识到顺着想的局限性，不妨从事物的对立面去考虑问题，即逆向思维。很多时候逆向思维会带来“柳暗花明又一村”的境界。

2. 转化思维方式

转化思维方式要求我们做到：一要将直接化为间接，许多无法直接解决的问题，通过间接的方法可以得到圆满解决；二要化复杂为简单，简单是所有繁杂事物的本质，要学会抛开复杂的外表抓住本质；三要化不可能为可能，对于那些由于方式、方法不当而难办的事，我们应当拓宽思路，改变方法，力争将不可能转化成为可能。

案例分享

兼职猫助力灵活就业

在寻找兼职的过程中，当时还是大学生的王锐旭深知兼职市场存在的众多乱象，市场不规范、黑中介泛滥、敲诈勒索等防不胜防。于是，“兼职猫”招聘服务平台应运而生。如今，“兼职猫”日均提供岗位约45万个，为147万家企业和4 400万名用户提供灵活就业服务。

今年获得中国青年五四奖章的王锐旭，已是广州九尾信息科技有限公司董事长。他开发的“兼职猫”主要解决供需信息有效匹配问题。从此，公司深耕人力资源市场，通过先进的技术和理念，业务迅速发展。“兼职猫”确实颠覆了传统兼职市场，帮助在校大学生更便捷地找到兼职，使很多贫困生通过正规渠道赚取生活费，支撑学业。2020年，王锐旭涉足灵活就业全链条领域，将C端蓝领用户从“兼职猫”的产品线中分离出来，升级推出“招聘猫”，为大量城市蓝领解决就业困境。结合灵活就业的大趋势，王锐旭还成立了广州首个灵活就业与新业态服务联盟，发挥平台优势，协助蓝领群体、贫困劳动者等弱势群体就业。面对年轻人多样化的就业需求，王锐旭敏锐地洞察到年轻人“副业刚需”焦虑。“兼职猫”开设“自由职业者”“新奇副业”专区，提供直播主播、新媒体制作、伴宠师、密室NPC（非玩家角色）等岗位，帮助在校大学生和上班族匹配有趣副业。

在王锐旭看来，“灵活就业人员是就业市场的重要力量，但他们的抗风险能力普遍较弱”。对此，“兼职猫”上线专人审核、企业资质审核、全民纠查等五大保障，守护灵活就业者的合法权益。创新的业务模式和高效的服务水平，让“兼职猫”突破了此前的用户增长瓶颈，转型两年就积累了超百万企业用户。王锐旭还带领团队开设“战‘疫’招聘专区”“共享员工计划”等项目，开展就业公益帮扶行动，为全国237家医疗物资生产企业匹配超过1.6万人，帮助4 000多名共享员工到90余家企业灵活就业，缓解了人员闲置和企业招工难的矛盾。

（案例来源：中国青年报，2022-07-07）

思考

这个案例给你的启发是什么？

3. 敢于自我挑战

每个人都有无限可能性，但并不可以不劳而获。要想突破创新思维，首先要“厚积薄发”。没有厚实的相关知识的积累，就难以触类旁通，知识面太窄也是不利于触类旁通的。其次是要“敢于探索”。既要会走别人已走过的路，获得直接经验，更要敢走别人没有走过的路，获得新鲜经验。无论成功的还是失败的经验，都是产生灵感的不可缺少的条件。要在“厚积薄发”“敢于探索”的基础上，善于“苦思冥想”。

【专题实训】

实训目标:

通过本模块的实训,掌握创新思维方法,打破思维定势,锻炼学生的创新思维和创新能力,树立自主创新意识。

实训步骤:

一、活动情景:实践和体验各种创新思维方法,分析、比较并总结。

二、小组活动:小组成员分工完成;讨论各思维方法的运用和体会;总结并共享任务成果。

三、个人内化:回顾比较自己在运用各种思维方式时的不同体验和感受,和小组成员交流体会,形成自己的认识。

四、应用拓展:通过创新思维训练,寻找自己最适合最擅长的思维方法并运用到创新实践中。

五、活动评价:通过小组总结会进行个人表现自评、他评、总评等讨论环节,由组长汇总后对每个组员进行打分。

实训过程:

一、活动情景

情景设计:画蛇添足

1. 请每名学生任意挑选以下六个图形中的一个进行绘画,没有任何限制和要求。建议用彩笔,效果更好。

2. 请各小组将全组同学画好后的图形拼接在一起,并截图打印,粘贴在下面的方框内。

3. 请各小组将本小组的拼图串成一个故事，选一名同学进行分享，要求所有的图画都必须讲到，并有逻辑性，尽可能发挥想象。

故事如下：____

____

____

____

____

二、小组活动

1. 模拟成立公司

要求：假设在我们学校的范围内，成立一家创意公司，以小组为单位，为公司取名，设计出产品logo和一句广告语，并为每个成员设置岗位和职务。

(1) 上一轮小组活动获胜的小组可以优先选择创意主题；

(2) 时间：20分钟；

(3) 每个小组1分钟介绍展示；

(4) 民主投票，得分排名前3的小组获得加分；

(5) 将logo截图或拍照后打印，粘贴在下面的方框里。

2. 针对下列问题,进行小组讨论并取得共识。

(1) 刚才的活动中运用到哪几种思维方式?

(2) 这些思维方式都有哪些特点?

(3) 举例说明这些思维训练对培养创新思维有哪些帮助。

三、个人内化

1. 思考并回答下面表格中的问题。

问题	我的思考
你选择了什么图形来进行绘画？为什么？	
你画的是什么？要表达的意思是什么？	
你们小组的创意是什么？	
小组创意公司里你的职务是什么？	
你在活动中运用了哪些思维方式？	
你觉得哪种思维方式最有帮助？	
你最擅长的思维方式是哪些？	
如果要对你小组的创意项目进行修改，你会怎么改？	

2. 搜集一些与本校专业相关的创新趋势、创新项目和科研成果，并对其进行简单的分析，从中你得到了哪些信息？给你带来了哪些启发？

(1) 请简述你所学专业的发展趋势。

(2) 你了解到本专业的创新项目有哪些？创新点在哪里？

(3) 你有哪些启发？

3. 与生活相结合的思考。

(1) 你认为在高校的学习生活中有哪些地方需要创新？你的创新方向是什么？

(2) 通过你的创新可能使你的生活发生哪些变化？对你有哪些利与弊？你将如何解决弊端？

4. 与专业相结合的思考。

(1) 专业领域的创新趋势有哪些,你认为哪个创新方向最有前途?

(2) 在这个专业领域常用的创新方法有哪些?

(3) 在这个专业领域中,具有创新力的企业或机构有哪些?

(4) 在这个专业领域创新最大的风险是什么?

5. 与就业相结合的思考。

(1) 如何发现用人单位在业务上的创新点?

(2) 能否通过创新思维,开发你自己的就业渠道?

(3) 如果你在用人单位入职,你将如何通过创新思维找到自己的职业定位,并推动自己的职业发展?

(4) 在现代职场,有哪些工作、管理、社交等方面的创新思维的应用? 你是否了解并掌握其方法?

四、应用拓展

1. 你认为创业最需要的创新思维方式有哪些？为什么？

2. 除了创业，在职业过程中，对于如何更好地运用创新思维，你有什么想法？

3. 关于思维训练，你还有什么好建议？

五、活动评价

1. 召开小组总结会议，请每个组员围绕以下问题进行发言、讨论。

(1) 我对活动的贡献是什么？请从承担的内容、完成情况、工作实效等方面阐述。

(2) 我对他人的评价。

(3) 我对活动的建议。

2. 请记录以下内容。

(1) 他人对自己的评价。

(2) 他人对活动的建议。

3. 请组长做好记录和汇总，并综合大家的讨论情况，给每个组员评分。

小贴士

创新思维是对现有的认识和实践的升华，突破现有的常规思路，以新颖独特的思路和方法探索未知领域或解决已有的问题，从而创造新的有价值的物质或精神产物的思维过程；是人类探索事物本质、获得新成果、促进个人发展和社会发展的有效手段。

专题三

拓展创新能力

名人名言

事业是理念和实践的生动统一。

——亚里士多德

课前互动

阅读以下材料并回答问题。

澳大利亚曾经发生过这样一件事：在收获的季节，有人发现一片甘蔗田里的甘蔗比往年粗壮得多，割完甘蔗，产量竟然提高了50%。这是什么原因呢？原来，在栽种前一个月，有一个拉水泥的车翻在这里，水泥洒得遍地都是。土壤学家说，这里的土地是酸性土，而水泥中的硅酸钙是碱性的，土壤得到了改良，当然就会增产。经过化验后，果然证明土壤学家说得完全正确，由此产生了一项新的发明。

问题：

(1) 分析这个案例里的因果关系，说明土壤学家的推理过程。

(2) 想象从土壤学家的分析结果中，可能出现什么新的发明？

(3) 案例中土壤学家拥有什么能力？你在回答以上问题时又使用了哪些能力？

学思之窗

自人类出现，人们总结出大量的创新方法及体系，公开发布有关“创新”的方法多达300余种。从原始人把石头绑在木棍上的创新开始，不管是人的思维还是创新技术，都在不断地进步着，创新方法也从第一代慢慢演变发展到第三代。第一代的创新方法以引导思维为主，让人敢于去思考，并开始有方向地去思考，没有创新路径与体系，更多的是实现启发性的创新，它们更像是一种面向过去的总结而不是面向未来的拓展。因此在企业的实践中创新的效率很低。第二代创新技术首先对创新体系进行了建模。其中，不同的技术体系建模的方式又不尽相同。而第三代创新技术则告诉人们驱动创新的思维本源，真正做到可复制、可大规模推广、可实际落地的创新技术。

结合上述材料与实际情况，探讨以下问题：

1. 你认为创新能力应该包含哪些部分？
2. 你认为影响创新能力提升的因素有哪些？
3. 你知道常用的创新方法有哪些吗？

第一节 创新能力的内涵

一、创新能力的概念

创新能力是指个人或群体在一定条件的环境支持下，运用已有的知识和已知的信息，发现新问题，寻求问题答案，并产生出某种新颖而独特、有社会价值或个人价值的物质产品或精神产品的能力。创新的目的是解决矛盾，创新主体是人，客体是客观世界，核心是创新思维，根本是要有突破，结果就是出现新的物体或新的思想，掌控这六方面的能力就是创新能力。这也可以通俗地解释为掌握新知识、发现新问题、提出新设想、创造新事物的能力。

创新能力是人类特有的一种将思维与行为综合的本领，由知识、智力、能力及优良的个性品质等繁杂的因素综合优化构成。创新能力的强弱，是区分优秀人才和普通人才的标准之一。创新能力是一系列连续的、复杂的、高水平的、高强度的心理活动。它要求人的智力和体力处于高度紧张状态，在最高水平上运用创造性思维。创造新概念、新理论，更新技术，发明新产品、新方法，创作新作品，都是创新能力的表现。

二、创新能力的特征

（一）可塑性

创新能力不是天才的专利，相反，人人是创新之人，天天是创新之时，处处是创新之地。无论你年龄多大，从事什么职业，都不会影响你的创新。创新能力并不是与生俱来的，也不是固定不变的，它是可以通过教育、训练、实践培养的。

首先，人类创新能力的形成要遵循遗传规律。遗传素质是人类创新能力的物质基础，我们承认它，但不把它当作唯一。其次，环境是人的创新能力形成和提高的重要条件，环境优劣影响着个体创新能力发展的速度和水平。人是社会的人，人的创新实践并不是在“真空”中进行的，因此必然受到环境的影响。我们平时可以多参加讨论，“独学而无友，则孤陋而寡闻”，与同学一起讨论争辩，可以互相启发，容易出现灵感，获得创新成效。考虑问题时，要放松自己，有助于提高创新能力。

（二）综合性

创新能力是在创新过程、创新活动中所体现出来的各种创新能力的综合。创新思维是创新能力的核心，需要一个人具备自我创新、预测角色、应变、处理信息、语言沟通表达等能力。创新能力是这些能力的综合，每个人在这些能力上有了发展，才有了各行各业的创造性人才。

案例分享

“祥云”火炬的设计

2008 年北京奥运会火炬“祥云”的设计者章俊带着他的创作团队，以“渊源共生，和谐共融”为创意灵感，结合中国传统的纸卷轴，选择具有代表性的中国文化符号“祥云”图案，采用有醒目视觉效果的红银对比色彩，再次打破“纸”与“火”难以共存的传统，从而诠释了奥林匹克融合、共荣、共生的理念。对于“祥云”火炬的设计，主创团队运用了想象、分析、批判、组织协调以及创造等多种综合能力，形成了独具特色的设计风格，并具有鲜明的中国文化色彩。

思考

本例给你什么启示？

（三）倍增性

大量实践证明，开发和提升人的创新能力可以创造出超出传统经济时代多倍的效益。这是由于投入的成本包括了一种特殊的因素——创新。技术上的革新固然重要，但知识经济的创新动力则更容易获得高附加值的回报。这就是创新和智能成果的回报，是所有投入中最有价值和附加值最高的部分。

三、创新能力的构成要素

（一）创新的原材料——知识和信息

知识和信息是创新的基础和原材料。没有知识储备，没有及时、可靠、全面的信息，是不能产生创新成果的，人们不可能过度超越已有的知识储备去创新。石器时代的人还未发明文字，语言也很简单，每日最大的问题是躲避猛兽、解决温饱，他们不可能发明出葫芦丝和广场舞。我们无法想象，一个对光电知识一无所知的人能发明出新型的电光源，一个对计算机一窍不通的人能开发出新的操作系统，不了解前人的成果、眼光狭窄、知识贫乏的人不可能有重大科学发现和技术发明。知识的掌握，在很大程度上决定着认知能力、解决实际问题能力的速度和质量。

相对论也不是没有任何前人的研究积累而凭空产生的。有一个叫贝索的意大利犹太人，至少做了两件对爱因斯坦有深刻影响的事。一件是他坚持要爱因斯坦读一读奥地利-捷克物理学家、心理学家马赫的书，马赫是不同意牛顿力学中绝对空间和绝对时间概念的，这个思想就是后来相对论的哲学基础。另一件是一次讨论，他告诉爱因斯坦，时间是相对的，空间也是相对的，包括光在内的所有运动都是相对的。这次讨论的 5 个星期后，爱因斯坦发表了第一篇关于相对论的文章《论正在移动的物体的电动力学》。文后没有提到任何参考文献，却有这样一句结尾："在我致力解决本书处理的问题的过程中，我得到了我的朋友和同事贝索的忠诚协助，对于他给我的若干宝贵建议，我十分感激。"

在创新能力构成要素中，一般知识和经验为创造奠定了坚实的基础，而包括专业知识、创造学知识、特殊领域知识的专门知识，将直接影响创新能力层次的高低。

（二）创新的加工地——环境

创新要有环境条件，即物的环境和人的环境。爱因斯坦第一次讲解相对论的时候，满座中只有四人能听懂。其中，一个就是贝索，一个是向他提供资料的学长，一个是替他校对文稿的女同学，剩下一个是他自己，其余的人全都是一头雾水，不知他所言究竟为何物。人的环境也包括团队，尤其是现在，创新往往是多学科、复合型的，不再像以前"在铁匠铺里打马蹄铁、在棉花铺里弹棉花"那样。一台电子计算机断层扫描仪，涉及的领域有普通物理学、高能物理学、解剖学、病理学、图像学、计算机学、机械学、经济学；即便开发一个实用程序，也必须组织起市场调研、架构搭建、系统编程、测试、美工等人员。

创新的环境条件，并不是专指良好的、顺畅的条件，往往不理想的环境甚至是恶劣的环境更能催生创新。所谓穷则思变、绝处逢生。宇宙大爆炸理论提出之初，学界一片哄笑，谑之为"Big Bang"，意思是"一声巨响"。偏偏有科学家不信邪，硬是通过观察红移、探索深空、捕获宇宙背景辐射、碰撞"上帝粒子"等研究，把大爆炸的宇宙起源学说牢牢撑住。"Big Bang"如今成了宇宙大爆炸的专用名词。

案例分享

苏东坡：一蓑烟雨任平生

苏轼，四川眉州人，世称苏东坡，他在诗、词、文、书、画等方面都有极高造诣，是北宋文学最高成就的代表。他 24 岁入京城开封担任大理评事，相当于如今法院的副处级调研员。为便于直接理解，以下我们就使用现今地名，不谈具体官职了。由于他妄议新党变法，王安石很愤怒，把苏轼调离京城派往杭州，当时他33岁。37岁时他被调到山东诸城，40岁被调到徐州，43岁又被调到浙江湖州。刚到湖州，他就给皇上写了一封信，言语颇带牢骚，导致他被逮捕入狱，差点被砍了脑袋，这就是“乌台诗案”。保住命出狱后，他又被贬到湖北黄冈，47岁又被调去常州。48岁时，以司马光为首的旧党打压了王安石的新党，苏轼回到开封。由于他揭露且抨击旧党的腐败，又遭保守势力诬告陷害，52岁时重蹈覆辙，被撵出京城派往杭州。54岁被召回开封，很快又因政见不合，被外派到安徽阜阳工作。55岁被调往江苏扬州、56岁被调到河北定州、57岁被贬到广东惠州、60岁被放逐到海南儋州。后来，他又被调到广西合浦、安徽安庆、湖南永州。64岁时，他在常州去世，次年，移葬在河南郏县。

看到这份曾在12省16地工作的简历，我们谁还敢称自己阅历丰富？那时的交通工具只有马、轿和船，我们真的很好奇苏轼一生花在路上的时间究竟有多少年。而令人惊讶的是，他在一辈子的颠沛中，还能潜心进行文学创新。他一改以往词作只写柔肠粉泪、晓风残月的痴情离恨，用词这一体裁抒写大江东去、把酒问天、挽弓射狼的壮志豪情，从根本上改变了词的发展方向，把词上升为一种独立的抒情韵文体裁。他留给后人2 700多首诗和362首词，如果从他24岁开始算，即平均不到5天写一首。他还留下《贾谊论》《赤壁赋》《记承天寺夜游》等文章，气势雄放，语言却平易自然，成为宋文的代表作。在书法、绘画方面，苏东坡也有许多传世的珍贵作品。

历史学家、思想家钱穆对苏东坡有一段很有见地的评价：“他一生奔走潦倒，波澜曲折都在诗里见。但苏东坡的儒学境界并不高，当他身处艰难的环境中，他的人格是伟大的，像他在黄州和后来在惠州、琼州的一段。那个时候的诗都好，可是一安逸下来，就有些不行，诗境未免有时落俗套。”苏东坡在黄冈时写的《定风波》中，有一句“竹杖芒鞋轻胜马，谁怕？一蓑烟雨任平生”，这句词是他最恰当的自我写照。

（案例来源：创业超市网）

思考

通过本例你认为环境对创新有怎样的影响？

（三）创新的方法论——人的智能因素

智能指人的感觉、记忆和思维。创新与人的智能因素密切相关，人的智能因素包含三种能力：一是一般智能，如观察力、注意力、记忆力，它体现人们检索、处理以及综合运用信息，对事物概括反映的能力；二是创造性思维能力，主要指发散思维、形象思维和逻辑思维能力，如创造性的想象能力、逻辑加工能力、思维调控能力、直觉思维能力、推理能力、灵感思维能力、捕捉机遇的能力及批判性思维能力等，它体现出人们在进行创造性思维时的心理活动水平，是创新能力的实质和核心；三是专门智能，指在某种专业活动中表现出来的、能保证某种专业活动获得较高效能和较高效率的能力，如艺术能力、审美能力、沟通能力、体育能力、工艺能力、编程能力、写作能力等。专门智能已经突破“智”的范围，而提出了“能”和“技”的要求。

在创新中，一般智能是每个人都必须具备的，是最基本的智能。一般智能应该从小培养，并养成习惯，成为自然和潜意识。知识学习、好奇心理等与一般智能紧密相关，只有掌握了一定知识并对各种事物现象有浓厚兴趣的人，才会观察周围和远处、注意细节和变化、产生记忆或联想。比如逛街后，有的人只知道太阳太辣、车太多，有的人却能发现过街天桥上乞讨的残疾人可能是装的、一个大广告牌上居然有错别字、有一个窗台上放了一盆黄花杜鹃等一大堆新鲜有趣的事情。专门智能是创新的逻辑起点，而不是成果，需要专门培养训练。专门智能越强，创新的逻辑起点就越高，创新意义就越大。反过来，如果专门智能弱，那么许多创意刚出现就会消失，因为没有实现的底气，没有信心。所以这些专门智能的培养训练应在平时完成，而不能依靠在创新中补课。

（四）创新的行动力——非智能因素

非智能因素指一个人的意志力、勇气、理想、兴趣、信心等。智能因素有强弱、大小之分，非智能因素则没有。我们不能说勇敢的人对，谨慎的人错；不能说想当元帅的人对，想当侦察兵的人错；不能说爱穿红衣服的人对，爱穿绿衣服的人错。我们说非智能因素没有是与非之别，并不是说它可有可无，相反，它对智能因素有巨大影响，并和智能因素一起构成人的智慧、能力和人格。在创新中，如果说智能因素是创新活动的操作系统，那么非智能因素就是创新活动的动力系统。非智能因素虽然不直接介入创新活动，但它以动机作为核心，对创新活动起着至关重要的作用，是创新活动的启动开关。

案例分享

玻尔：用气压计测量楼高的 6 种方法

丹麦物理学家、诺贝尔物理学奖获得者玻尔读书时是一个怪学生，老师总是弄不清他为什么总有这么多离谱的想法。

有一次考试，题目是“怎样用气压计测定一座大楼的高度”，答案是用气压计分别测出地面的气压和楼顶的气压，通过压差就能算出楼高。

但玻尔的回答是，站在楼顶用一根绳子拴住气压计放下来落到地上，再量这根绳子的长度就行。老师不满意，要求他用物理方法解答，他居然一下子想出几种方法：第一种，在楼顶让气压计自由落下，测定它落到地面的时间，虽然气压计摔坏了，但能算出它下落的距离；第二种，在有阳光的日子把气压计竖立在地上，然后量一下气压计的高度和影子的长度，再量出大楼影子的长度，就能通过相似原理算出楼高；第三种，把气压计当成尺子，一尺一尺地量，在理论上这也是可行的；第四种方法比较复杂，要把气压计当成摆锤做一个单摆，根据在楼顶和楼底分别测到的不同摆动频率算出两处的重力加速度，这时楼高也就可以算出来了；还可以用跟楼高一样的长绳把气压计做成大单摆让它摆动，大楼的高度就可以根据摆动周期算出，这是第五种。“还有第六种，是最简单的，但不是物理方法。”玻尔说。

“那是什么方法呢？”老师问。

玻尔笑着答道：“找到守楼人，告诉他，我有一个很好的气压计，只要你告诉我楼高，我就把气压计送给你。”

老师无语了，问玻尔：“你真的不知道常规的用气压计测量建筑物高度的办法？”

“怎么不知道呢？我只是腻烦了从中学到大学的这种总是试图让我必须、只能这样去思考的做法。”

（案例来源：创业邦）

思考

本例给你怎样的启示？

第二节 创新方法的应用

一、创新方法的概念

创新方法是人们在创造发明、科学研究或创造性解决问题的实践活动中，总结得出的创造技巧和科学方法。它被广泛应用于人类社会生产实践的各个领域。通过智力训练、创新思维能力培养等创新活动的实践运用，创新方法得以不断丰富和完善，显示出了强大的生命力。

二、创新方法的作用

（一）启发创新思维，突破思维障碍

创新方法的基本出发点是打破传统思维的习惯，克服思维定势和阻碍创造性设想产生的各种消极的心理状态，以帮助人们在设计和开发产品时得到创造性的结果。培养创新思维能力，可以掌握各种创新思维的特征和规律，学会用“新的眼光”去发现和解

决问题，推动社会发展。

（二）探究创新规律，高效解决问题

人类在征服自然的过程中遵循着一定的客观规律。创新方法可以帮助我们更好地探究客观规律，揭示创新科学原理和创新内在机理，为创新实践活动提供有效的模式、方法、工具，可以帮助我们少走弯路，更高效地解决问题。

案例分享

智能辅助手工电弧焊接装置

王庆翔就读于江苏海事职业技术学院焊接技术与自动化专业，因为专业技术出色，大一就被学校选为竞赛苗子进行专业训练。焊接是制造业不可或缺的工种，但对于很多学生来说，焊接技术训练很枯燥，费用高，很多人不愿意干，国内人才缺口高达百万人以上。虽然近几年自动焊接技术被广泛运用，但是在压力容器装置、船舶建造等领域，手工焊接还是不可或缺。

"特别是对于初学者来说，起弧易粘条、摆动难控制、参数难摸索。"实训中，王庆翔提出一款智能辅助手工电弧焊接装置，得到了国家级焊接技能大师的赞许。为此，他联合学校机械设计专业的同学，克服机械、电气、材料等多学科交叉复合问题，同时引入智能算法控制和智能辅助引弧控制，最终完成了第三代产品定型，该产品结合手工焊接和机器人焊接双重优点，可根据不同场景、不同需求，选择合适的焊接参数，具有学习成本低、上手快、产品焊缝质量好等优点。目前产品已投入市场，并被一些造船厂、压力容器生产厂家使用。

（案例来源：新华日报，2022-09-22）

思考

本例给你怎样的启示？

（三）降低创新风险，提高创新成功率

创新思维的成功不仅仅是突破既有的传统形成新的创意，更取决于如何充分利用已有的创新方法、知识和技术。创新方法对最大限度地降低创新过程中的不确定性和提高创新成功率具有重要作用。

三、创新方法的应用

（一）头脑风暴法

1. 头脑风暴法的内涵

头脑风暴法（Brain-storming），又称智力激励法、BS 法。它是由奥斯本于 1939 年首次提出、1953 年正式发表的一种激发创造性思维的方法。头脑风暴法是通过小型会

议的组织形式，让所有与会者在自由愉快、畅所欲言的气氛中，自由交换想法或点子，并以此激发其创意及灵感，使各种设想在相互碰撞中激起脑海的创造性“风暴”，从而产生解决问题的方法。它适合于解决那些比较简单、确定的问题，如产品名称、广告口号、销售方法和产品的多样化研究等；也适合于需要大量构思、创意的行业，如广告业等。

2. 头脑风暴法的分类

头脑风暴法一经提出便在世界各国引起强烈反响，后经创造学研究者的实践和发展，最终形成了一个相对完善的发明技法群。主要有：

（1）三菱式智力激励法。由日本三菱树脂公司改进而成，它的优点是修正了奥斯本智力激励法严禁批评的原则，有利于对设想进行评价和集中。

（2）默写式智力激励法。是无参照扩散法的一种，由德国创造学家荷立创造，其特点是用书面阐述来激励智力。具体做法是：每次有 6 人同时参加会议，每人在 5 分钟之内用书面的形式提出 3 个设想，因此又被称为“635”法。

3. 头脑风暴法的实施流程

（1）准备阶段。这个阶段要确定会议主题；选好主持人和参与人员；确定会议时间、地点；设定评价设想；将会议通知和相关材料发给所有参与人员。会前可以对与会者进行适当的训练，使其减少思维惯性，跳出常规的思维模式，适应自由思考、自由发言。

（2）热身阶段。这个阶段的目的是创造一种自由、宽松、祥和的氛围，使大家得以放松，进入一种无拘无束的状态。主持人宣布开会后，先说明会议的规则，然后随便谈点有趣的话题或问题，让大家的思维处于轻松和活跃的状态。

（3）导入阶段。主持人简明扼要地介绍有待解决的问题。介绍时须简洁、明确，不可过分周全，否则，过多的信息会限制人的思维，干扰创新的想象力。

（4）畅谈阶段。畅谈是头脑风暴法的创意阶段。为了使大家能够畅所欲言，需要制定相应的规则：第一，不要私下交谈，以免分散注意力；第二，不妨碍及评论他人发言，每人只谈自己的想法；第三，发表见解时要简单明了，一次发言只谈一种见解。主持人首先要向大家宣布这些规则，随后引导大家自由发言、自由想象、自由发挥，使彼此相互启发、相互补充，真正做到知无不言、言无不尽、畅所欲言。

（5）整理阶段。会议过程中提出的问题多数都未经斟酌，加工后才能产生实质性的作用。

整理步骤：第一，增加设想。会议结束后的一两天内，由专门人员对与会人员进行追踪，询问其会后的新设想，因为经过一段时间的沉淀，与会人员可能会有更有价值的设想产生，或者可能将原来的设想进一步完善。第二，评价和发展。这是两个互相联系的方面，即根据一些既定的标准进行筛选判断和综合改善。标准应该根据具体问题拟定，可以包括设想的可行性、成本、创新性、可识别性、可能产生的效果等。专家小组人员可以是提出设想的与会人员，但最好是问题的负责人，人数最好是 5 人。会上将大家的想法整理成若干方案，再根据标准进行筛选。经过多次反复比较和优中择优，最后确定 1～3 个最佳方案。这些最佳方案往往是多种创意的优势组合，是大家的集体智慧综合作用的结果。

(二)奥斯本检核表法

1. 奥斯本检核表法的内涵和内容

奥斯本检核表法是美国创新技法和创新过程之父亚历克斯·奥斯本于 1941 年在其出版的世界上第一部创新学专著《创造性想象》中提出的。奥斯本检核表法又被称为分项检查法,是以提问的方式,根据创新或解决问题的需要,列出有关问题形成检核表,然后逐个对问题进行核对讨论,从而发掘出解决问题的大量设想的一种方法。奥斯本检核表法主要是引导主体在创新过程中对照 9 个方面的问题进行思考,见表 3-1。

表 3-1 奥斯本检核表法

检核项目	含义	示例
能否他用	现有事物有无其他用途?保持不变能否扩大用途?稍加改变有无别的用途	电吹风的功能本来是吹干头发。日本的一位妇女在冬天或雨天使用电吹风将婴儿尿布上的湿气吹干,她的丈夫由此产生联想,创造出了适合宾馆等单位使用的被褥烘干机
能否借用	能否引用其他的创造新设想?能否从其他领域、产品、专案中引入新的元素、材料、造型、原理、工艺、思路	医生在治疗肾结石病人的时候,借用现代的爆破技术,将炸药用到手术中,其分量只能炸碎肾脏里的结石而不影响肾脏本身,创造出了医学上的微爆破技术
能否改变	现有的事物能否做某些改变?如颜色、声音、味道、式样、花色、音响、品种、意义、制造方法,改变它们后效果如何	一般漏斗的下端都是圆形的,用来向同样是圆形的瓶口里灌装液体,但是因瓶内空气的阻碍,液体不易流下。若把漏斗的下端改成方形,插入瓶口时便留出间隙,让瓶内的空气在灌液时能顺利排出而使灌液流畅
能否扩大	现有的事物是否能扩大使用范围?能否增加使用功能?能否增加零部件以延长使用寿命?能否增加长度、厚度、强度、频率、速度、数量、价值	日本某牙膏厂在牙膏中加入了特殊物质,当该牙膏刷牙超过 3 分钟时,该物质使口内牙膏由白变黑,以此提醒人们已经到结束刷牙的时间了
能否缩小	现有事物能否体积变小、长度变短、重量变轻、厚度变薄及拆分或省略某些部分(简单化)?能否浓缩化、省力化、方便化、短路化	日本大阪西卡公司推出的超轻型老花眼镜,只有 4.5 克重(相当于普通眼镜质量的 1/5),度数可调,深受人们的喜爱。上市不到 1 年,西卡公司就在世界上 50 多个国家售出 2 000 万多副眼镜,从而以"世界上最受老人欢迎的老花眼镜"载入《吉尼斯世界纪录大全》
能否代用	现有事物能否用其他材料、组件、结构、设备、方法、符号、声音等替代	用激光代替医生的手术刀治疗某些外科疾病,不但让病人几乎没有痛苦,而且快捷、方便,大大地减轻了医生的工作量
能否调整	现有事物能否交换排列顺序、位置、时间、速度、计划、型号?内部组件可否交换	过去的老式飞机,螺旋桨是装在头部的;后来有人把它安装在飞机的顶部,于是有了直升机;把它安装在飞机的尾部就有了现代喷气式飞机

（续表）

检核项目	含义	示例
能否颠倒	现有事物能否从里外、上下、左右、前后、横竖、主次、正负、因果等相反的角度颠倒过来用	英国科学家法拉第把“电流能够产生磁场”的原理颠倒过来，实现了“磁能生电”的设想，为世界上第一台发电机的诞生奠定了基础；人们把对空发射的火箭颠倒过来，发明了探地火箭
能否组合	能否进行原理组合、材料组合、部件组合、形状组合、功能组合、目的组合	现在广泛使用的一种多功能小型木工机床，就是将平刨机、凿眼机、开荻机、木工钻、木工车床组合在一起的，它很受小型木工厂和木工们的欢迎

案例分享

奥斯本检核表法应用案例——能否调整

有位策划师曾经做过一个名噪一时的策划。北京一个文化馆扩建时涉及100户搬迁户，上级部门计划拨款1 400万元作为居民安置费。当时若在城区买一套住房需要20万元，这样就是2 000万元，那么剩下的600万元从哪儿来呢？他提出让大家到郊区去买房，每套只要3万～4万元。但是住户不同意，原因是太远，不方便。他又提出给每家买一辆小面包车，这样，大家欣然同意。事实上，每辆小面包车只需4万元，每家加上房子只需要8万元，所有住户的费用一共只需800万元。他又进一步给大家提出了一个建议：把面包车集中起来成立一个出租车队，既能接送住户上下班，同时还能凭租车挣钱。就这样，思路的小小改变扭转了整个局面。

（案例来源：原创力文档，https://max.book118.com/html/2016/0526/44048660.shtm）

思考

以你感兴趣的产品为例，尝试使用奥斯本检核表法进行分析，看看可以进行哪些创新？

2. 奥斯本检核表法的实施步骤

奥斯本检核表法中涉及9个问题，就好像有9个人从9个角度帮助你思考。这体现了奥斯本检核表法的突出特点：多向思维，即用多条提示引导你去发散思考。你可以把9个思考点都试一试，也可以从中挑选一两条集中精力深思。具体实施步骤如下：

（1）根据创新对象明确需要解决的问题。

（2）参照奥斯本检核表法列出的9个问题，运用丰富的想象力，强制性地逐个核对讨论，写出尽可能多的新设想。

（3）对提出的新设想进行筛选，将最有价值和创新性的设想筛选出来，并根据实际需要，提出改进方案。

（三）和田十二法

和田十二法又叫十二口诀法（和田创新十二法、聪明十二法），指人们在观察、认识一个事物时，考虑是否可以做出改变。和田十二法是我国创造学研究者许立言、张福奎和上海市和田路小学结合我国实际情况，在奥斯本检核表法和其他创新方法的基础上，借鉴其基本原理，加以提炼、总结、创新而提出的一种思维创新方法。它既是对奥斯本检核表法的一种继承，又是一种大胆的创新。这种方法主题突出，思路清晰，易懂易记，深受我国广大创新爱好者，尤其是青少年学生的欢迎。

和田十二法有“加、减、扩、缩、变、改、联、学、代、搬、反、定”12 个动词，共 12 句话 36 个字，见表 3-2。

表 3-2　和田十二法的项目内容

序号	项目	含义
1	加一加	能不能在既有物品上面添加什么？比如加高、加厚，增加时间、次数？与其他物品进行组合会怎样
2	减一减	能不能在既有物品上面减去什么？比如减高，减轻，减去时间、次数？能不能直接省略或取消一部分
3	扩一扩	把既有的物品扩展或放大会怎样呢
4	缩一缩	把既有的物品压缩或缩小会怎样呢
5	变一变	改变既有物品的形状、颜色、音响、味道、气味、次序会怎样呢
6	改一改	既有物品有什么缺点或不足？使用是否不便？如何改进呢
7	联一联	既有事物的结果与原因有何联系？对我们解决问题会产生什么帮助呢？把某些事物联系在一起会怎样呢
8	学一学	通过模仿一些事物的结构和形状会产生什么构想？学习其技术、原理会怎样呢
9	代一代	既有事物能不能用另一种去替代呢？替代后会产生什么结果呢
10	搬一搬	既有事物挪到其他位置会怎样？还能发挥效用吗？能产生其他新的效用吗
11	反一反	把一件事物的上下、前后、左右、内外、反正进行颠倒，会有什么改变吗
12	定一定	要改进某个事物或解决某个问题，或者防止危险发生，或者提高效率，需要做出什么规定吗

我们依据这 12 个口诀进行核对和思考，就能从中得到启发，产生一些创造性设想。

案例分享

和田十二法的具体运用

加一加

南京的小学生丛小郁发现，上图画课时，既要带调色盘，又要带装水用的瓶子，很不方便。她想，要是将调色盘和水杯“加一加”，变成一样东西就好了。于是，她提出了将可伸缩的旅行水杯和调色盘组合在一起的设想，并将调色盘的中间与水杯底部刻上螺纹，这样，可涮笔的调色盘便产生了。

减一减

中国台湾少年于实明见爸爸装门扣时要拧6颗螺丝钉，觉得很麻烦。他想减少螺丝钉的数目，便提出了这样的设想：将锁扣的两边都向下弯曲成卷角，只要在中间拧上1颗螺钉便可固定。这样的门扣只要2颗螺丝钉便可固定了。

扩一扩

在烈日下，母亲抱着孩子还要打伞，实在不方便，现在已经有人发明了一种母亲专用的长舌太阳帽，这种长舌太阳帽的长舌扩大到足够为母子二人遮阳，很受母亲们的欢迎。

缩一缩

石家庄市第一中学的王学青同学发现地球仪携带不方便，便想到如果地球仪不用时能把它压缩、变小，携带就方便了。他想若应用制作塑料球的办法制作地球仪就可以解决这个问题。用塑料薄膜制的地球仪，用它的时候把气吹足，放在支架上，可以转动；不用它的时候把气放掉，一下子就缩得很小，携带便很方便了。

变一变

河南省洛阳市第二中学的王岩同学看到圆口的漏斗灌水时常常憋住气泡，使得水流不畅，便想到若将漏斗下端口由圆变方，那么往瓶里灌水时就能流得很畅快，也用不着总提起漏斗了。

改一改

一般的水壶在倒水时，由于壶身倾斜，壶盖易掉，而使蒸气溢出烫伤手。成都市的中学生田波想了个办法克服了水壶的这个缺点。他将一块铝片铆在水壶柄后端，但又不太紧，使铝片的另一端可前后摆动。灌水时，壶身前倾，壶柄后端的铝片也随着向前摆，从而顶住了壶盖，使它不能掀开。水灌完后，水壶平放，铝片随着向后摆，壶盖又能方便地打开了。

联一联

澳大利亚曾发生过这样一件事，在收获的季节里，有人发现一片甘蔗田里的甘蔗产量提高了50%。这是由于甘蔗栽种前一个月，有一些水泥洒落在这块田地里。科学家们分析后认为，是水泥中的硅酸钙改良了土壤的酸性，而导致甘蔗的增产。由于硅酸钙可以改良土壤的酸性，于是人们研制出了改良酸性土壤的“水泥肥料”。这种将结果与原因联系起来的分析方法经常能使我们发现一些新的现象与原理，从而引出发明。

学一学

江苏省的小学生臧荣华做了一个十分有趣的实验，让猫和狗怕小鸡。他十分巧妙地运用了学一学的方法。事情经过是这样的：村子里许多人都养了猫和狗，这些猫和狗总是想偷吃小鸡。臧荣华的妈妈也买来了小鸡，但放在哪里都不放心。臧荣华想：要是能让猫狗自动不来就好了。一天，他上学时看到一群飞舞的蜜蜂，他想，人比蜜蜂大多了，可是人怕蜜蜂，因为怕蜂蜇。那么我们能不能学一学蜜蜂的办法，让猫和狗怕小鸡呢？他做了别出心裁的试验：他右手抓起一只小鸡，让鸡头从手的虎口处伸出来，拇指与食指捏着一枚缝衣针，针尖在鸡的嘴尖处稍露出一点。然后，他抓来猫、狗，用藏在鸡嘴下的针尖去扎猫或狗的鼻子、嘴，每天扎十几次。连扎三四天后，他发现猫、狗见到小鸡就怕，他成功了。

代一代

山西省阳泉市的小学生张大东发明的按扣开关正是运用了“代一代”的方法。张大东发现家中有许多用电池作电源的电器没有开关，使用时很不方便。他想出一个“用按扣代替开关”的办法，找来旧衣服和鞋上面无用的按扣，将两片按扣分别焊上两根电线头。按上按扣，电源就接通了；掰开按扣，电源又切断了。

搬一搬

上海市大同中学的刘学凡同学在参加夏令营时，感到带饭盆不方便，他很想发明一种新式的便于携带的饭盆。他看到家中能伸缩的旅行茶杯，又想到了充气可变大、放气可缩小的塑料用品。于是他想按照这些物品的制造原理，设计一个旅行杯式的饭盆，或是充气饭盆。可是，他又觉得这些设想还不够新颖。一天，他偶然看到一个铁皮匣子，是由十字状铁皮将四壁向上围成的。他想：我也可以将 5 块薄板封在双层塑料布中，用时将相邻两角用揿钮揿上，5 块板就围成了一个斗状饭盆。这样，一个新颖的折叠式旅行饭盆便创造出来了。

反一反

为进口车生产配件的某厂，在广告中一反常规，不写优点而写明本厂产品比原装零件耐用率低 30%，请欲购者三思。该厂坦诚道出产品的短处，反而生意兴隆。

定一定

药水瓶印上刻度，贴上标签，注明每天服用几次，什么时间服用，服几格；城市十字路口的交通信号灯为红灯停，绿灯行；学校里规定上课时学生发言必须先举手，得到教师允许才能起立发言。这些都是规定，有了这些规定我们的行为才能准确而有序，我们应该运用“定一定”的方法发现一些有益的规定。

（案例来源：百度文库）

思考

1. 根据列举的例子，试分析和田十二法与奥斯本核检表法有什么样的关系。

2. 试用和田十二法对一个你感兴趣的产品（或服务）进行创新分析。

上海市昌邑小学科学小组用“定一定”的方法发明了读书姿势红绿灯，红绿灯放在桌上距离头部 20～25 cm 的地方，姿势正确时显示绿灯，趴在桌子上时显示红灯，斜坐时显示半红半绿。有了这样的规定，学生就可以随时矫正读写姿势，保障身体健康，使体形健美，视力正常。在使用和田十二法时，并不要求必须将其中的 12 个动词都使用，有时使用其中的 1～2 个就可以完成创新活动，取得理想的创新成果。

（四）分析列举法

1. 分析列举法的含义

分析列举法是在美国内布拉斯加大学教授克劳福特创造的特性列举法的基础上形成的。克劳福特认为每个事物都是从另外的事物中产生发展而来的。分析列举法是指运用发散性思维，将研究对象的本质内容（特点、缺点、希望点等）一一列举出来，尽可能地做到事无巨细、全面无遗，然后逐一对其进行分析研究，从中探求出各种创新方案。这种方法有利于人们克服对熟悉事物的思维惯性，重新审视并深入考察以获得事物的新属性，在原有的基础上提出改进意见和建议，从而产生创新。

2. 分析列举法的种类

根据研究对象的不同，分析列举法可分为特性列举法、缺点列举法、希望点列举法、成对列举法和综合列举法，下面逐一展开介绍。

（1）特性列举法

这是克劳福特教授的观点：事物都是来源于其他事物的，所谓创造就是对旧有事物尤其是对其特性进行改造；通过对需要改进的对象进行观察分析，列举出它的所有特性，并对特性分别予以研究，从而提出改进完善方案的方法。特性列举法犹如把一架机器分解成一个个零件，将每个零件的功能、特点、与整体的关系都列举出来排成表。把问题区分得越细，越容易得出创造性设想。例如，你想对自行车提出改进设想，最好是根据自行车的特性，把它分解成若干部分，对每部分（车身、车胎、辐条、轴承、钢圈、齿轮、刹车、把手等）分别予以研究，进而提出新设想。

列举改进对象的词语主要采用名词、形容词和动词 3 种特性。在实际做特性分析时，如果感到按名词、形容词、动词特性进行列举不易区分，而且影响创新思考，也可按数量特性、物理特性、化学特性、结构特性、形态特性、经济特性等进行列举。

① 名词特性(用名词来表达的特性)：整体、部分、材料、制造方法等。

② 形容词特性(用形容词来表达的特性)：形状、颜色、大小等。

③ 动词特性(用动词来表达的特性)：效用、主要功能、辅助功能、附属功能及其在使用时所涉及的重要动作等。

④ 数量特性：使用寿命、保质期、耗电量等。

⑤ 物理特性：软、硬、导电、轻、重等。

⑥ 化学特性：易氧化、耐酸度、耐碱度等。

⑦ 结构特性：固定结构、可变可拆结构、混合结构等。

⑧ 形态特性：色、香、味、形等。

⑨ 经济特性：生产成本、销售价格、使用成本等。

特性列举法的具体操作步骤如下：

首先，选择一个目标比较明确的分析对象，对象宜小不宜大。如果是一个比较大的分析对象，最好把它分成若干个小对象。

其次，从名词特性、形容词特性和动词特性 3 个方面对对象的特性进行列举，或者按数量特性、物理特性、化学特性、结构特性、形态特性、经济特性进行列举。分析对象的特性尽可能详细地列出，越详细越好，并且要尽量从各个角度提出问题。

再次，分析各个特性，通过提问，激发出新的创造性设想和方案。分析各个特性时，可采用智力激励法来激发创意。在上述列举的特性下尽量尝试各种可替代的属性进行置换，以产生新的设想和方案。

最后，提出新的方案并进行讨论、检核、评价，挑选出行之有效的设想来结合实际需要对对象进行改进。

(2) 缺点列举法

任何一个产品，都不可能是十全十美的，都或多或少会存在一些缺点。缺点列举法就是直接从社会需要的功能、审美、经济等角度出发，根据实际需要查找问题和缺点，并研究事物的缺点，然后进行有针对性地改进，进而创造出新的产品。它通常围绕旧有事物的缺点进行改进和完善，并不改变事物的整体和本质，属于被动型创造技法。它同时可应用于旧产品的改进、不成熟产品的完善和企业的经营管理方面等。因而，缺点列举法是一种非常重要且易于掌握的创新方法。

缺点列举法的具体操作步骤如下：

① 列举缺点阶段。通过会议、访谈、电话调查、问卷调查、对照比较等方式，广泛调查和征集意见，尽可能多地列举事物的缺点。

② 探讨改进方案阶段。对收集到的缺点进行归类和整理，并对每个类别进行分析，在此基础上提出改进方案。

案例分享

雨衣的缺点列举

从雨衣的材质来看，塑料材质的雨衣在0℃以下容易变硬、变脆，易折损；胶布材质的雨衣比较耐用但是闷热不透风。从雨衣的功能来看，雨衣的下摆一般都是垂直的，雨水容易弄湿裤子和鞋子；遇到风雨较大的时候，脸容易被淋湿并且视线会被挡住，不安全；骑车的时候穿雨衣也不方便。从雨衣的设计样式来看，雨衣的设计和颜色一般都比较单调，缺少个性等。

（案例来源：搜狐教育）

思考

如何针对这些缺点进行改进？比如，采用能同时解决不耐用和闷热问题的新材质；下摆设计成百褶裙的样式以免弄湿裤腿和鞋子；在雨衣的帽子上增加防雨眼镜或眼罩，保证使用者的视线不被挡住；像普通的衣服一样，设计出适合男、女、老、幼的不同样式，增加雨衣的装饰性和时尚性等。

（3）希望点列举法

希望点列举法由克劳福特教授发明。希望点就是指创造性强且科学、可行的希望。希望点列举法是指通过列举希望新的事物具有的属性以寻找新的发明目标的一种创新方法。与缺点列举法的被动型创造不同，希望点列举法不受旧有事物的束缚，是从创造者的主观意愿出发并不断地提出希望，进而探求解决问题和改善对策的方法。因此，希望点列举法常用于新产品的开发。

案例分享

拉链领带

一定有很多人为了参加宴会、出席会议等，领带打了半天，却依然不得要领。中国台湾商人陈建仲的儿子在看到父亲因打领带而折腾半天时，顺口说了一句："领带为什么不装个拉链，省得麻烦？"这句话让陈建仲联想到领带若能装上拉链，肯定会有市场。因此，他将这种想法融入领带的设计，将拉链与领带结合，终于成功研制了拉链领带。最终，拉链领带受到了市场的肯定并占有一席之地。

（案例来源：百度文库）

思考

以你感兴趣的产品为例，尝试使用希望点列举法进行分析，看可以进行哪些创新？

希望点列举法的具体实施步骤如下：

① 通过会议、访谈、问卷等方式，激发和收集人们的希望。

② 对大家提出的各种希望进行整理和研究并形成各种希望点。

③ 在各种希望点中选出目前可能实现的希望点进行研究，制订革新方案，创造新产品以满足人们的希望。

（4）成对列举法

成对列举法是指任意选择两个事项并结合起来成对列举其特性，或者在一定范围内列举事物的特性，然后成对进行组合，寻求其中的创新性设想，见表3-3。成对列举法较适用于人们想要进行创新活动，但又没有合适的题目时。

表3-3　成对列举法案例

一类事物	甲乙丙丁戊己……
另一类事物	A B C D E F ……
可能的组合	甲 A 甲 B 乙 C D 己 E 甲……

成对列举法的实施步骤具体如下：

首先，列举一定范围内与主题相关的所有事项，尽量全面、详细。

其次，在不考虑组合可能产生的意义的条件下，随意选择其中的两项进行强制组合。

再次，对所有产生的组合进行可行性分析和筛选。

最后，选择几种可行性最高的组合，研究其实施方案，结合人们的实际需求进行生产，创造出产品。

（5）综合列举法

综合列举法是在特性列举法、缺点列举法、希望点列举法及其他列举法的基础上，开展综合性的扩散列举的一种创新方法。

特性列举法、缺点列举法、希望点列举法和成对列举法，都只偏重从某一方面来开展创新思维，因而在一定程度上给创新者带来了束缚。从根本上讲，创新应该是没有任何限制的。综合列举法没有任何条条框框的限制，因而创新者可以跳出上述列举法的束缚，以任意思路方向开展扩散思维，最大限度地把列举法应用得更全面、更活跃。

综合列举法是针对所确定的研究对象，从属性、缺点、希望点或其他任意创新思路出发，列举出尽可能多的思路方向，对每一思路方向开展充分的发散思维，最后进行分析筛选，寻找最佳创新思路的创新方法。

综合列举法的具体实施步骤如下：

首先，明确所要研究的问题或对象。

其次，应用特性列举法对研究对象进行分析，列出各项特性。

再次，应用缺点列举法和希望点列举法对研究对象的特性进行逐项分析。

最后，综合分析提出的创新方案。

（五）组合创新法

1. 组合创新法的内涵

创新通常可以分为两种，一种是突破性创新，另一种是组合创新。日本学者菊池诚博说："我认为搞发明有两条路，第一条是全新的发现，第二条是把已知原理的事实进行组合。"美国科学家爱因斯坦（Albert Einstein）也说："我认为为了满足人类的需要而找出已知装置的新的组合的人就是发明家。"

组合创新法是指按照一定的技术原理，通过重组合并两个或多个功能元素，开发出具有全新功能的新材料、新工艺、新产品的创新方法。这种创新方法不同于突破性创新中完全采用新技术、新原理的方法，是对已有发明的再开发利用。组合创新既利用了原有的成熟技术，又节省了时间和成本，同时也更容易被大众接受和推广。可见，组合创新法注重的是灵活性，需要的不是质的改变，而是通过不断组合，以不变应万变，推陈出新，出奇制胜。

案例分享

组合创新的应用

近日，扬州大学广陵学院学生于飞，看到爷爷坐下后起身困难，便和同学一起设计了"起行无忧椅"。椅子有座椅、辅助起身和辅助行走三种功能。按下按键，坐垫会缓慢倾斜，帮助老人轻松起身。椅子外观跟婴儿车一样，下面有四个轮子，高大爷坐在上面，按动按键后，坐垫缓慢倾斜，老人随之站了起来，扶着它行走也十分方便。其他老人试用后也纷纷点赞。这些细节是在同学们的帮助下，综合全国近百位老人的建议打造的，其中最大的亮点就是坐垫下方安装的这个电动升降器。目前他们已申请了国家专利，完善后争取早日量产。

（案例来源：北京晚报，2020-11-03）

思考

以你身边的任意事物为例，在不考虑可行性的前提下，试分析可以通过哪些组合进行创新？

2. 组合创新法的类型

要想两物组合之后成为受人欢迎的新事物，在进行组合思考的时候，就不能拘泥于某一方面，也不能局限于某一事物，而应从多方面、多层次、多种事物中寻找组合物。从近年来的重大创新成果中我们可以发现，在技术创新的性质和方式中，原理突破型创新的比例开始明显降低，而组合型创新上升为主要方式。据统计，在现代技术开发中，组合型成果已占全部发明的60％～70％。

组合创新法的种类很多,大致可归纳为以下七种类型:

(1) 材料组合。材料组合是指把不同的材料进行组合,其目的是尽量避免各种材料本身的缺点,而通过优化组合实现其功能的最大化。例如,最初使用的电缆都是纯铜芯,虽然导电性能很好,但是铜本身质地比较软。后来经过改进,以铁作为内芯,开发出内铁外铜的组合材料。目前远距离的电缆采用的都是这种材料,既充分发挥了铜的良好导电性能,又利用了铁质地硬、不易下垂的优点,同时还大大降低了成本。

(2) 功能组合。功能组合是指把用途、功能各不相同的物品组合成一个同时具有多种用途和功能的新产品。例如,具有按摩功能的梳子就是组合了普通梳子和微型按摩器;按摩型洗脚盆也是在传统洗脚盆的基础上嫁接了按摩的功能。

案例分享

能用手机控制的理疗仪

淮安信息职业技术学院两名大学生高亮和卞柱则因改进了理疗仪相关功能而获奖。日常生活中,很多人会运用理疗仪来治疗颈椎病和腰椎病等疾病。以往理疗仪一般个头较大,使用时间稍长,人就很容易疲劳,他们将理疗仪的个头缩小到 10 厘米左右,拿起来非常轻便,使用更容易。最重要的是,他们还在理疗仪上安装了信息屏,只要在手机上安装上相应的 App 就可以控制理疗仪,不仅可以控制开关、强度大小等,在 App 上还可以反应出人的身体状况,"比如某个部位有病变等信息都可以反馈到手机上,让使用者及时地了解到自己的健康状况"。

两名大学生充满了想象力和创造力,而且会将自己的想法付诸实践。目前,他们的发明设计都申请了相关专利,二人也期望将来能将这些发明运用到生活和生产实践中。

(案例来源:淮安新闻网,http://wap.0517114.net/article-view-6040.html)

思考

除了本例所述的理疗仪,还有哪些产品是通过组合进行创新的?

(3) 意义组合。意义组合指通过组合赋予新物品以新的意义,其目的并不在于改变其功能。例如,一个普通的葫芦随处可见,但是印上某景点的名字和标志就具有纪念价值;一件普通的 T 恤衫印上一个团体的名字和标志便具有了代表性。

(4) 原理组合。原理组合指把具有相同原理的两种或多种物品组合成一种新产品。例如,传统的衣橱太浪费空间,而且衣服存放和拿取都不太方便,于是有人把不同的衣架组合放在衣橱里,这样不同种类的衣服可以分别存放,既方便又节省空间。

(5) 成分组合。成分组合指把成分不同的物品进行组合而产生一种新产品。例如,柠檬红茶、色彩缤纷的鸡尾酒都是这种创新方式的产物。

(6) 构造组合。构造组合指把不同结构的物品进行组合而产生新功能。例如房车，它同时解决了外出交通和住宿两大问题，因此自诞生之日起便广受欢迎。

（7）聚焦组合。聚焦组合指以解决特定的问题为目标，广泛寻找与解决问题有关的信息，形成各种可能的组合，以实现解决问题的目标。

第三节 创新能力的培养

一、增强创新意识

（一）创新意识的内涵

通俗地讲，创新意识就是根据客观需要而产生的强烈的不安于现状，执意要求创新的动力。创新意识是形成学生创新能力的前提和基础，创新能力则是创新意识外化的行为表现。有了创新意识才能启动创新思维，才能抓住创新机会，才能取得创新成果。强烈的创新意识会使创新者的思想系统中充满着思新求变的意向与冲动。对青年学生来说，创新意识又常常表现为异想天开或独特的思维方式与行为特征。

创新意识包括创造动机、创造兴趣、创造情感和创造意志等。其中，创造动机是创造活动的动力因素，它能推动和激励人们发动和维持创造性活动；创造兴趣能促进创造活动的成功，是促使人们积极探求新奇事物的一种心理倾向；创造情感是引起、推进乃至完成创造的心理因素，只有具有正确的创造情感才能使创造成功；创造意志是在创造中克服困难，冲破阻碍的心理因素，具有目的性、顽强性和自制性。

（二）创新意识的形成

1. 创新意识就是问题意识

所谓问题，是指对事物产生的疑问、要求或需要解释的题目。从对象上看，问题通常包括两方面：一是自己懂、知，而别人不懂、不知的；二是自己不懂、不理解、有不同看法的。从内容上看，它包括对书本里、生活中、社会上等一切的提问和质疑。

创新意识，实质上就是一种问题意识，一种对问题的敏感性。创新意识并非人头脑中自然固有的。相反，人类意识结构中存在着一种追求稳定、保持平衡的倾向。它使人墨守成规，安于现状。发现问题的能力就是要从外界众多的信息源中，发现自己所需要的、有价值的问题的能力。在我们所处的外部世界中，存在着大量复杂的信息，其中有些是常规性问题，有些是创新性问题。这就要求我们去鉴别、选择有关问题。但由于以往的知识经验、习惯、情感以及流行的观念与见解深刻地影响人们的认识与活动，人们通常获取的问题往往只限于自己已有的知识范围之内，重视常规性问题，忽视了对创新性问题的探索。这就要求我们具备敏锐的洞察力，要培养洞察问题的能力和方法，从而发现问题。

因此，对于所有力求创新的人，要自觉地打破意识上固有的平衡状态，培养习惯性地发现问题的意识，这就必须注意如下两方面问题：

（1）不可忽视看似平常的反常现象。创新者与平庸者自身意识上最重大的差异，正在于后者见怪不怪，浅尝辄止；而前者探秘索奇，追根寻源，对问题始终保持着高度的敏感性，善于“于无声处听惊雷”，能够做到“见怪则怪”。

（2）善于抓住偶然中的必然。人类的有些发现、创新是在特定的情况下，很偶然地形成的。这种现象的背后，固然有着某种必然性，如广博的知识底蕴、勤奋的科学精神等，但善于把握偶然性却不是所有人都能做得到的。因此，要善于抓住偶然中的必然。

2. 创新意识就是否定意识

（1）敢于否定前人

前人对客观事物的认识因为受种种条件的限制，往往不可避免地带有一定程度的表面性和片面性，在此基础上形成的理论和认识，自然也就存在着局限性和不可避免的缺陷，乃至于谬误。因此，切不可对前人既定的理论框架按图索骥，生吞活剥，以前人之说为定论，要大胆假设，勤于实践求证，让事实说话，以实践作为检验真理的唯一标准。

对前人的学说和理论，创新者要在自己的实践中加以证实，更要在发展过程中加以证伪。证实就是证明前人理论的确实性，证伪就是证明前人理论的不确实性。无论是证实还是证伪，都体现了创新者积极主动地思考、探索的主观能动性，体现了“不唯上、不唯书、只唯实”的辩证唯物主义态度。当然我们提倡的质疑并不是要怀疑一切。

（2）敢于否定自己

敢于在求证否定的过程中自我否定的人，具有更高的眼界、更宽的视野、更广阔的襟怀，也更令人敬佩。这种勇于否定自我的意识，同样是创新者可贵的精神品质。一个具有创新潜力和耐力的人，不仅要充满自信，敢于大胆地否定前人的错误，而且也同样要常常怀疑自己，敢于否定自己的错误，乐于接受新思想，并且努力不使自己的失误成为后来人前进的“拦路虎”。

发现问题的意识和求证否定的意识，是形成创新意识的前提。前者要求创新者带有质疑的眼光，克服司空见惯的障碍，于寻常当中见怪则怪；后者则要求创新者既不以己鄙人，更勿以人蔽己，对周围发展变化的事物，包括自身，不断地证实证伪，追求真理，不畏权威。拥有了这个前提，我们就可以把这个世界看得更加明白、真切，创新方可能具备不竭的源泉。

创新意识是创造人才所必须具备的。创造意识的培养，实际上是关于创造、创新中的非智力因素的培养。

3. 创新意识就是敢于接受挑战

（1）有生活乐趣

创新者要充满对生活的热爱，希望享受生活的所有乐趣，并能在这些乐趣中有所感悟。在他们看来，浪费时间是最大的奢侈，而在内心深处，他们承受不起这份奢侈。如果需要改变现实，他们将更积极地做出努力。

（2）有创新的欲望

要善于观察，勤于思考。生活和工作中的许多事物、环节、规程等或许已经执行和应用了很长时间，但这并不能证明它就是正确的或将永远是正确的。因此，我们应常常反问自己：为什么这样做而不那样做？要能够克服自己主观思想上的惰性，有创新的良好愿望和想法乃至设想。一个没有创新欲望和激情的人，我们没有理由相信他会有很强的创新能力。

(3) 相信世界充满无限可能性

“学者先要会疑。”既然质疑有如此重要的作用，我们应该鼓励大胆质疑，以宽容的心态对待疑问，相信世界的无限可能性。这种大胆而执着的人必须有这样一个基本的信念——世界可能完全是另外一副样子的。现代理论研究表明，人类的各种理论体系，无论是社会伦理还是科学理论，都只是人类对已经观察到的现象在主观上的一种构建，而不意味着绝对真理。认识上的每一次飞跃对于原来的思想体系来说总是不可思议的。

任何理论体系只能在一定的范围内有效，而重构一种更有包容性的理论，就必须打破传统的条条框框。不管是否在理论上明确，我们都必须坚持世界有另外一种可能性的基本信念。

案例分享

发现促胰液素

1902 年，法国科学家韦尔特·海默尔发表了一篇论文，声称在小肠和胰腺之间存在着一个顽固的局部反射。他发现，将相当于胃酸的盐酸溶液注入狗的上段小肠时，会引起胰液分泌。他进一步实验，发现把狗的一段游离小肠袢的神经全部切除，只保留动脉和静脉与身体其他部分相连，当把盐酸溶液输入这段小肠袢后，仍能引起胰液分泌。尽管如此，他仍根据当时传统的神经论主导思想，错误地认为盐酸引起的胰腺分泌是一个“局部分泌反射”——一个顽固的神经反射，因为他认为小肠袢的神经难以彻底切除。

英国两位物理学家贝利斯和斯他林看了韦尔特·海默尔的论文后，立即重复了他的实验，证实了其结果，即放置盐酸溶液于这段切除了神经的小肠袢后，确能引起胰腺分泌。但他们不受神经论的约束，深信神经完全被切除，大胆地跳出“神经反射”这个传统概念的框架，设想这可能是个新现象——“化学反射”。即在盐酸作用下，小肠黏膜可能产生了一种化学物质，当其被血液吸收后，随着血流被运送至胰腺，引起胰液分泌。

为了证实上述设想，两人立即把同一条狗的另一段空肠剪下来，刮下黏膜，加沙子和稀盐酸研碎，再中和、过滤，做成粗提取液，注射到同一条狗的静脉中，结果引起了比前面切除神经的实验更明显的胰液分泌，这完全证实了他们的设想。一个刺激胰液分泌的化学物质被发现了，这个物质被命名为促胰液素(secretin)。这也是生理学史上的一个伟大的发现。

> 分析：用老观点看新事物固然产生不了创意，但有了创意而无新的、更加有效的实验验证，创意也永远不能转化为现实，成就举世公认的创新。要相信事物也许还有另外一种可能。

(4) 相信自己能做到

自信者自立，自卑者无为。陶行知在《创造宣言》一书中提出："处处是创造之地，天天是创造之时，人人是创造之人。"要增强自己在创新能力上和创新过程中的自信心。当然，这种自信心并不是凭空而来，而是主要来自三个方面：一是以丰富的知识和扎实的理论功底为基础，"高楼万丈平地起"就是这个道理；二是要有足够的耐心和恒心，"一锹挖不出个金娃娃"，创新非一朝一夕、一蹴而就之事，而是贵在坚持。有了坚持，才有收获成功的可能，没有坚持，则注定失败。

创新在本质上是一种实践活动，只有把想象力付诸实践，你才有可能成为现实意义上的创新者。因此，创新者要积极深入生活，大胆实践，在大量的、反复的、艰苦的实践中有所收获，直至成功。

二、开发创新思维

创新思维的养成需要日积月累地锻炼、培养与开发。

（一）善于独立思考

思考实际上由两部分组成：思和考。思就是反思、沉思、静思、慎思。考就是考究、研究、学习、研习。孔子说过："学而不思则罔，思而不学则殆。"人在很多时候，都是在学而缺乏思，要不就是在思而缺乏学。唯有保持独立的心态，培养独立思考的习惯，创新的思维才会源源不断。

（二）发展想象时空

创新只有借助想象的力量，才会和思维碰撞爆发出灵感的火花。人类的任何智慧，只有经过想象的推波助澜，才会与行为整合，转变为创造性的思想。缺乏想象力的人，到头来只能在原地踏步。而能在眼前清楚地描绘出未来的人，才有可能奔向成功。虽然想到的未必都能做得到，但做到的必须首先要想到。

（三）扩展思维视角

培养创新思维的最好方法是扩展思维视角：一是把复杂问题转化为简单问题。二是把不能办到的事情转化为可以办到的事情。三是把直接变为间接。要尽量多地增加头脑中的思维视角，能够从上下、前后、左右等不同角度，探索纷繁复杂的事物。

（四）学会辩证思维

辩证法是一种哲学思维方式，辩证思维首先要求具有辩证性特征。辩证思维能力是创新能力的基础。辩证思维能力的培养是引导学生运用矛盾分析方法，从联系和发展的观点来认识事物的本质和规律，坚持逻辑与历史统一、理论与实践统一。培养学生的辩证思维能力，总的来看要坚持从实践中来，到实践中去的原则。要了解丰富而生动的辩证法事实，通过分析、归纳，了解任何事物都是对立统一的道理。注意纠正从单一侧面绝对地看问题的思维倾向。

（五）锻炼动手能力

动手能力是培养创新思维的良好途径。有些人成年之后成为创新者、发明家，回看他们的成长经历，很多人在青少年时期就自制玩具、航模等，乐于实际动手，参与一些有意义的活动。不要小看这些活动，正是在这些活动中，人的动手能力得到锻炼，还自觉地学习钻研了课本上没有的知识；同时，这些实践活动又产生反作用，激发创新思维。

现在的物质条件越来越好，这本来是好事，但是人在优越的条件下容易滋生懒惰、依赖的思想，不求进取，满足现状，不去创造，创新思维和动手能力难以得到锻炼、发展和提高。作为有志青年应该积极上进，乐于付出，不怕辛苦，勤于实践，以促进创新思维的进一步形成和创新能力的提升。

案例分享

“生长抑素”的诞生

1945 年，英国科学家海雷斯提出一个假说：“腺垂体的活动受控于下丘脑，下丘脑产生一种可称为‘释放因子’的激素，通过血液作用于垂体。”这个假说赋予神经组织以内分泌功能，有悖于传统观念，但却深深打动了两个年轻的美国研究者吉尔曼和沙利。

1952 年，吉尔曼和沙利在加拿大麦吉尔大学师从不同的导师，他们都信奉海雷斯的假说，曾各自将下丘脑与垂体组织放在一起培养，发现果然促进了腺垂体激素的分泌，并将各自发现的结果写成论文发表。两人于 1957 年开始合作，分离下丘脑激素中的促肾上腺皮质激素的释放因子（CRF）。这项研究历时 5 年，不仅以失败告终，而且导致两人关系紧张。加上外界对海雷斯的假说持怀疑态度，以及基金会施加的巨大压力，最终使两人分道扬镳，开始了长达 14 年的竞争。可贵的是两人分手之后，对海雷斯的假说仍坚信不疑，且不改初衷。从 1962 年起，他们又不约而同地放弃了对促肾上腺皮质激素释放因子的研究，改为研究促甲状腺激素释放因子（TRF）。1969 年，沙利与吉尔曼先后发表文章，表明猪和羊的甲状腺激素释放因子化学结构相同，都是“焦谷—组—脯酰胺”构成的三肽。甲状腺激素释放因子的发现鼓舞两人继续研究其他释放因子。1971 年 6 月，二人又分别发现，猪和羊的促黄体生成激素释放因子（LRF），其化学结构均为同样的十肽：焦谷—组—色—丝—酪—甘—亮—精—脯—甘酰胺。同年，吉尔曼在检视羊下丘脑提取残液中有无促生长激素释放因子（GRF）时，发现腺垂体与残液混合培养后，促生长激素的分泌反而减少。由于海雷斯假说并未涉及抑制因子，因而他对此并未在意。后来他发现，在羊下丘脑各个阶段的提取物中，都存在这种抑制性物质，于是决定对其进行纯化和氨基酸测序。1973年，吉尔曼发现这种抑制性物质是一个新的十四肽，并将其命名为“生长抑素”(GIF)，这一发现表明激素并非都起刺激作用。1976年，沙利也证实猪的生长抑素与羊的完全相同。他和吉尔曼的5年合作与14年竞争至此终于落幕。1977年，二人同获诺贝尔生理学或医学奖，海雷斯的创意终于在他们的实践活动中结出了硕果。

分析：创新第一需要有创意，第二需要将创意付诸实践，在实践中经过反复验证与不断修正，才有可能将创意变成现实。但是，创意往往因有悖于常理而不被理解，其实现难免遭遇各种阻力。由于创新没有前人的经验可以借鉴，因此其实现所面临的困难可想而知，挫折与失败均在所难免。因此可以说，创新能否成功，将考验一个人是否具备务实求真、精诚合作、无私奉献和百折不挠的科学和实践精神。

（资料来源：百度文库）

思考

本例给你怎样的启示？

（六）改革人才培养模式

建设现代职业教育体系，培养具有创新意识、创新能力的生产、服务、管理第一线需要的高素质技能型人才和高端技能型人才，满足社会发展、现代产业建设的需求，推动社会经济向前发展，是高等职业教育的重要任务。

完善顶岗实习相关制度。采取工学交替、分段培养等方式，科学安排职业学校学生的实训教学和顶岗实习。完善学生实习责任保险制度。有条件的地区要支持学校和企业实行招工与招生一体化，推动现代学徒制广泛实施。

总之，要通过人才培养模式的改革，让学生在掌握有关知识和技能的同时，获得较高的创新意识和创新能力，为他们将来投身经济建设打下坚实的基础。

（七）教师给予指导

培养学生的创新意识，教师的作用尤为重要。教师应该始终坚持一个信念，就是坚信每个学生都有巨大的创新潜能，每个学生的创新都是可以获得成功的。作为老师，还要以自己的言行，带动更多的大学生参与到科技创新实践中来，与大学生“并肩作战”，为学生提供尽可能多的指导和帮助。教师的指导，好似一把开启创新之门的钥匙。在创新实践中，教师的严谨、勤思、善学、求索的态度与无私奉献的精神都会对学生创新意识和创新能力的培养产生深刻的影响。

三、锤炼创新意志

（一）意志的内涵

意志是指人们自觉地确定目标，有意识地支配和调节自己的行动，克服种种困难以实现预定目标的心理过程。意志是人们改造客观世界和主观世界所不可缺少的心理因素，是为了达到一定目的而使个人全部潜力都能充分调动起来的内在力量。

意志这一心理过程包括决心、信心、恒心。要进行一种有目的的活动，必须首先选择一个清晰明确的目标，而要完成这个目标，就需要下决心。有了决心，还必须相信通过努力奋斗可以达到目标，这就要树立信心。最后还要在执行决定的过程中不断地克服困难，抵制各种干扰，持之以恒，这就离不开恒心。

意志的作用主要表现在对行为的引发、维持和调控三个方面，它能使人在把内心的需要和动机转化成目标去实现的过程中，克服困难并维持行动朝既定目标前进；在遇到内外干扰时，控制自己的行为，当行则行，当止则止，不受诱惑而轻举妄动，做掌握自己命运的主人；在感到疲倦、松懈、枯燥和情绪低落时，克服不良状态，激发潜能，坚持不懈地向目标努力。

科学史证明，哥白尼、布鲁诺、居里夫人、爱因斯坦等伟大的科学家，无不具有非凡的意志。一切有成就的名家无不感受到创新意志对其创造的价值。法国科学家巴斯德在说到自己成功的秘密时说："告诉你使我达到目标的奥秘吧。我唯一的力量就是我的坚持精神。"巴尔扎克也说过："勇气和天才是成功的一半，而毅力（指意志）是成功的另一半。"可见意志对创新的重要性。

（二）创新意志的培养

1. 意志自觉性

意志的自觉性是指对自己行动的目的和意义有明确的认识，并能主动地支配和调节自己的行动使之符合自己的目标。意志的自觉性还突出地表现在一个人的自制力上。自制力使人能自觉地管理自己，约束自己的行为不受外界无关事物的影响，为实现目标而努力坚持奋斗。在奋斗过程中，总会有与目标不一致的诱惑，或有消极情绪的干扰，有自制力的人能够控制自己的消极情绪，约束自己的言行，坚定不移地去实现自己的目标。

2. 意志果断性

意志的果断性是指一个人以善于明辨为前提，不失时机地决定并坚决执行的品质。这是一个人最为重要的心理品质，它能使人在复杂多变，甚至是充满艰难险阻的情况下，明辨事实真相，机智灵活地衡量利弊，迅速果断地做出决策并积极地付诸行动。意志的果断性是以敏锐的洞察力和勇敢、机智的应变能力为条件的。缺乏对事物发展纵横变化的深刻认识和敏捷反应，就谈不上明辨。

意志的果断性还表现在需要延缓决定时，能够等待时机成熟，不仓促行事，直到时机来临时才付诸实施。另外，一旦发现因主客观条件的限制，经过努力仍难以实现目标时，也会当断则断，停止执行原方案而去选择新的方向。

果断不同于轻率鲁莽，它以周密思考为前提，能对行为目的、方法及可能产生的后果做出深刻认识和清醒估计，在最为紧急关头立即采取正确的行动。具有果断性意志的人，还表现出拿得起、放得下的气魄。他们能正确分析情况，及时做出决定，不虚耗时间和精力。

3. 意志坚韧性

意志的坚韧性是一种不达目的誓不罢休的精神状态，它表现在人们为了实现一定的目的而去克服困难的过程与行动中。具有坚韧性的人，能够长期地、持之以恒地保持充沛的精力，不屈不挠地向着既定的目标前进。

在达成目标需要较长时间，困难巨大时，最能考验一个人意志的坚韧性。凡是想做出一番事业的人都必须具有坚韧的品格，即所谓“绳锯木断，水滴石穿”。

坚韧性还表现在对目标的坚持。没有始终如一的目标，奋斗便失去意义，毅力更无从谈起；而没有百折不挠的毅力，始终如一的目标也根本无法实现。

4. 意志抗挫折性

挫折，是指个体从事有目的的活动时，遇到障碍或干扰，致使动机不能实现而产生的心理上的紧张状态和情绪反应。挫折，尤其是接二连三的挫折，或者是重大挫折，常常使人感受到一种压力，产生压抑感和焦虑感，进而动摇对目标的追求。每个人在自身的人生旅程中都会遇到大大小小的挫折，但个体对挫折的承受力却迥然有别。

人在遭遇挫折时，往往会感到缺乏安全感，使人难以静下心来，工作和生活都会受到影响。那么，人在遭受挫折的时候，又应如何进行调适呢？一要冷静分析，从客观、主观、目标、环境、条件等方面找出受挫的原因，采取有效的补救措施；二要有一个辩证的挫折观，经常保持自信和乐观的态度，要认识到正是挫折和教训才使我们变得聪明和成熟，正是失败本身才最终造就了成功；三要向他人倾诉自己遭受挫折后心中的不快以及今后打算，改变内心的压抑状态，以求身心的轻松，满怀希望面向未来；四要学会自我宽慰，能容忍挫折，要心怀坦荡，情绪乐观，发愤图强，满怀信心去争取成功。

对整个人生而言，挫折是人无法回避的伴侣。所以，每一位立志创新者都应首先明确：你所选择的道路，就是一条充满荆棘的险路，必须以准备失败的心情去迎接胜利。

四、捕捉创新机遇

（一）机遇的必然性与偶然性

机遇是由于某个偶然的机会，出乎意料地遇到新的现象，并由此而导致新的发现。机遇作为人类社会生活中一个永恒的话题，对创新的发展起着极为重要的作用。

机遇是必然性与偶然性的辩证统一。机遇是人们在社会实践中所面临的际遇，是由某些偶然因素耦合而成的有利条件，它有助于人们达到所期望的目标。机遇作为一种客观事物，其出现具有内在的必然性，人们正是通过对机遇的必然性的认识来把握其规律的。但更重要的是，机遇的具体表现、发生过程突出地表现为偶然性，它以偶然性为必然性开辟前进道路。

现实世界中的任何事物、任何关系、任何发展过程都具有必然和偶然的双重属性。必然性通过大量的偶然性表现出来，没有纯粹的必然性；偶然性中包含着必然性，没有纯粹的偶然性。必然性通过偶然性为自己开辟前进道路，偶然性不仅能够加速或延缓事物发展进程，甚至在一定阶段、一定范围能够改变事物的现存状态和发展方向。

（二）机遇产生和存在的条件

机遇作为现实的可能性，存在于系统与环境的相互作用之中。机遇在作为偶然为必然开辟道路时，要经历由可能性向现实性转化的过程。可能性是同现实性相对而言的，它不是指当前已经存在着的客观事物或现象，而是指包含于现存事物中的，预示事物未来发展的种种趋势，是潜在的尚未实现的东西，只有具备了一定的条件才能转化为现实。机遇对于主体来说，预示着对未来发展的有利趋势，是没有展开的现实，但在现实中有着充分的根据，是一种现实的可能性，不是那种表面上似乎可能而在现实中没有客观依据，根本不能转化为现实的虚假的可能性。

系统和环境之间存在着物质、能量和信息的交换关系，系统的存在、运行和演化时刻受环境条件的制约。由于环境条件非常复杂而又千变万化，具有偶然性和随机性，因此它对系统的影响也是复杂多样的。环境是机遇存在的外部现实条件，为系统的发展提供了可能性；系统是机遇由可能性转化为现实性的根据。环境与系统在进行物质、能量和信息的交换中产生了机遇，离开系统的环境和离开环境的系统是不存在的，也就谈不上什么机遇。与外界环境联系较少的系统面临机遇的可能性是微乎其微的，因其缺乏现实的条件。只有当系统具有开放性，对环境的物质、能量和信息进行选择交换时，机遇才能展现并有可能转变为现实。系统与环境是机遇由可能演化为现实的根据和条件。因而，把握机遇必须对系统和环境进行全方位考察和分析，认清机遇之所以成为机遇的现实可能性。

（三）机遇的特征

在人类创新史上，有许多重大的发现、发明是创新者不失时机地抓住机遇获得的，如青霉素、聚乙烯、摩擦焊接法、电子计算机……善于捕捉机遇对创新成功都起到重要作用。

机遇作为客观事物，尽管其千姿百态、复杂多变，但依然有其可把握的运动规律、运行方式。由某些因素耦合而成的机遇，受偶然因素的影响和制约，随其生成而生成，因其消失而消失。不同的时空条件有着不同的偶然因素，所构成的机遇也就各不相同。这些各不相同的机遇虽然表现形态各异，但有着一定的运动轨迹。

1. 机遇在空间上表现为不确定性、非均衡性

机遇作为特定系统与特定环境相互联系、相互作用的产物，它存在于特定空间之

中，此地存在而彼地不一定存在，此时存在而彼时不一定存在，故具有不确定性。不同层次的系统因其结构、功能不同，与环境之间进行物质、能量和信息交换不同，所拥有的机遇也不均等，从而具有不均衡性。

2. 机遇在时间上表现为不可逆性、非守恒性

当生成机遇的偶然因素随着时间的流逝而消失的时候，此前所生成的机遇也就随之消失，不复存在，并且一去不复返，具有非守恒性、不可逆性。

3. 机遇在运行轨迹上表现为非循环性

机遇稍纵即逝，特定的机遇一旦失去，就不会再重复出现，对于主体所造成的损失便不可弥补，即使以后再欣逢机遇，不仅条件不同、表现方式不同，而且其内容及对主体所起的效用也不相同了。能够再造、再生的有利条件不是机遇，认为机遇可以再造是认识上的误区。

（四）机遇的捕捉

机遇是现实社会中存在的一种普遍现象，对任何人都是平等的。机遇是个人奋斗与社会环境条件的一种契合，也是对一个人的素质和综合能力的全面考验。一个人能否取得创新性的成就，在某种程度上取决于他是否善于抓住和把握机遇。

应该承认，机遇只垂青那些头脑中有准备的人。这里所说的准备，主要是指知识和素质。许多人的经历已经证明，缺乏应有的知识和素质，即便有了机遇，也只能与它擦肩而过；而有了丰富的知识和较高的素质，加上机遇就会如虎添翼。知识丰富了，素质提高了，机遇出现的概率会相应提高，机遇的可获得系数也会相应地变大。

当然，机遇不是等来的，做好了准备还必须主动出击。在创新中能否抓住机遇，关键在于思想的自由程度。解放思想，实事求是，审时度势，开拓进取，敢为人先，就能得到机遇的垂青。那些坐等机遇降临，迟疑观望，思想僵化保守的人，必然丧失机遇。人们的自由程度越高，迎接挑战的能力越强，抓住机遇的概率、成功率就越大；反之则会与机遇失之交臂。

1. 积极进行创新实践

守株待兔是难以捕捉到机会的。成功的创新者能够捕捉到较多的创新机遇，不仅与他们创新能力较强，善于捕捉到各种创新机会有关，而且也与他们较多参与创新实践，活动范围大，研究较深入、细致、丰富有关，从而能够遇到较多的创新机会。

2. 细致观察与积极思考

要调动多种感官仔细观察事物各方面的特征，某些事物带给我们的视觉、听觉、嗅觉、味觉、触觉信息，都与这些事物的性质、功能、活动规律存在着一定联系，应该仔细收集，反复研究比较。要带着问题观察，在观察事物变化的基础上，就变化的原因多问几个为什么，弄清是外因还是内因造成了事物的变化，事物之间有什么关系等。

3. 对意外事件敏锐判断

对意外事件要有敏锐的判断力，不要让机遇所提供的线索从眼前溜掉。许多线索和素材乍一看微不足道，如果没有高度的警觉性，就会视而不见。以 X 射线的发现为

例，其实在伦琴发现X射线之前，曾有一位英国科学家和两位美国科学家接触到了X射线，但这些科学家都以为是实验中的失误造成的，因而与这一伟大发现失之交臂，直至16年后，伦琴敏锐地察觉到这一奇特现象，深入研究，才使X射线能够为人类所用。

4. 具有丰富的经验

掌握大量的专业知识固然对探索问题很有帮助，但了解广泛的知识，学习各个学科领域的方法，对创新活动的意义更大。当代人类的创新活动，很大一部分来自各学科领域知识、方法的沟通、借鉴和应用。渊博的知识创新活动有时源于经验的积累。获得前人的间接经验，能使我们迅速接近研究前沿，能使我们站在巨人的肩上看得更远。

案例分享

电子计算机之父

冯·诺依曼是20世纪上半叶世界上最伟大的数学家之一，但使他名扬世界的却是在计算机领域做出的杰出贡献，人们称他为“电子计算机之父”。

冯·诺依曼能在计算机领域做出非凡贡献，起于阿伯丁火车站的一次巧遇。那是1944年盛夏的一个傍晚，冯·诺依曼来到阿伯丁车站候车。在候车室里，一位青年认出他是闻名世界的大数学家冯·诺依曼。怀着局促不安的心情，这位青年涨红着脸向数学家自我介绍，说他叫高德斯坦，在宾夕法尼亚大学的莫尔学院工作。冯·诺依曼热情地招呼他坐下，关心地询问他的工作状况。大科学家毫无架子，和蔼谦虚的态度使高德斯坦很感动，他向冯·诺依曼请教了一些数学难题，还告诉冯·诺依曼，他正在莫尔学院参加试制每秒钟能计算333次乘法的电子计算机的工作。原来，高德斯坦所在的莫尔学院在1943年就开始了世界上第一台电子计算机的试制工作。这件事引起了冯·诺依曼的极大兴趣。

同高德斯坦分别后，冯·诺依曼凭着他广博的学识立刻洞察到这一项目的重大意义，并毅然决定参加这一研究。之后，他所做的一切，使他当之无愧地赢得了“电子计算机之父”的美誉。

就是这样一个偶然的机会，让冯·诺依曼引导了20世纪后半期最重要的科学技术——计算机技术，仅从这一点，就可看出他具有的科学胆识和创造才能——善于捕捉机遇。他凭着敏锐的识别能力，抓住有意义的线索，毅然投身到计算机研究领域。他在这一领域中发挥了卓越的独创精神，使自己成为电子计算机、计算机科学和技术、数值分析的重要开创者。

（资料来源：搜狐网）

思考

本例给你怎样的启示？

五、提高创新能力

在大学生创新能力的培养过程中，需要注意处理好以下三个关系。

（一）知识的“专”与“博”

知识的“专”与“博”，从源头和根本上决定着个体创新能力的强弱高低，是创新能力的基石。专而不博，博而不专，知识结构不合理必然限制创新能力的发挥。专与博是一个重要而又极难处理的问题。一方面要求人们在某方面有精深的科学知识；另一方面又要求人们的知识面不能太窄，要做到既专且博。解决好专与博的关系至少要妥善处理好以下五个层面的关系。

1. 专业知识与专业技能

学有专攻，业有专长，专业知识和技能是一个人认识和改造世界必备的本领。比如一个学机械的学生，有专业知识，但缺乏操作各种机械的技能，那么他的创新就只能停留在理性层面，无法通过试验、实践去验证、修正和完善创新的设想。相反，虽然技能好，但缺乏专业知识，不知其所以然，也很难提出创新的设计。现在一些大学纷纷强调要重视实验室的建设，要增加实验、实践教学的时数，从实质上看，也是为了处理好专业知识与专业技能的关系。

2. 专业知识与基础理论

科学知识的体系结构大体上分为四个层次：一是基础理论；二是专业基础理论；三是专业知识；四是专业技能。各种专业知识都是以物理、化学、生物、数学等基础理论及相关专业基础理论为根基和前提的，都是这些基础理论在不同领域的运用和体现，忽视这些基础理论的把握，专业知识就无法深化，创新的视野和能力就会受到理论的局限。当然，只有这些基础理论而缺乏专业知识也无法在特定的领域中创新。专业知识是这些基础理论与具体实际联系的中间环节，只有掌握这个中间环节才能具体有效地改造世界。所以，在创新中专业知识与这些基础理论存在着相互促进、缺一不可的关系。但是人们常常由于急功近利等原因而“重专业，轻基础”。

3. 专业学科知识与相邻学科知识

随着大生产、大经济的出现，新兴的交叉科学、前沿科学、边缘科学不断涌现。例如汽车工业的创新，就要求既有深厚的汽车专业知识，还要有材料学、动力学、结构力学、光学、化学、声学、环保学、美学等诸多专业方面的知识。如果不处理好专业学科知识与相邻学科知识的关系，就不可能成为一位杰出的创新者。

4. 科学知识与人文知识

科学文化必须以人文文化为导航，人文文化必须以科技文化为基础。科学知识是逻辑思维，保证了思维的正确性；人文知识所具有的形象思维、直觉思维、灵感思维的特点，则是创造性突破最需要的思维。

如果单从创新能力的提高来看，二者互补必将为创新提供合理的知识结构、强大的精神动力。任何一项科技创新都有人文精神参与其中，从科研项目的确定、指导思想的提出、总体设计方案的制订，一直到成果的产出和市场的实现，没有哪一个环节、哪一件事情不需要科学和人文知识的支撑。科学求真，人文求善，既懂得客观事物发展的规律，又有人文的终极关怀，必然具有正确的人生观，而正确的人生观是创新主要而持久的精神动力。

（二）直接经验与间接经验

一个人的知识一般都是由直接经验和间接经验两方面构成的。仅有一个方面的经验，知识就不完全，就不能正确地发挥知识的功能。如果只有直接经验，缺乏间接经验，就必然要陷入经验主义。个人实践所接触的方面、遇到的问题、看到的现象十分有限，而事物的本质和规律要通过多方面的、大量的现象才能找到。仅凭直接经验去观察问题、处理事情，必然不能驾驭规律，无法预见事物发展的趋势，从而陷入谬误。反之，如果只有间接经验，缺少直接经验，就必会陷入教条主义。

大学生在学校学习物理、化学知识时，课堂讲授主要是学习间接经验，做实验主要是获得直接经验，课堂讲授的时数与学生亲自做实验的时数，就要有一个适当的比例。实验时数太多，就妨碍在课堂里充分地、系统地传授间接经验；实验时数太少，就不利于课堂所学间接经验的消化。只有合理建构直接经验与间接经验，二者互相作用，才能发挥出各自的功能。

（三）驾驭信息和选准参照系

我们的时代知识革命迅猛发展，其广度、深度是空前的。面对以知识爆炸为特点的信息时代，锻造驾驭信息的能力是每个创新个体必须具备的基本功。

1. 收集信息的能力

如果没有较好地掌握电脑、互联网等信息工具，不善于收集信息，信息量短缺，信息少而不全，就无法促使我们实现认识的突破、飞跃。

2. 筛选信息的能力

如果我们收集了大量信息，但不善于识别，分不清有用无用、主要次要、正确错误，无法进行信息筛选，就容易被巨大的信息量所困扰、湮没。

3. 储存信息的能力

如果我们掌握了有用信息，但不善于科学系统地储存，不能随时调用到我们所急需的信息，工作就无法快速、高效地进行。

4. 驾驭信息的能力

在创新中，为什么有的人辛辛苦苦却是在重复别人的劳动，自认为是创新，结果步别人后尘而不自知？为什么有的人总是难以突破，不能高效迅速地出成果？为什么有的人对竞争对手不能知己知彼，常常产生信心不足的情况？问题的症结就在于缺乏驾驭信息的能力，即缺乏必备的采集信息的能力、识别筛选信息的能力、储存调用信息的能力、利用开发信息的能力。如果我们捕捉了有用的信息，但不善于运用，特别是不善于开发，不能从一个信息产生一系列联想，不能从现象到本质，从第一本质到第二本质，从第二本质到更深的本质，那就会形成信息的浪费或低水平、低效率的利用。

在驾驭信息中有一个极其重要的问题，就是要选准参照系。如果没有参照系，我们会因面对大量的信息而无所适从，或者时而从这个角度捕捉筛选信息，时而又从另一个角度去捕捉筛选信息，导致大量信息无用，浪费精力。如果参照系找得不准，就会将有用的信息遗漏，找来的只是大量无用信息。正如未来学家奈比特所说，不以某种参照系作依据，每天纷至沓来的大量信息，很可能在你身边匆匆掠过。参照系的选择、方位的确定，也不是静止不变的。所谓“准确”具有相对性，它将随着创新的进程不断推移变化。这种推移变化，不但是由于自身认识的深化，而且常常是由于外界信息的启迪。选准参照系，不是一件简单的事，是与创新者的知识、对问题钻研的深度、眼力等密切相连的，是创新水平和能力的一种具体体现。

驾驭信息和选准参照系二者相互制约、相互促进。一方面，选准参照系对驾驭信息有着重要的作用；另一方面，信息的获得又作用于参照系的准确选择。处理好二者的关系，就能有效地推进创新。

【专题实训】

实训目标：

通过本模块的学习，实现创新理论与创新实践融会贯通，使实践技术与知识理论优化组合；促使学生掌握自主创新的方法和技能，促进学生主动参与社会创新创业活动。

实训步骤：

一、活动情景：小组成员运用创新方法对手机应用 App 进行优、缺点分析，比较并提出优化创新的办法，然后进行总结。

二、小组活动：小组成员分工协作，共同完成手机应用 App 的优化改造并制作成视频进行汇报展示；各小组评选出优秀的小组作业进行课堂展示；讨论活动体会和感受；总结学习成果。

三、个人内化：回顾比较自己在小组活动中的不同体验和感受，和小组成员交流分析，形成自己对创新方法的认识。

四、应用拓展：通过创新方法训练，学会积极主动地在创新创业实践中运用各种创新方法，以提升创新创业能力。

五、活动评价：通过小组总结会进行个人表现自评、他评、总评等讨论环节，由组长汇总后对每个组员进行打分。

实训过程：

一、活动情景

情景设计：手机 App 大改造

1. 进行小组讨论，选定一款智能手机应用 App 作为主题并对其进行改造。

小组选择的 App：________________________________

2. 运用头脑风暴，列出该款手机应用需要改进的地方。

____

____

3. 针对以上的主要缺点，运用和田十二法进行分析和改进。

和田十二法	需要改进的缺点	如何改进	备注
加一加			
减一减			
扩一扩			
变一变			

（续表）

和田十二法	需要改进的缺点	如何改进	备注
改一改			
缩一缩			
联一联			
学一学			
代一代			
搬一搬			
反一反			
定一定			

4. 选取该款 App 缺点中的 1～2 点进行优化、创新。

提出需要优化创新的点：____

____

____

____

二、小组活动

1. 各小组以海报的形式进行现场展示，各小组相互观摩并讨论，然后提出修改意见。

2. 小组汇报：每个小组推选代表上台汇报，限时 3 分钟；结合海报分享本小组如何运用和田十二法对该款 App 进行优化，突出介绍其中 1～2 个创新点即可；汇报结束后其他小组可以提问；所有小组汇报完后老师进行点评。

3. 针对下列问题，进行小组讨论并取得共识。

(1) 刚才的活动中运用到哪几种创新方法？

(2) 这些创新方法都有哪些特点？

(3) 在运用这些创新方法时遇到了哪些困难？请举例说明。

三、个人内化

思考并回答以下问题。

1. 如果是你一个人进行这个活动，你觉得会比小组讨论更有效率吗？为什么？(思考头脑风暴法的原则和要求)

2. 你觉得在你们小组活动过程中，最有效的创新方法是什么？

3. 请结合本组的海报，进行 1 分钟的演讲介绍。这一过程中你发现了哪些问题，你认为这些问题应该如何改进？

4. 你还有什么其他的收获和体会？

四、应用拓展

1. 在你已经对创新思维和创新方法有了初步认识的基础上，可以尝试运用创新思维思考自己的创业项目。如果没有创业项目可以对身边同学的创业项目或者你走访的创业者的创业项目进行思考(或就如何提高我校校园休闲吧营业收入提出你的创新性解决方案)，将你的思考成果记录下来。

<table>
<tr><th colspan="3">创新项目名称(产品/服务)</th></tr>
<tr><td colspan="2">目标客户与需求</td><td></td></tr>
<tr><td colspan="2">产品/服务的功能定位</td><td></td></tr>
<tr><td colspan="3">创新说明</td></tr>
<tr><td rowspan="6">产品本身的创新</td><td>材料创新</td><td></td></tr>
<tr><td>外观创新</td><td></td></tr>
<tr><td>结构创新</td><td></td></tr>
<tr><td>功能创新</td><td></td></tr>
<tr><td>设计创新</td><td></td></tr>
<tr><td>其他创新</td><td></td></tr>
<tr><td rowspan="6">服务与产品外的创新</td><td>宣传创新</td><td></td></tr>
<tr><td>营销创新</td><td></td></tr>
<tr><td>售后创新</td><td></td></tr>
<tr><td>模式创新</td><td></td></tr>
<tr><td>服务创新</td><td></td></tr>
<tr><td>其他创新</td><td></td></tr>
</table>

2. 你是如何得到上述解决方案的？请记录你的想法和这一过程中的感受。你得到了谁的帮助？他在哪些方面给你提供了帮助？你又帮助了谁？效果如何？

3. 请为你的朋友设计一次具有创新性的生日派对，将你的方案记录下来。最好组织你的小组实施你的方案，并将你朋友的真实感受记录下来。

五、活动评价

1. 召开小组总结会议，请每个组员围绕以下问题进行发言、讨论。

(1) 我对活动的贡献是什么？请从承担的内容、完成情况、工作实效等方面阐述。

(2) 我对他人的评价。

(3) 我对活动的建议。

2. 请记录以下内容。

(1) 他人对自己的评价。

(2) 他人对活动的建议。

3. 请组长做好记录和汇总，并综合大家的讨论情况，给每个组员评分。

小贴士

创新是一个民族进步的灵魂，是一个国家兴旺发达的动力，也是一个人在工作乃至事业上永葆生机和活力的源泉。创新能力引导人们提高自己的素质，使人的本质力量在更高的层次上得以确证，激发人的主体性、能动性、创造性的进一步发挥，从而使人自身的内涵获得极大丰富和扩展。创新方法是创造学家收集大量成功的创造和创新的实例后，研究其获得成功的思路和过程，经过归纳、分析、总结，找出的一些带有普遍规律性的原理、方法和技巧。掌握创新方法是发挥创新能力的重要途径。

专题四

把握创业机会

名人名言

善于识别与把握时机是极为重要的。在一切大事业上人在开始做事前要像千眼神那样察看时机，而在进行时要像千手神那样抓住时机。

——培根

课前互动

阅读以下材料并回答问题。

为了培养学生社会实践的能力，学校经研究决定开展校园“摆地摊”活动，让同学们体验一下创业的独特生活，提升自己的实践能力。大学生的业余时间很多，完全可以通过摆摊增加收入，因此大学生摆摊的优势远远超过社会人员。摆个地摊卖文具、生活用品，修理自行车等，既不需要多少本钱，又能从中学到东西。大学生不仅要学会把买到的东西全卖出去，还要从中赚钱。

问题：

(1) 能否简单描述你的创业构想？

(2) 你在创业方面有没有比较好的人际关系储备？

(3) 描述一下你摆摊的产品与服务的场景(提示：建议使用绘图的方式描述，包含：时间、地点、人物、产品与服务载体等要素)。

学思之窗

创业因机会而存在。机会是具有时效性的有利情况，是未明确的市场需求、未充分使用的资源或能力。创业成功与否与机会的识别、把握、运用是密不可分的，许多很好的机会并不是突然出现，而是对"一个有准备的头脑"的一种"回报"，或是在一个评估市场机会的机制建立起来之后才会出现。不同创业者对创业机会的评估是不一样的。

结合上述材料与实际情况，探讨以下问题：

(1) 怎样的情境才是创业的好机会？

(2) 创业者如何学会识别和评估创业机会？

(3) 创业机会可以自己创造吗？如果可以，大学生们应当如何争取？

第一节 | 创业机会的来源

一、创业机会的内涵

创业机会主要是指具有较强吸引力的、较为持久的有利于创业的商业机会，创业者据此可以为客户提供有价值的产品或服务，并同时使创业者自身获益。

创业机会具有以下特征：

(1) 普遍性。凡是有市场、有经营的地方，客观上就存在创业机会。创业机会普遍存在于各种经营的过程之中。

(2) 偶然性。对一个企业来说，创业机会的产生和发现带有很大的不确定性，任何创业机会的产生都有意外因素。

(3) 消逝性。创业机会存在于一定的时空范围之内，随着产生创业机会的客观条件的变化，创业机会也会相应地消逝和流失。

(4) 盈利性。它能为经济活动引入新产品、新服务、新原材料、新市场或新组织方式，并可能带来经济效益。

二、创业机会的类型

变化是创业机会的重要来源，没有变化，就没有创业机会。创业机会的类型大体上可以分为：

(一) 问题型创业机会

问题型创业机会指的是由现实中存在的未被解决的问题所产生的机会。创业的根本目的是满足顾客的需求，因此寻找创业机会的一个重要途径是去发现自己和他人在需求方面的问题或生活中的难处。

（二）变化型创业机会

创业的机会大都产生于不断变化的市场环境，环境变化了，市场需求、市场结构必然发生变化，就会给各行各业带来商机。变化是创业机会的重要来源，人们通过这些变化，常常会发现新的创业机会。

变化主要包括四种变革：技术变革、政治和制度变革、社会和人口变革、产业结构变革。

（三）创造发明型创业机会

创造发明提供了新产品、新服务，更好地满足了顾客的需求，同时也带来了创业机会。在人类发展史上，每次重大的发明创造都引起了产业结构的重大变革，产生了无数的创业机会。如计算机的诞生，使数码相机、网店等发展了出来，创业机会纷纷涌现。即使你不发明新的东西，你也能成为销售或推广新产品的人。

案例分享

“北清学霸”团队打造出“听话”的声音

广场舞未来不用再担心扰民，播放的音乐只有大爷大妈们自己能听到。这可不是天方夜谭。从北京大学毕业的研究生宋韧是重庆清文科技 CMO 兼合伙人，他们团队去年获得了“渝创渝新大赛”一等奖。这支由清华大学的博导、专家和北京大学、南洋理工大学的硕士组成的创业团队自行研发出来的全新科技，可以让发出的声音像光束一样可控，在指定范围内传播，且只有一次反射，不扰民。从几平方米到几十平方米的范围，由你说了算！目前，这项技术完全可以解决广场舞音乐扰民的普遍困扰。

宋韧介绍说，他们是全球最早一批自主研发定向发声技术的企业，在国内率先提出并创立了全新的学科——超声波声学，利用超声波搭载的原理，对声音传播的方向与区域进行控制，并对声音的品质进行深度加工处理，提供个性化防止噪声干扰的方案。

这项“神奇”的技术可应用在博物馆和展览馆领域，让每件展品不再沉默，能单独发出语音介绍，又不会互相干扰。目前，他们跟国家博物馆、首都博物馆、三峡博物馆都进行了合作，逐步让展品“听话”地发声。对于像白鹤梁水下博物馆这样回声比较强的特殊空间，这项技术更是能发挥巨大作用。

这项技术在银行领域也可以广泛应用：柜员说话的内容只有储户能听到，这可以提高银行柜台业务的安全私密性与体验感。今年，他们又开始与车企联合研发，可以将车内声场独立分区，使得驾驶员导航、接打电话与其他座位的音乐娱乐等互不干扰，提升驾乘的安全性与舒适性。宋韧认为，这项技术未来完全可以解决广场舞音乐扰民的普遍困扰。

这支“学霸”团队一直专注于声音技术的研发,还研究出了针对弱听人士的变频技术,可替代助听器:传统助听器只是放大声音,而新技术可以针对弱听人士的实际情况,哪个频率听不清,就把这个频率调整到可以听到的范围,保护耳部健康,解决弱听人士的苦恼。

在他看来,作为科技型创新企业,创业自然艰难。超声波声学是一个全新领域,世人曾认为声波技术已达到顶端,其实努力尝试后才发现可以做得更好。

(资料来源:黄欢.大学生创业这点事[M].上海:立信会计出版社,2018.)

思考

日常生活中有很多“痛点”,试着从你身边的事分析,有哪些“痛点”可以解决?能否将其发展成为一个商业机会?

(四)竞争型创业机会

如果你能弥补竞争对手的缺陷和不足,这也将成为你的创业机会。看看你周围的公司,你能比他们更快、更可靠、更便宜地提供产品或服务吗?你能做得更好吗?若能,你也许就找到了机会。

案例分享

羊肚菌的生意经

他2019年大学毕业,一心一意在老家研究羊肚菌种植,并取得了成功。他不仅自己赚了上百万元,还带动周边20多户村民种植羊肚菌,让羊肚菌产业从一枝独秀到遍地开花,成为当地群众致富增收的主导产业之一。他就是沿河自治县第九届人大代表、客田镇冯家村村民黄小康。

试种需要资金,怎么办?黄小康便与合伙人到银行贷款30万元用于发展。2019年,他们按照每年每亩300元的流转费,流转了50亩土地并种上了羊肚菌。第一次种植50亩羊肚菌,总产值就达到了70多万元,其中纯利润有40万元左右。2020年,在掌握核心技术和试种成功的基础上,他不仅创办了自己的菌种生产厂,同时种植了200亩,实现了300多万元产值。他与老百姓签订发展协议,老百姓种出来的羊肚菌,如果销售不出去,他负责按照市场价回收,让老百姓吃了一颗“定心丸”。

在谈到羊肚菌的销售时,黄小康笑着说,我们的羊肚菌经过烘干包装后,主要销往广东、上海等地，目前是供不应求。要发展农产品产业，销售是关键。黄小康为了打开羊肚菌销路，第一年一个人带着照片和产品到广东、上海交易市场与商家讨价还价，并留下商家电话、微信等联系方式，返家后寄样品给商家尝试味道，得到了商家们的认可，纷纷上门直接购买。目前他在广东、上海有多家固定客户，只要羊肚菌生产结束，商家就会上门购买运走。

（案例来源：贵州日报，2021-03-03）

思考

对照一下你自己的经历，你对本例作何感想？

（五）新知识、新技术型创业机会

新知识可以改变人们的消费观念；新技术可以进一步满足人们的需求，甚至使人们产生新的需求并引导消费。例如，当微型电子计算机的生产技术出现后，中国的企业获得了生产计算机的创业机会，联想等企业就是抓住了这个机会。

（六）组合型创业机会

组合型创业机会就是将现有的，两项以上的技术、产品、服务等因素组合起来，以实现新的用途和价值而获得的创业机会。

三、创业机会的来源

创业机会从何而来？在众多观点的基础上，美国凯斯西储大学谢恩教授的观点比较有代表性，他提出了产生创业机会的四种变革。

（一）技术变化

技术变革可以使人们做以前做不到的事情，或者更有效地去做只能用不太有效的方法去做的事情。

（1）新技术替代旧技术。如数码摄影、摄像代替了胶片摄影、摄像。

（2）实现新功能、创造新产品的新技术出现，如互联网。

（3）新技术带来的新问题。例如，互联网不良信息的传播，使网络信息过滤软件等应运而生。手机、电脑有辐射伤害，使防辐射衣服等相关产品产生。

（二）政府政策变化

政治和制度变革可以革除过去的禁区或障碍，将价值从经济因素的一部分转移到另一部分，或者创造更大的新价值。

（1）对某些行业的限制条件的放宽、监管政策的放松，如民用航空、资源开采、民办教育、保险、金融等行业。

（2）政策导向的变化，如实施价格双轨制、国有企业改制、节能减排、计划生育（育儿培训）、住房制度改革、资格证书制度（培训市场）。

（三）社会和人口因素变化

通过改变人们的偏好和创造以前并不存在的需求来创造好机会。

（1）女性的新需求：家政、洗衣、美容、健身等。

（2）健康养老：养老中心、老年人用品市场等。

（3）饮食文化：素食产品、有机动植物培育产业、健康养生产品等。

（4）社会发展的新要求：高端产品、留学服务、私人定制等。

（四）市场需求条件变化

这是因社会经济活动或行业结构发生变化，顾客需要的产品或服务改变，进而改变行业中的需求。

（1）市场出现了与经济发展阶段相关的新需求，如农村经济发展带来了家电、农用机械的畅销；居民可支配收入的增长使少儿特长教育、留学服务、旅游成为热门消费领域。

（2）当前市场供给缺陷产生的新的商业机会，如供不应求的小市场机会。

（3）先进国家、地区产业转移带来的市场机会，如先进国家、地区环保、劳动力成本高，竞争压力大，把先进国家和地区的产业引入落后的国家、地区。

（4）从发达国家和发展中国家的差距中寻找隐含的商机，如人寿保险、汽车相关服务（驾校、汽车美容）、税务代理、管理咨询、个人理财顾问。

第二节　识别创业机会

一、发现创业机会

创业要善于抓住好的机会，抓住一个合适的创业机会，是创业成功的前提，也是创业过程的核心要素之一。

（一）从“低科技”中把握机会

随着科技的发展，开发高科技领域是时下热门的课题。但是，机会并不只属于“高科技领域”，在运输、金融、保健、饮食、流通这些所谓的“低科技领域”也有机会，关键在于识别。

案例分享

“倒腾”二手货解决了生活费

“向毕业生购买二手自行车,平均价40～50元,然后再卖给新生和有需要的老生,每辆车可赚30元,一学期就卖了200多辆。”浙江某学院金融专业的小戴说:“每年放假和开学时,都是我的旺季。”

大二时,经学院创业指导老师的指导,小戴开始运营一个“二手书”的项目,也就是回收废弃的教科书,再折价转卖给书店。

这个项目的商业模式很简单,以低价收购废品收购站、离校同学的各类图书、字典、学习资料等,筛选整理出一个图书分类表。然后,通过宣传,以低于新书的价格销售给有需要的同学。“销售情况非常好,尤其是英语四、六级考试资料及字典之类的工具书很受同学们欢迎。”小戴说。

生意做大以后,小戴还兼营库存图书销售之类的“大生意”及各类二手货的销售。小戴销售的二手用品十分丰富,大到电脑,小到网球拍、溜冰鞋、台灯、被子等用品,生意出奇地好。小戴说:“我们团队一共4个人,通过创业基本解决了生活费的问题。”

(案例来源:大芜湖网)

思考

假设让你选择一个“低科技”的创业项目,你是否能接受?

(二) 变化就是机会

环境的变化给各行各业带来良机,人们通过这些变化,就会发现新的前景,这些变化包括产业结构的变化,科技进步,通信技术革新,政府放松管制,经济信息化、服务化,价值观与生活形态变化,人口结构变化等。

(三) 追求“负面”就会找到机会

所谓追求“负面”就是着眼于那些大家“苦恼的事”和“困扰的事”。因为是苦恼、是困扰,所以人们总是迫切希望解决,如果能提供解决的办法,实际上就是找到了机会。例如双职工家庭没有时间照顾小孩,于是有了家庭托儿所;没有时间买菜,就产生了送菜公司,这些都是从“负面”寻找机会的例子。

(四) 集中盯住某些顾客的需要就会有机会

机会不能从全部顾客身上去找,因为共同需要很容易被认识,基本上已很难再找到突破口。但实际上每个人的需求都是有差异的,如果我们时常关注某些人的日常生活和工作,就会从中发现某些机会。因此,在寻找机会时,应习惯把顾客分类,如政府职员、菜农、大学教师、文学编辑、小学生、单身女性、退休职工等，只要认真研究各类人员的需求特点，就会发现很多机会。

二、有价值的创业机会的基本特征

（一）吸引力

一个好的创业机会具有需求旺盛的市场和丰厚的利润，带来的产品或服务能够吸引足够多的消费者，并为投资者提供极具吸引力的回报。

（二）持久性

有价值的创业机会一般具有可持续性开发的潜力，并且能够为企业带来持续的竞争优势。产品或服务可以不断适应市场经济的需要，衍生出不同类型的产品或服务，从而保持企业的可持续发展。

（三）及时性

有价值的机会就是及时地满足人类某种需求或愿望，或者尽早地帮助人们解决一些问题。因此，创业机会随着需求的出现而出现、随着时间的变化而变化，必须及时把握和捕捉。

（四）实质性

创业机会依附于为买者或终端用户创造或增加产品的价值、服务。好的创业必须能为顾客带来价值和利益。所以，无论创业的形式表现为产品还是服务都必须能为顾客带来实实在在的价值。

三、选择创业机会

（一）筛选出较好的创业机会

一般而言，较好的创业机会有五个特点：一是在市场中，前五年的市场需求会稳步快速增长；二是创业者能够获得该机会所需的关键资源；三是创业者不会被锁定在“刚性的创业路径”上，而是可以中途调整创业的“技术路径”；四是创业者有可能创造新的市场需求；五是特定机会的商业风险是明朗的，且至少有部分创业者能够承受相应的风险。

（二）筛选出利己的创业机会

面对较好的创业机会，创业者要想筛选出利己的机会需要回答四个问题：一是能否获得自己缺少但受他人控制的资源；二是遇到竞争时，自己是否有能力与之抗衡；三是是否存在自己可能创造的新增市场；四是自己是否有能力承受利用该机会的各种风险。

案例分享

在快递箱上"捡到"10亿的牛人

纸箱哥既是一个人，也是一家公司。该公司成立于2015年，是目前国内储备电商包裹点位、场景、数据全面领先的公司。它覆盖淘宝、京东、有赞、斑马会员等各大电商平台包裹媒介资源，可触达5亿网购人群。2016年7月纸箱哥完成1000万天使融资；2017年8月获数千万元A轮融资；2018年年底拿到数千万A+轮融资；2019年获得余杭产业基金战略融资。虽然它从未公布估值，但外界纷纷猜测，纸箱哥至少值10亿了。

一个纸箱子，为什么值这么多钱？

江浙人的商业头脑大概与生俱来，"纸箱哥"王佳荣早在义乌工商学院读大二时就开始做生意了。

2008年，他和室友每人凑了500块钱，在网上开了个卖杭州特产的店，结果这个店一个月就垮了。当时学校有2 000多个人开淘宝店，需要大量快递箱打包。学校角落里有一家小超市，每天里面的水果箱、饼干箱都会被一抢而空。王佳荣看在眼里，想到了一个"淘金人卖水"的故事：与其每天趋之若鹜去挖矿，不如卖水给他们赚更多。

既然卖特产竞争不过别人，那为什么不换个思路，往后退一步，干脆给大家提供配套的纸箱？正是这一次思维转换，让他从竞争无望的电商决斗场里重新杀出一条血路。从此王佳荣晋升为"纸箱哥"。

纸箱的利润很低，并且还有销售半径。也就是说，把纸箱从浙江卖到湖南，运费比成本还要贵。怎么办？纸箱哥于是开始在全国寻找供应商，一家一家去谈。不同地方的订单，由当地供应商就近发货，这样就可以把运费成本降下来。经过几年时间的摸爬滚打，他在全国建立了11个分仓，客户超过30万个商家，最终做到了淘宝第一名。截至2020年，纸箱哥卖出了超过20亿个快递箱子。

当方向错了的时候，停下来就是进步

纸箱行业是一个薄利多销的行业，一个箱子卖1毛、2毛，利润只有1分、2分。随着淘宝红利的消失，商家之间的价格战越打越凶。每天都有搅局者进来，新开的纸箱网店为了拿到竞争优势，采用"先亏本冲销量，再涨价"的迂回战术来获取流量。对于纸箱哥这样日销量很大的商家来说，一旦压低价格，每天亏损的金额是普通小商家的几百甚至几千倍。

怎么办？纸箱哥想到，我们为什么不通过在纸箱空白处印刷广告来增加营收？我们把印有广告的纸箱以较低价格提供给商家，而如果商家不同意有广告，那么他还可以原价购买空白箱子。

这个类似于异业联盟的创意，得到了绝大部分商家的认可，反正他们不亏，还可以降低成本，何乐而不为？通过多年的耕耘，纸箱哥积累了大量的商户和数据，分析其用户画像后，可以做到广告精准投放。比如之前与手机回收平台“爱回收”合作的，将爱回收的广告投放在生产手机膜、手机壳和手机的厂家。双方目标用户群体高度重叠，广告投放效果自然事半功倍。

未来的“分众传媒”

移动互联网的普及，让广告位的价值有了非常大的提升。况且快递箱子广告面对的是6亿剁手党，这些人习惯网购，消费能力高，是互联网公司和很多品牌的核心受众。从另一个方面讲，我们都知道线上流量越来越贵，无论是支付宝还是微信，都已转战线下流量入口。这是因为线下流量天然具有场景化、精准化的特征，价值尤其大，比如坐拥生活圈广告的分众传媒如今市值已经超过千亿。

纸箱哥找到快递包裹这个流量入口后，无疑像挖到一座金矿。另外，快递箱广告还可以玩出很多花样，比如纸箱哥为福特做的拼图版快递箱就成了一个经典营销案例。

因为创意和精准的渠道，越来越多的广告主不惜一掷千金找“纸箱哥”合作，甚至有一款快递箱单个的广告费就达到10元。

对比分众传媒，每年销量为500亿个的快递箱子的价值远远没有得到开发。纸箱哥靠他的敢为人先，率先挖到了一座金矿，未来它会不会成为下一个千亿市值的“分众传媒”？也许时间会给出答案。

（案例来源：钱江晚报，2018-11-02）

分析

对创业者来说，今天是阴雨，明天还是阴雨，后天可能就是艳阳高照，但很多人却倒在了明天。年轻创业者要经历的事还有很多，要把握稍纵即逝的创业机会，要相信精诚所至，金石为开。

第三节 评估创业机会

所有的创业行为都来自绝佳的创业机会，创业团队与投资者均对创业前景有极高的期待，创业者更是对创业机会在未来所能带来的丰厚利润满怀信心。事实上，新创业获得成功的概率大约不到1%，成功与失败之间，除了不可控制的因素之外，显然有许多创业机会在刚开始的时候，就已经注定失败。对于一些先天条件不好、市场进入时机不对，或者具有致命瑕疵的创业构想，创业者如果能先以比较客观的方式进行评估，那么许多悲剧式的结局就不至于一再发生，创业成功的概率也可以大幅提升。因此，创业者需要在众多机会中筛选出真正适合自己的创业机会。

一、创业机会评估的内容

创业机会评估可以降低创业风险和减少失败，主要包括八个方面的评估内容。

（一）行业和市场

一个关键的问题就是创业想法是否有市场。这个市场是由有购买力、愿意并能购买你的产品或服务的消费者组成的。另外要考虑的一个重要问题是市场的大小（消费者对产品或服务的需求量）和增长速度。理想的情况是有一个巨大并快速增长的市场，在这样的情况下，哪怕只是占有一个小的市场份额也会有一个大的销售量。想要成为创业者就需要收集这类信息，可以获取一些公开发表的信息（也叫作次要信息），来源包括图书馆、商会、投资促进中心、政府部门、大学、外国大使馆、互联网、报纸等。除了上述来源之外，通过经常与人们交流也可以收集到相关信息（也叫初级调查），如来自消费者和供应商的信息等。如果准备这样收集信息的话，就需要设计一个调查的方法和渠道。

（二）“机会窗”的大小

机会经常被称为一个“窗户”。也就是说，它是真实存在的，但它不是永远敞开的。随着时间的推移，市场以不同的速度增长，市场变化越大，确定市场的难度就越大，因此时机的选择很重要。另一个问题就是要了解“窗户”打开的时间长度，能否在“窗户”关闭之前把握和抓住机会。

（三）创业者的个人能力和目标

潜在的创业者应具备创业必需的能力（包括知识、技能和特质）。如不具备，就要学习并提高这些能力。许多小企业的管理者都是基于他们的这些能力才创办企业的。因此，创业必须具备的条件应与创业者本身具备的条件一致或相符。这不仅对于创业能否成功十分重要，也关系到创业者是否幸福和快乐。

（四）团队管理

在许多风险投资，尤其是涉及大量资金，高风险，具有成熟的市场、激烈的竞争等的投资中，团队管理是衡量投资吸引力的一个重要标尺。该团队在相同或相关行业和市场中的技能和经验通常决定了企业的成败。这就解释了风险投资者（为企业提供资金的人）非常强调管理因素的原因，他们经常说，与其投资一个产品或服务优异但管理不善的企业，不如投资一个产品或服务一般但管理有序的企业。

（五）竞争优势

一个能吸引人的机会必须具备某些竞争优势。例如，与市场中同类产品相比成本更低或质量更好。另外，进入市场的壁垒问题，即需要大量的资金投入、保护（如专利权）、合同优势（如一个市场或一个供应商的专营权利）等，是决定投资或不投资的重要因素。换句话说，如果一个企业不能避免潜在竞争者进入市场，或者企业本身有很多进入市场的壁垒,那么这个机会就没有吸引力了。

(六) 资金、技术和其他必需的资源

掌握可用的资金、技术和其他必需的资源将决定是否可以利用某个机会。一般的规则是,如果某个想法、产品或服务在某个地区有一定的市场,条件越难被满足,企业也就越具有吸引力。例如,销售一个突破性专利产品并不能保证一定成功,但是它的确形成了强大的竞争优势。

(七) 环境

企业的外部环境对于机会的吸引力有着深远的影响。我们谈及的环境不仅指自然环境,而且还包括政治、经济、地理、法律等社会环境。政治的不稳定性,致使很多国家的商业机会不具吸引力,特别是在需要很高的投资并且投资回收期很长的情况下。类似的还有通货膨胀、外汇汇率波动和司法系统不健全等,这些情况不利于吸引投资,哪怕回报率很高。另外,缺乏可用的基础设施和服务(如道路、水电、通信、运输、学校、医院)也会影响一些地区的商业机会的吸引力。

(八) 可行性研究和创业计划

讨论和调查上述因素的过程就是经常提到的可行性研究。投资者和创业者都要考虑到以上相关问题并以创业计划书的形式展现出来。一个市场论证严密、文字表述清晰、内容简洁有效的创业计划书也在评估的范围内。

二、创业机会的评估方法

(一) 定性方法

定性评估内容:通过前期调研分析,确定该创业机会所必须具备的成功条件;分析本企业在该市场机会上所拥有的优势;分析公司创立之后所拥有的竞争优势;分析创业机会与本公司的发展方向和目标是否一致。

定性评估一般依据以下五项基本标准:

第一,机会对产品有界定明确的市场需求,产品推出的时机也是恰当的;

第二,投资的项目必须维持持久的竞争优势;

第三,投资必须具有一定的高回报,从而能包容一些投资中的失误;

第四,创业者和机会之间必须互相适合;

第五,机会中不存在致命的缺陷。

(二) 定量方法

评估内容:在初步拟定营销规划的基础上,从财务上进一步判断选定机会是否符合创业目标,一般通过量、本、利进行分析。

1. 市场需求量预测

通过市场需求量的预测,可以了解该机会所面临的市场状况及市场潜力,这也是进

行经济效益分析的基础。市场需求量的预测可以运用一定的数学方法来进行，主要方法有趋势预测法、因果预测分析法、市场调查分析法和判断分析法等。

2. 运行成本分析

主要研究利用该机会所需要付出的资金和人力成本。应从投资成本、生产成本和营销成本三方面进行分析，可采用专门的成本预测方法，如直线回归法和趋势预测法等。

3. 项目利润分析

在对市场需求量和成本的预测基础上进行利润核算，一般可采用损益平衡模型、简单市场营销组合和投资收益率等方法进行分析。

（三）蒂蒙斯创业机会评价体系

创业者需要在众多机会中筛选出真正适合自己的创业机会。创业者如果能先以比较客观的方式进行评估，创业成功的概率也可以大幅提升。蒂蒙斯创业机会评价体系涉及行业与市场、经济价值、收获条件、竞争优势、管理团队、致命缺陷、个人标准、理想与现实的战略性差异八个方面的53项指标，见表4-1。通过定性或定量的方式，创业者可以利用这个体系模型对行业与市场问题、竞争优势、管理团队和致命缺陷等作出判断，进而评价一个创业项目或创业企业的投资价值和机会。

表4-1　蒂蒙斯创业机会评价表

行业与市场	1. 市场容易识别，可以带来持续收入 2. 顾客可以接受产品或服务，愿意为此付费 3. 产品的附加价值高 4. 产品对市场的影响力高 5. 将要开发的产品生命长久 6. 项目所在的行业是新兴行业，竞争不完善 7. 市场规模大，销售潜力达到1 000万～10亿元 8. 市场成长率在30%～50%，甚至更高 9. 现有厂商的生产能力几乎完全饱和 10. 在五年内能占据市场的领导地位，市场占有率达到20%以上 11. 拥有低成本的供货商，具有成本优势
经济价值	1. 达到盈亏平衡点所需要的时间在1.5～2年 2. 盈亏平衡点不会逐渐提高 3. 投资回报率在25%以上 4. 项目对资金的要求不是很高，能够获得融资 5. 销售额的年增长率高于15% 6. 有良好的现金流量，能占到销售额的20%～30% 7. 能获得持久的毛利，毛利率要达到40%以上 8. 能获得持久的税后利润，税后利润率要超过10% 9. 资产集中程度低 10. 运营资金不多，市场需求量是逐渐增加的 11. 研究开发工作对资金的要求不高

（续表）

收获条件	1. 项目带来的附加价值具有较高的战略意义 2. 存在现有的或可预料的退出方式 3. 资本市场环境有利，可以实现资本的流动
竞争优势	1. 固定成本和可变成本低 2. 对成本、价格和销售的控制力较高 3. 已经获得或可以获得对专利所有权的保护 4. 竞争对手尚未觉醒，竞争能力较弱 5. 拥有专利或具有某种独占性 6. 拥有发展良好的网络关系，容易获得合同 7. 拥有杰出的关键人员和管理团队
管理团队	1. 创业者团队是一个优秀管理者的组合 2. 行业和技术经验达到了本行业内的最高水平 3. 管理团队的正直廉洁程度能达到最高水平 4. 管理团队知道自己缺乏哪方面的知识
致命缺陷	不存在任何致命缺陷
个人标准	1. 个人目标与创业活动相符合 2. 创业者可以做到在有限的风险下实现成功 3. 创业者能接受薪水减少等损失 4. 创业者渴望拥有创业这种生活方式，而不只是为了赚大钱 5. 创业者可以承受适当的风险 6. 创业者在压力下状态依然良好
理想与现实的战略性差异	1. 理想与现实情况相吻合 2. 管理团队已经是最好的 3. 在客户服务管理方面有很好的服务理念 4. 所创办的企业顺应时代潮流 5. 所采取的技术具有突破性，不存在许多替代品或竞争对手 6. 具备灵活的适应能力，能快速地进行取舍 7. 始终在寻找新的机会 8. 定价与市场领先者几乎持平 9. 能够获得销售渠道，或已经拥有现成的网络 10. 能够允许失败

三、创业机会的评估标准概述

（一）实现盈利的时间

有真正价值的创业机会可能使项目在两年内盈亏平衡或取得正现金流。如果项目取得盈亏平衡和正现金流的时间超过 3 年，那么对创业者的资金运行能力要求就很高，因为大多数创业者支撑的时间不会这么长，创业者的心理压力也会非常大，其项目投资者也没有这么长时间的耐心，因此这种创业机会的吸引力就大大降低了。除非有其他方面的重点利益，一般创业机会具有较短的获得盈利时间。

（二）市场规模和价值

如果创业机会的市场规模和价值较小，往往是不足以支撑企业长期发展的。而创业者进入一个市场规模巨大而且还在不断发展的市场，即使只占很小的份额，也能够生存下来度过发展期。即使存在竞争对手也不用担心，因为市场足够大，构不成威胁。一般市场规模和价值越大，创业机会就越有价值。

（三）资金需求量

大多数有较大潜力的创业机会需要相当大数量的资金来启动，只需少量或不需要资金的创业机会是罕见的。但如果需要过多的资金，这样的创业机会就缺乏真正的吸引力。有着较少或中等程度的资金需求量的创业机会是比较有价值的，创业者需要根据自身的资金实力和可以动用的资源来评估创业机会，超出能力范围的不应考虑。

（四）机会投资收益

创业的目标就是要获得收益，这要求创业机会能够有合理的盈利能力，包括较高的毛利率和市场增长率。毛利率高说明创业项目的获利能力强，市场增长率高表明市场的发展潜力大、使得投资的回报增加，如果每年的投资收益能够维持在30%以上，这样的创业机会是很有价值的，而每年的投资收益低于15%，是不能对创业者和投资者产生大的吸引力的。

（五）项目成本结构

竞争优势的来源之一就是成本，低成本的创业机会可以给予企业较大的竞争优势，使得该创业机会的价值较高。创业企业靠规模来达到低成本是比较可行的，低成本的优势大多数来自技术和工艺的改进及管理的优化。创业机会如果有这方面的特征，对于创业者来说是非常有利的。

（六）项目退出机制

有吸引力的创业机会应该有比较理想的获利空间和退出机制，便于创业者和投资者获取资金和实现利益后能够根据市场变化及时退出创业项目。没有任何退出机制的创业机会是没有太大吸引力的，也不能抵御市场风险。

（七）项目控制程度

如果能够对渠道、成本或价格有较强的控制能力，这样的创业机会就比较有价值。如果市场上不存在强有力的竞争对手，控制的程度就会比较大。如果竞争对手已有较强的控制能力，例如，把握原材料来源、独占销售渠道、取得较大的市场份额或对于价格有较大的决定权，在这种情况下，新创企业的发展空间就很小。

四、影响创业机会评估的重要因素

（一）先前经验

很多研究指出，创业者们不仅个性特征有差异，在信息处理方式上也存在显著差异。所以，在机会评估的经验分析上，有创业经历的创业者的意见比没有创业经历的创业者的意见更值得重视。

（二）工作年限

有专家认为“具有至少 10 年及 10 年以上的企业经验，才能识别出各种商业行为，并获得创造性的预见能力和捕捉商机的能力”。因此，在机会评估的经验分析上，企业工作年限超过 10 年的创业者的意见比工作年限较短的创业者的意见更值得重视。

（三）管理经验

在进行机会识别和评估时，创业者的事前知识结构起到重要的影响作用。担任高级管理职务，意味着其可以具备更多的决策经验和资源控制能力。因此，在机会评估的经验分析上，拥有全权管理职务的创业者的意见比拥有中层管理职务的创业者的意见更值得重视。

（四）机会评价标准

目前没有绝对权威或唯一的机会评估标准。创业机会能否从最初的设想发展成为新企业，不仅涉及机会本身的情况，还要求机会能与创建新企业的团队、投资人等相协调。

【专题实训】

实训目标：

通过对身边现实问题与需求的思考，训练发现、捕捉创新创业机会的能力。

实训步骤：

一、活动情景：结合政府工作报告，找出你的专业或你感兴趣的行业的发展趋势、创新项目或创新现象等内容，并提出具有商业价值的问题。

二、小组活动：小组根据情景中的问题，讨论出应对的解决方案，挖掘出可能存在的创业机会，并进行关联性的思考。

三、个人内化：根据你的专业及兴趣，识别发展趋势及存在的问题，发现创业机会，形成创业项目，并对项目进行描述。

四、应用拓展：思考前面形成的创业项目启动是否存在风险，并进行简单描述，同时结合创新、专业与就业对创业机会进行思考。

五、活动评价：通过小组总结会进行个人表现自评、他评、总评等讨论环节，由组长汇总后对每个组员进行打分。

实训过程：

一、活动情景

1. 请阅读本年度的政府工作报告，将你本专业和你所感兴趣领域的相关发展方向抄录下来，从中发现本专业及行业发展趋势。

2. 在你的专业领域或你感兴趣的行业中，过去一年都出现了哪些创业项目或创新现象？请列举不少于3个。

3. 在你的专业领域和你感兴趣的行业中，找一家上市公司，通过对其年报的研读，找出该公司的主营业务与发展方向。

4. 在对上述三个问题整理分析的基础上，针对你的专业领域或你感兴趣的行业，请提出 3 个具有商业价值且亟待解决的市场问题。

(1) 本专业(行业)在《政府工作报告》中的相关说明是什么？

(2) 过去一年中的创新创业项目有哪些？特点是什么？解决了哪些问题？

(3) 相关上市公司是怎么做的？他们对此有哪些规划？

(4) 国际上有哪些值得关注的发展趋势或实际尝试？

(5) 提出你的 3 个具有商业价值且亟待解决的市场问题。

二、小组活动

1. 发现问题

在个人思考的基础上，通过小组讨论的方式，择优选出大家都认同的一个具有商业价值且亟待解决的市场问题，理由要充分。

市场问题：______________________________

选择理由：______________________________

____

2. 头脑风暴

小组讨论提出问题解决方案，制作思维导图，并由此挖掘出可能存在的若干个创业机会。

3. 发掘机会

小组讨论，提取思维导图中的重点问题或现象，对其进行关联性的系统描述。通过该描述可以让同学们认清问题的本质，使创业机会逐步清晰。

举例：

（1）问题：城市出行最后一公里的交通问题。

（2）关键事物：交通工具。

（3）重点的联想与思考：自行车、顺风车。

（4）关联性的系统描述：如何使用自行车、如何发现自行车、如何归还自行车、如何收费、如何盈利。

<table>
<tr><th>序号</th><th>关键事物描述</th><th>重点的联想与思考</th><th>关联性的系统描述</th></tr>
<tr><td rowspan="5">1</td><td rowspan="5"></td><td rowspan="5"></td><td>1.</td></tr>
<tr><td>2.</td></tr>
<tr><td>3.</td></tr>
<tr><td>4.</td></tr>
<tr><td>5.</td></tr>
<tr><td rowspan="5">2</td><td rowspan="5"></td><td rowspan="5"></td><td>1.</td></tr>
<tr><td>2.</td></tr>
<tr><td>3.</td></tr>
<tr><td>4.</td></tr>
<tr><td>5.</td></tr>
</table>

4. 识别商机

小组讨论，找出对该事物“关联性的系统描述”中最有价值的几点，提出解决方案，该解决方案很有可能就是同学们需要在创业项目中提供的产品和服务。

举例：

(1) 关联性的系统描述：如何使用自行车、如何发现自行车、如何归还自行车。

(2) 价值点：便捷。

(3) 解决方向：共享模式＋互联网应用。

(4) 解决方案：用共享的方式使用自行车、通过 GPS 发现自行车、通过使用规则和市政管理对归还自行车提出一定的要求。

关联性的系统描述	价值点	解决方向	解决方案

三、个人内化

基于你的专业或爱好，辨识发展趋势与现实存在的问题，通过宏观与微观的分析，发现一个创业机会，并形成创业项目，接下来简单地描述你的创业项目。

1. 未来的发展趋势。

2. 现实中存在的问题：这是谁的问题？解决了这个问题，谁是最大受益者？

3. 你是如何解决这些问题的？

4. 在你的解决方案中有哪些创新点(或者需要做出哪些创新)? 你是怎么产生这些创新点的?

5. 描述一下你将提供的产品与服务。

6. 描述一下顾客使用你的产品与服务的场景。(提示:建议使用绘图的方式描述,包含:时间、地点、人物、产品与服务载体等要素。)

四、应用拓展

1. 基于前面思考出的几个创业项目,看看其是否符合创业机会的要素(如商机、创意、小团队、轻资产等)。如果启动这个创业项目你认为会存在哪些问题或风险? 你需要哪些资源?

2. 请用一句话对你的创业项目进行描述。(提示:描述中应包括趋势、问题、创新、客户、盈利方式等要素。)

3. 与创新相结合的思考。

(1) 你认为创新与创业机会的关系是什么? 创新对于创业机会的重要性有哪些?

(2) 你认为在创业过程中的哪些方面需要创新? 没有创新的创业机会是好的创业机会吗?

(3) 观察你的日常生活,你在哪些方面发现了创业机会? 这些创业机会中包含了哪些创新点?

4. 与专业相结合的思考。

(1) 以你对所学专业的了解,谈一谈你所学专业的未来有哪些发展趋势。

(2) 挖掘你所学的专业,从中你可以找到哪些创业机会?

(3) 在你所学的专业领域中,你知道哪些创业成功的企业?尝试以你的角度说明一下他们是如何抓住机会并取得成功的。

5. 与就业相结合的思考。

(1) 通过对社会和市场经济的发展分析,基于自己兴趣,你认为今后有哪些就业机会?

(2) 根据你所学的专业和你的兴趣爱好,分析需要通过哪些途径去发现就业机会?把握就业机会,自己需做出哪些努力?

(3) 如何看待一个用人单位的市场发展机会对你职业发展的影响?

五、活动评价

1. 召开小组总结会议,请每个组员围绕以下问题进行发言、讨论。

(1) 我对活动的贡献是什么?请从承担的内容、完成情况、工作实效等方面阐述。

(2) 我对他人的评价。

（3）我对活动的建议。

2. 请记录以下内容。

（1）他人对自己的评价。

（2）他人对活动的建议。

3. 请组长做好记录和汇总，并综合大家的讨论情况，给每个组员评分。

小贴士

“危”与“机”总是并存的。在创业过程中，学会慧眼识别机会、观察机会背后的风险尤其重要。我们要根据与自己所学专业有关或感兴趣的行业、企业的发展趋势、创新项目或创新现象等，掌握识别创业机会的关键因素、一般过程和行为技巧，加强捕捉信息、分辨信息、思考信息的能力，掌握防范创业风险的方法。掌握识别创业机会的知识，可以为自己的职业发展和实践行动提供思路和指导。

专题五

组建创业团队

名人名言

高质量发展，创新很重要，只有创新才能自强、才能争先，在自主创新的道路上要坚定不移、再接再厉、更上层楼。

——习近平

课前互动

中国古典四大名著之一《西游记》是一部优秀的神话小说，深受广大群众喜爱。书中讲述唐朝高僧唐僧与徒弟西天取经的故事，表现了惩恶扬善的主题。

小组讨论并分享：

1. 请问西游记里的师徒四人是创业团队吗？为什么？
2. 如果他们是创业团队，那么他们具有哪些团队特质呢？
3. 还有哪些创业团队也具有相同的特质？请同学们分享。

学思之窗

人类从原始社会时期开始就已经意识到团队的作用，逐渐学会组成各种组织来增强自己的生存能力，赢得更多生存机会。现代社会人们同样也意识到创业团队的力量远远大于一个人独自奋斗。进入21世纪以来，社会竞争也越来越激烈，不但初创期的小企业越来越倾向于采用团队创业模式，就连大公司也为了提高自身应对风险的能力，不断导入团队管理方式。面对当今世界高速发展的科学技术、充裕的风险资本和大量的创业者，真正缺乏的是出色的团队，如何创建一支优秀的团队是初创小企业和大公司未来面临的最大挑战。

结合上述材料想一想：在创业路上，“千里走单骑”与“合伙打天下”，两者哪个更好？如果需要组建一支创业团队，需要做哪些准备？

第一节 认识创业团队

一、创业团队的概念

创业团队是由技能互补、贡献互补的创业者组成的特殊群体，该群体在一个共同认同的、能使彼此担负责任的程序规范下，为达成高品质的创业结果而共同努力，相互协作、依赖，共同担当。

现代创业活动已经不是一种纯粹追求个人英雄表现的行为，成功的创业个案大多与有效的团队运作密切相关。调查显示，团队创业成功的概率要远远高于个人独自创业。原因很简单，没有人会拥有创立并运营企业所需的全部技能、经验、关系或者声誉。在创业成功的公司中，有70%都属于团队创业。

在创业的过程中，仅有创业的决心是远远不够的，还需要寻找各种各样的资源。创业者可以通过选择合作伙伴来完善创业所需要的专业知识和技能资源，最后整合成一支配合默契的创业团队。创业如同拔河比赛，“人心齐，泰山移”；创业如同赛龙舟，步调一致，不偏不倚，才能独占鳌头。“宁要一流的人才和二流的项目，也不要一流的项目和二流的人才”是创业投资者的箴言。可以说，创业浪潮中“项目秀”“个人秀”的时代正在结束，团队的力量逐渐被越来越多的人看好。尤其在创业的起步阶段，如果没有一个成功的团队，再完美的创业计划也可能会“胎死腹中”。

共同创业有利于分散创业风险，通过团队成员之间的技能互补可提高企业驾驭环境不确定性的能力，从而降低新创企业经营失败的可能性。更为重要的是，共同创业具有更强的资源整合能力，能同时从多个融资渠道获取创业资金等资源，保证创业企业的成功。因此，组建一支优秀的创业团队对任何创业者而言，都是至关重要的。

二、创业团队的人员组成

一般而言，创业团队由目标、人员、团队成员的角色分配和创业计划四大要素组成，其中团队成员的组成尤为重要。通常，小微企业规模不大，其创业团队主要由下列人员组成：业主或经理即创业者本人；股东或合伙人；员工；企业顾问。

（一）业主或经理

在大多数小微企业中，业主就是经理，也是团队的领导者。只有业主（经理）可以行使以下职责:制定目标和行动计划;组织和调动团队成员实施行动计划;确保计划的执行,使企业达到预期的目标。

在计划开办新企业和制订企业计划时,创业者要考虑自己的经营能力,要明确哪些工作可以由自己去做;哪些工作是自己既没有能力也没时间去做,而应想办法让别人去做的。如果需要一个经理分担部分工作,就要考虑其经历和应具备的能力。

(二) 股东或合伙人

如果创业团队成员共同出资创办企业即企业不止一个业主,那么,这些团队成员将以合伙人或股东的身份共享收益、共担风险。他们将共同决定彼此如何分工合作。也许一个负责销售,另一个负责采购,还有一个负责管理。

要管理好一家合伙制企业,合伙人之间的交流一定要透明和诚恳。合伙人之间的意见不一致往往会导致企业倒闭。因此,有必要准备一份书面合作协议,明文规定各自的责任和义务。

(三) 员工

如果创业团队成员全部投入企业工作,那么,创业团队成员首先是企业的员工。如果创业者本人没有时间或能力承担全部工作,就需要招聘员工。小企业可能只需要招聘 1～2 个临时工,大企业则需要招聘很多的全时员工。

(四) 企业顾问

各种咨询意见对创业团队都有意义,因为任何一个创业者不可能是所有企业事务方面的专家。创业者一定要认准那些对你有过帮助而且将来还可能扶持你的行业专家,包括专业协会会员、会计师、银行信贷员、律师和政府部门官员等,邀请或聘请他们成为你的咨询顾问。

对于创业者来说,寻找创业合作伙伴、组建创业团队是非常重要的。创业者在选择创业合作伙伴时,必须从多方面考虑自己的真正需要,充分考虑创业的环境和自己的切身利益。一个理想的创业合作伙伴不仅是一个能为企业提供资金、技术、安全感和其他方面帮助的人,更重要的是他应该是一个能让创业者信任、尊敬并同甘共苦的人,是一个能与创业者的才能、性格等方面形成互补的人。

三、创业团队的基本要素

创业团队需具备目标(Purpose)、人(People)、定位(Place)、权限(Power)、计划(Plan)五个重要的团队组成要素,简称为 5P。

1. 目标(Purpose)

创业团队应该有一个既定的共同目标,为团队成员导航,使大家知道要向何处去。没有目标,这个团队就没有存在的价值。目标在创业企业的管理中,以创业企业的远景和战略的形式体现,比如巨人集团的创业团队在创业初期的共同目标,就是建立一家极具实力的计算机企业。

2. 人(People)

人是构成创业团队最核心的力量,在一个创业团队中,人力资源是所有创业资源中最活跃、最重要的资源。充分调动创业者的能力,将人力资源进一步转化为人力资本是非常重要的。在一个团队中可能需要有人出主意、有人制订计划,也需要有人部署实施,有人协调团队成员一起去工作,还得有人监督创业团队工作的进展,评价创业团队最终的贡献。不同的人要通过分工来共同实现创业团队的目标,因此在人员选择方面要考虑其能力如何、技能是否互补、经验如何等诸多方面。

3. 定位(Place)

创业团队的定位包含两层意思:首先是创业团队在企业中处于什么位置,由谁选择和决定团队的成员,创业团队最终应对谁负责;其次是创业团队采取什么方式激励下属。

4. 权限(Power)

创业团队当中领导者的权力大小与其团队的发展阶段和创业实体所在行业相关。一般来说,创业团队越成熟,领导者所拥有的权力相应越小,而在创业团队发展的初期阶段,领导权相对比较集中。高科技实体企业多数是实行民主的管理方式。

5. 计划(Plan)

目标最终的实现需要一系列具体的行动方案,按计划进行可以保证创业团队的顺利发展,只有在有计划的操作下创业团队才会一步一步地贴近目标,从而最终实现目标。

四、创业团队的作用

现代企业需要的是少走从前的弯路,从一开始就走规范化管理的道路,因此,创业者在注册公司时就应该组建创业团队。一个好的创业团队对新创科技型企业的成功起着举足轻重的作用。新型风险企业的发展潜力(以及其打破创始人的自有资源限制,从私人投资者和风险资本支持者手中吸引资本的能力)与企业管理团队的素质有着十分紧密的联系。一个喜欢独立奋斗的创业者固然可以谋生,然而一个团队的营造者却能够创建出一个组织或一个公司,而且是一个能够创造重要价值并有收益选择权的公司。创业团队的凝聚力、合作精神、立足长远目标的敬业精神会帮助新创企业度过危难时刻,加快成长步伐。另外,团队成员之间的互补、协调对新创科技型企业起到了降低管理风险、提高管理水平的作用。

一项针对 104 家高科技企业的研究报告指出,在年销售额达到 500 万美元以上的高成长企业中,有 83.3%是以团队形式建立的;而在另外 73 家停止经营的企业中,仅有 53.8%有多位创始人。这一点在一项关于“128 公路一百强”的研究中表现得更为明显:100 家创立时间较短、销售额高于平均数几倍的企业中的 70%有多位创始人。

学者对新创科技型公司的创业团队的研究表明,创业是一个包含众多人的组织形成过程,特别是这个过程更为复杂的科技型公司要求输入更多的能力。他们还研究了团队成员在创业过程的不同阶段，个人经历、能力和资源控制水平对新企业死亡率的影响，认为创业团队的素质能提高新创企业的生存率；创业团队对科技型公司的生存影响最大的并不是团队本身的大小，而是团队成员的经历。另外，广泛的经验比团队的异质性影响更大。

无数案例证明没有团队的新创企业不一定失败，但是，没有团队而独自建立一个具有高成长潜力的企业是极其困难的。拥有高素质的创业团队，大家不仅可以相互取长补短，拥有更多的资源、更广阔的视野和更强的能力，而且企业会有更强的吸引私人资本和风险投资的能力，因而具有巨大的增长潜力。

案例分享

创业梦想止于摇篮的原因

西安理工大学2007届毕业生小黄参加了西安市政府举行的全市落实创业政策恳谈会。会上，他一道出自己想建立一个大学生求职网站的想法就得到了市长的赞赏和支持。在市长的鼓励下，这个充满了创业激情的小伙子迅速完善了先前酝酿许久的创业计划书、架构起未来网站的基本框架。但一个绕不开的问题是，由于自己并不会写电脑程序，网站的建立必须由专业的技术人员来完成，这名技术核心人物在哪里？苦苦找寻数月无果，小黄只好暂时收起创业梦想，先找份工作，给别人打工。

“对创业条件分析不足，这是我最大的失败。”小黄这样总结自己失败的起步。

坎坷求职经历激发创业梦想

大学最后一学期，迎接小黄的是一场接一场的招聘会、一次又一次的失望而归。“我们不停地奔波于各种招聘会，在海量的招聘信息里想要找到一个适合自己的岗位却很难。”在与企业的接触中，小黄了解到企业也存在类似的烦恼。因为缺乏对学生的了解，企业仅通过一次招聘会或一次简单的面试就与学生签订用人协议，事后却发现招聘来的员工并不适合这份工作，为此浪费了大量人力物力。于是，他萌发出这样一个想法——办一个不同寻常的求职网站。

小黄介绍说，在网站中，他将为企业和大学生搭建起一个长期稳定的接触平台，只要大学生和企业登录注册，双方就可以通过这个平台相互了解，企业甚至可以跟踪大学生在校期间的各方面表现，决定其毕业时是否录用。

接下来的几个月，小黄开始了广泛的市场调研。他拜访了20多家企业，与企业人力资源管理部门负责人交流了这一想法，网站的特色服务内容得到70%的人的肯定。“我会用两到三年的时间向外界推广网站，吸引大学生和企业登录注册，并向企业收取一部分会员费。三年后，点击量有了一定提升，广告将成为网站盈利的又一渠道。未来，在继续完善网站服务内容的基础上，推出一系列连带产品，我相信这会有更大的发展前景。”实际上，小黄已明确了网站的盈利模式。至于网站的长远规划，小黄表示他已制订了相应的计划。

渴望获得创业指导

尽管制订了自己的创业计划，确立了盈利模式，进行了市场调研，也得到了父母兄长的资金支持，但小黄却忽视了创业最为关键的因素之一——组建得力的团队。

“刚开始我以为这不是问题，懂程序的人多，肯定能吸引到这样的人。”直到制订创业计划的后期，小黄才向身边好友发布信息，结果只找到一个做网站的高中好友。“人太少了，编好这个网站的程序至少要两年。”小黄说，目前高校内具备这方面技术的人太少，而有丰富经验和能力的人又不愿意放弃工作跟他一起创业，没有左膀右臂，小黄孤军奋战的结果只能是退下阵来。

“合理的创业方案、资金和团队是创业的三大要素，缺一不可，之前我却没有认识到这一点。”小黄有些后悔。他说，如果当初有人能给他指导和提醒，或许就不会出现这样的错误，“学校应该开设创业指导选修课，给有创业想法的大学生一定的指引”。

目前，小黄暂时放下了自己的创业计划，开始忙于找工作。“等有了几年工作经验，我还会继续完成创业梦想。这几年，我会构建自己的生活圈，寻找创业的最佳团队。”

（案例来源：李贺，王畅．大学生创新创业基础[M]．北京：北京理工大学出版社，2019．）

思考

本案例给你怎样的启示？

五、创业团队的优势

（一）创新性强

创业团队的目的是开创新的事业，而不是去完成已经被实现过的目标，这往往意味着开发新的技术、开辟新的市场、应用新的经营管理思想、创立新型的组织形式等。这种开拓性就要求创业团队必须是一个创新观念和能力很强的集体，而且对培养创新气氛的重视远高于对规章纪律的重视。

（二）组织结构合理

在创业过程中，创业团队的人员构成和组织架构都经常变动。组织的变动性从短期看，更多的是会增加创业风险。因为团队资源遭到破坏，会造成创业资本、技术、人才等创业资源的流失。但从长期看,组织变动不可避免,在变动过程中可能会形成结构更为合理、共同点更多的、有力量的创业团队。

(三) 创业团队成员平等

创业团队成员往往都具有高度的平等性,但是这种平等并不意味着股权和各种权力的绝对平等,而是立足于公正基础上的平等,也就是在团队内部客观评定各个成员对团队的贡献程度基础上的平等性。

(四) 能力结构全面

创业团队面对的是不确定的市场环境,机遇和风险并存,这就要求创业者具备一定的素质,对机遇有较高的敏感性。因而创业团队成员的能力应各有所长且能够互补,科技型的中小企业的创业者要尽量是某些技术领域的专家。

(五) 相互协作密切

由于创业团队的风险和机遇可能来自任何方面、任何时间,这就要求创业团队不可能完全通过事先分工的方法来进行工作;同时创业团队的个人能力的专擅性和团队成员总体能力的全面性,更要求创业团队的成员密切协作以应对多重挑战。

(六) 具有较高的凝聚力和强烈的归属感

由于创业团队能够最大限度地实现个人价值的追求,一旦成功就意义非凡,同时团队成员素质高、关系平等、合作密切,这一切都使创业团队拥有很强的凝聚力,团队成员对创业团队有很强的归属感。这主要体现在团队成员对于团队事务的尽心尽力和全方位的投入。

第二节 | 创业团队的组建

一、组建创业团队的原则

如何组建创业团队并无明确的标准答案,理论研究的结论和创业实践的结果常常自相矛盾,真可谓"一半是科学,一半是艺术"。这是由于创业团队的成员往往是个性各异,能力、知识、经历、志趣、背景差异很大的个体,凝心聚力、团结协调、激励并发挥每个成员的聪明才智需要领导艺术。而根据团队成员的不同特征,在特定创业环境中采取恰当的管理措施维护团队的稳定和绩效则体现科学性。

(一) 诚实守信

重承诺、守信用,是对创业团队最起码的道德要求,也是最基本的要求。创业合作伙伴将全面介入企业的经营管理,了解新创企业内部的所有情况,如果有道德问题,企业的资金、人员、关系、精力等都可能遭受不必要的损失。此外,从经济学的角度来看,个人信用往往建立在一定的财产基础上，有财产便能承担责任。因此，作为资本匮乏的创业者，寻找经济实力比较强的创业合作伙伴是可行的。

（二）志同道合

创业团队一定要在碰撞后形成一致的创业思路，成员要有共同的目标愿景，认同团队将要努力的目标和方向，同时还要有自己的行动纲领和行为准则。创业者在组建创业团队时一定要和创业合作伙伴事先沟通，了解对方的创业目的和动机。企业新创时期是非常脆弱的，需要创业者之间紧密团结，形成坚强的堡垒才能抵御外界的压力，否则等企业经营到一定阶段时，可能由于创业合作伙伴的意见不统一而导致企业停滞不前，甚至导致企业解体，创业失败。

案例分享

好利来改名，黑天鹅关店，创始团队分裂，散伙基因是怎么埋下的？

2019 年 8 月，国内烘焙业龙头企业好利来的多个城市门店分别更名为“好芙利”“甜星”“心岸”“蒲公英”等，创始人罗红发布公开信，回应创始团队“散伙”、自爆更名原因。通过这封创始人公开信，我们也许可以窥见好利来早期埋下的“散伙”基因。

散伙早已注定：哥哥、好友当合伙人，初期经营理念不合

好利来成立于 1992 年。当时，罗红拿出了自己全部的积蓄，还向亲友借了些钱，在兰州开了第一家好利来蛋糕店。开店原因很简单，因为母亲退休后的第一个生日，没有买到满意的蛋糕庆生，因此他决定自己开一家店，要从更艺术的角度，做出好看又好吃的蛋糕。

好利来经营得很不错，一度备受欢迎，于是在 7 年间，罗红的两个哥哥和几名好友也加入进来，将好利来的门店开向全国十几个城市。

不过在这个时候，好利来的“散伙”基因也已经被种下了。

1999 年，好利来几位联合创始人因经营理念不同，决定实施“联合创始人内部加盟制”，将全国的好利来划分为几个片区，每位联合创始人独立经营一个片区。罗红拥有“好利来”的品牌，将使用权给联合创始人租借十年，十年后视情况续签。

到了 2018 年，由于各地区消费水平和材料、产品等成本产生的盈利状况不同，好利来的几位创始人达成了“收缩规模，坚持标准”的原则，同时也解除了执行近 20 年的“联合创始人加盟制”。

罗红在公开信中轻描淡写地带过了“改名换姓”的原因。“几位联合创始人为好利来事业奋斗二十几年，拥有丰富的行业经验，如今他们完全有资格创建自己的品牌，用不同的个性和定位来满足不同顾客的不同需要。”

同时他特意说明诞生的新品牌与好利来无关。“这些新品牌独立于好利来的品牌，是他们完全独立创建、独立投资、独立运营的，这也是大家看到有些门店在改名的原因”。

就在好利来更名风波猜测四起之时，其旗下的高端子品牌黑天鹅蛋糕也在悄悄闭店。据北京商报 8 月 15 日报道，其子品牌黑天鹅蛋糕业务范围所包含的 9 个城市中，仅有 4 座城市留有实体门店，其他城市实体门店已经闭店，只留有制作和配送中心，有弱化实体门店转向线上的意味。

母公司散伙，子品牌闭店，商业公司创始人经营理念不合，一拍两散，这本是常见之事。但事情仅仅是像创始人罗红提到的那样，因理念不同所以各奔东西吗？

总裁罗红与摄影师罗红：双重身份无法平衡，妻子难以忍受

天眼查数据显示，好利来更名消息传出后，2019 年 7 月 26 日，北京市好利来食品有限公司的罗红卸任法定代表人，经理李金铎接任。不过，罗红仍是子品牌黑天鹅的法人，也是好利来实际控制人，持股比例为 90.31%。

值得注意的是，罗红名下的 114 家公司中，好利来在四川、辽宁、吉林、陕西等地的公司已经注销。另外，北京黑天鹅、天津黑天鹅、石家庄市长安区黑天鹅蛋糕坊等均已被注销。好利来在 2019 年还曾因为未按规定提交年报而被北京市工商局列入企业经营异常名单。

同时，罗红对摄影有着超乎寻常的热爱。在公开信中他也提到，2010 年，他在北京建造了一间“摄影艺术馆”，用以展示他多年拍摄的各个国家和地区的照片。这些照片都是从他二十多年间，在许多人迹罕至的地方拍摄的数十万张的照片中挑选的。

还有许多人不知道，这间摄影艺术展览馆是他耗资 5 亿，花费 6 年建造的。

罗红之所以要这么做，是因为他认为“应该让更多人领略地球与生命的美”。建造艺术馆，就是希望它成为一个温润人们心灵，让孩子们接受艺术熏陶的地方。

这本是一件好事。但一家商业公司的创始人，一名丈夫，二十多年间四处飞行，肆意冒险，醉心摄影，真的还能好好经营公司和家庭吗？

罗红曾经和联合国环境规划署共同发起“中国儿童环保绘画大赛”，然后他带了获奖的孩子前往非洲参观野生动物保护区。摄影艺术馆建成后，他还专门邀请当年 70 多个孩子前来揭幕。

到了今天，罗红的个人账号名从“好摄之徒罗红”变成“摄影师罗红”，显然他还是未放弃摄影。在他的动态中，摄影手记与照片分享的数量超过好利来的宣传。连翻二十条动态，都没有好利来的宣传。罗红把多少精力放在了好利来的经营上一目了然。

在罗红心中，好利来总裁与大自然摄影师的身份孰轻孰重，自有答案。好利来的散伙原因，也许并非外界传言的内斗或经营理念不合，仅仅是他基于自己的爱好做出的选择。

（案例来源：百度文库）

思考

作为一名创业者，你会怎么取舍事业与爱好？

如果你是罗红，你会怎样做？

（三）取长补短

理想的合作者要求双方在能力、性格、资本上有较好的互补性。每个人都有自己的优势，也有自己的不足，这是创业者要选择创业合作伙伴的重要原因。实现优势互补，合伙的各方都能真实感受到对方对于新创企业发展的重要作用，才会更加珍惜彼此的合作机会，再加上集体智慧的力量，创业成功的概率就要大得多。例如，微软的创始人比尔·盖茨和艾伦，就在创业过程中起到优势互补的作用，使两个人的优点都发挥到了极致。

（四）分工协作

创业团队必须有性格完全不同的人，最完美的组合是内外分明。例如，负责设计、生产的人（主内）和负责销售的人（主外）配合。创业者一般是比较主外的人，理想的主内人选是聪明又野心不大的人。如果主外的创业者选择既聪明又有活力的合作伙伴，那么这两位积极进取的创业者必定会争取控制权，但控制权只能落在一方手上，那么就会发生冲突和争执。在控制权的归属上，最合适的是主外的人拥有控制权。

（五）权责明晰

创业团队成员要以法律文本的形式确定一个清晰的利润分配方案，要把最基本的责、权、利界定清楚，尤其是股权、期权和分红权，此外还包括增资、扩股、融资、撤资、人事安排、解散等与团队成员利益紧密相关的事宜。其中，核心的条款是股权配置或投资比例问题，它不仅关系到各创业合作伙伴以后在企业中的地位、作用，还关系到创业合作伙伴的利益分配等实质性问题。因此，合作创业一定要做到账目清楚、手续齐全，签订好合作协议，把各方应尽的职责和应享的权益仔细协定下来。

要做到“亲兄弟明算账”。对于所有账目的进出情况、合作实体的经营状况和损益情况要定期在合作人间进行公开；合作人的利益分配要严格按照合作协议中的规定办理；合作人中私人使用合作实体财物的，要及时入账并在利益分配中予以扣除；等等。

此外，值得一提的是，知心朋友并不等同于创业合作伙伴。由于对社会事务的接触具有局限性，人们对创业合作者的选择往往会感情用事，比较容易单纯地把身边亲密的朋友等同于最理想的创业合作伙伴。当友情面对金钱的诱惑、公司经营的压力时，不是都能经受得住考验的。默契的合作者有可能在长期的合作中成为知心朋友，但知心朋友并不一定都能成为最好的创业合作伙伴。因此在选择合作人时，千万不能感情用事，要权责明晰。

案例分享

4个大学生创业卖包子

每天早上，河北省石家庄市裕华路上的一家包子店前都会排起长队。一个头戴帽子，身穿围裙的小伙子正在熟练地给顾客装包子，另一个小伙子在厨房紧张有序地包着包子。这个由四个90后大学生开的包子店，每天能卖出4 000个包子。他们已有两家分店，三家加盟店，每天营业额可达近万元。

调馅、擀皮、包包子……一系列流程在几个男生的手中有条不紊地进行着，娴熟、流畅。不一会儿他们就把蒸笼装满包子，但这时也不能稍作休息，门外的长队促使他们继续为下一笼包子准备着，即使这样仍免不了一些顾客的抱怨。“等半个小时了，还没买上包子!”一位阿姨率先表示不满，但仍在高温下继续等待。“这儿的包子味道还不错，自包子店开业后常来买包子，但是每次都需要排队很长时间。”她唠嗑道。

郜少乾和郜少坤是双胞胎兄弟，他们和同龄人李成楠、胡会乾同是毕业于石家庄一所大学市场营销专业的大学生。四人在大学最后一个学期，都是按部就班地实习、找工作，所从事的工作都是销售类的。“经常需要出差，四处奔波，虽然工资不算太少，但是一个月下来也所剩无几。”首先想要改变现状的是郜少乾，他想用所学专业干点事儿。他和同学在毕业前聚餐时，看到一家包子店卫生状况令人堪忧，便萌生出卖包子的想法。同宿舍的三个人决定同他一起卖包子。从此，四个小伙子开始为卖包子做准备，他们去大街小巷考察，看包子店的选址、统计人流量等，同时也尝了不下60家包子店的包子，总结本地人喜欢吃什么馅的包子，并品尝味道，也给自己定一个目标。后来，郜少乾在亲戚的介绍下去天津跟一个做包子不错的师傅学习。对于一个几乎从不做饭的小伙子而言，学包包子不是件简单的事，中午大家都休息时他还在练。他白天学习，晚上把学到的手艺打电话告诉同伴，同伴在家里练习调馅、包包子。四个人在翟营大街租住的房子附近的一个便民市场，找了一个12平方米的门脸房，四人凑了1万元左右，又置办了和面机、压面机、操作台、蒸箱等设备，大学生包子店便开张了。开店后，四个人每天5点多就起床，先买菜，在家洗菜、切菜、调馅。四个人在店里也有明确的分工，一个人压面，一个人卖包子，两个人包包子。一天卖包子结束后还要收拾，洗刷蒸笼多遍等，直到晚上11点才能睡觉。包子味道越来越好，馅的种类越来越来越多，慢慢地买包子的人每天都排起长队，很多单位还开始订员工餐，有的家庭聚会时会打电话订上几十个包子。渐渐地每天包子供不应求，他们便开分店。

（案例来源：燕赵都市报，2015-08-11）

思考

对比前后两个案例，优秀的创业团队是怎样合作的？

总之，创业者在选择与自己共事的合作伙伴和组建创业团队时，要倾向于选择那些背景、教育和经历都与自己更加相似的合作创业者。而由于广泛的知识、技术和经验有利于新企业发展，因此，在能力构成方面的互补性而不是相似性的基础上选择合作创业者通常是一种更有利的策略。一种有经验的说法是，团队成员在价值观上的相似有利于志同道合，而在能力构成方面最好是优势互补。

二、优秀创业团队的特征

“一个好汉三个帮，红花也需绿叶扶。”不管创业者在某个行业多么优秀，也不可能具备所有的经营管理经验，而借助团队他们就可以拥有企业所需要的经验。例如，顾客经验、产品经验和创业经验等。而且人际关系在创业中的比重被放在一个很重要的位置，人际关系网络或多或少地帮助创业者，是企业成功的因素之一。通过团队，人脉关系可以放得更大，可提高创业成功的概率。一般而言，成功的创业团队应该具备以下八大特征。

（一）凝聚力

团队是一体的，成败是整体的而非个人的。成员能够同甘共苦，经营成果能够公开且合理地分享，团队就会形成坚强的凝聚力与一体感。每一位成员都应将团队利益置于个人利益之上，而且充分认识到，个人利益是建立在团队利益基础上的，因此团队中没有个人英雄主义，每一位成员的价值，表现为其对于团队整体价值的贡献。成员愿意牺牲短期利益来换取长期的成功果实，而不计较短期薪资、福利、津贴，将利益放在成功后。

（二）与企业同成长

团队成员保持对企业长期经营的信心，对于企业经营成功给予长期的承诺。每一位成员均了解企业在成功之前将会面临的挑战，并承诺不会因为一时利益或困难而退出，同意将股票集中管理。如有特殊原因而提前退出团队者，必须以票面价值将股权转让给原公司团队。

（三）发掘企业价值

团队成员全心致力于创造新企业的价值，认为创造新企业价值才是创业活动的主要目标，并认识到唯有企业不断增值，所有参与者才有可能分享到其中的利益。

（四）股权分配合理

平均主义并非合理，团队成员的股权分配不一定要均等，但需要合理、透明与公平。通常创始人与主要贡献者会拥有比较多的股权，但只要能与他们所创造的价值和贡献相匹配，就是一种合理的股权分配。有一家创业公司的四位成员以平均方式各拥有25%的股权，但其中两位对于新企业发展几乎没有贡献，这样的创业团队股权分配是不合理的。

（五）利益分配公平有弹性

创业之初的股权分配与以后创业过程中的贡献往往并不一致，因此会发生某些具有显著贡献的团队成员，拥有股权数较低，贡献与报酬不一致的不公平现象。因此好的创业团队需要有一套公平、弹性的利益分配机制，来弥补上述的不公平。例如，新企业可以保留 10%的盈余或股权，用来奖赏以后有显著贡献的创业成员。

（六）能力搭配完美

创业者寻找团队成员，应该基于这样的考虑：主要是弥补当前资源能力上的不足，也就是说考虑创业目标与当前能力的差距，来寻找所需要的成员。一个好的创业团队，成员间的能力通常都能形成良好的互补，而这种能力互补也会有助于强化团队成员间彼此的合作。当然创业团队也并非一蹴而就，往往是在新企业发展过程中才逐渐孕育形成的。在这一过程中，创业成员也可能因为理念不合等原因进行不断替换。有人统计，在美国创业团队成员的分手率要高于离婚率，由此可见团队组成的不易。虽然有诸多不易，但团队组成与团队运作水平对创业集资与创业成败都具有关键影响力，因此创业者必须重视创业团队的发展问题，并培养自己在这一方面的能力。

建立优势互补的团队是创业的关键。团队是人力资源的核心，“主内”与“主外”的不同人才，耐心的“总管”和具有战略眼光的“领袖”，技术与市场两方面的人才，都不可或缺。创业团队的组织还要注意个人的性格与看问题的角度，如果一个团队里能够有总可以提出建设性的可行性建议的成员和能不断地发现问题，具有批判思维的成员，对于创业过程将大有裨益。

（七）创业激情

创业过程中会面临各种风险、失误和难以预测的突发情况等，没有人能随随便便成功。这时就需要保持持久的创业热情来促进团队坚持不懈，努力向前，同舟共济，避免功亏一篑。

（八）相互信任

近年来中关村每年的企业倒闭率在 25%左右，其中一个很重要的原因，就是创业团队内部不团结。信任是一种非常脆弱的心理状态，一旦产生裂痕就很难缝合，要消除不信任及其带来的影响往往要付出巨大的代价，所以防止不信任比增强信任更加重要。

一般来说，创业者在选择创业伙伴时主要考察对方的人品和能力。相对于能力而言，人品更加重要。它是人们交往和合作的基础，也是决定一个人是否值得信任的前提。在创业团队中人们注重的人品主要有：成员是否诚信；成员的行为和动机是否带有很强的私心；另外，团队成员要对集体忠诚，彼此以诚相待、公平相处；误会和猜疑产生时应及时沟通，避免越积越多而不可收拾。创业团队的组建是没有任何神奇公式的，它类似于把拼板玩具的每一块拼凑起来，而能否搭建起来，关键在于是否合适。

三、组建创业团队

（一）挑选合适的创业伙伴

在选择创业伙伴时，首先要考虑的是他们是否具有各种不同的技能以形成互补的技能组合。第二是彼此的相似性，指创业团队成员之间往往具有相似的价值观、创业目标、兴趣爱好、背景等等，这样有利于达成共识、相得益彰。

（二）设计组织架构

创业团队成员之间要分工明确，根据自己的性格特征、知识能力、资源条件等匹配合适的岗位，担任适合的角色，最大程度发挥自己的作用，同时各团队成员间要密切配合，互帮互助。原则上，创业团队的成员可以按照以下几种角色来组建，但并不是所有角色都必须齐全，创业团队组建初期需要考虑成本、工作效率等情况，可以根据工作需要挑选、分配相应角色，见表 5-1。

表 5-1　创业团队中的角色

公司职务	主要职责
首席执行官（CEO）	对公司的一切重大经营运作事项进行决策，包括对财务、经营方向、业务范围的增减等；参与董事会的决策，执行董事会的决议；主持公司的日常业务活动；对外签订合同或处理业务；任免公司的高层管理人员；定期向董事会报告业务情况，提交年度报告
首席品牌官（CBO）	现代组织（包括企业、政府或其他组织）中设置的专门负责品牌战略管理与运营的高级官员，代表 CEO 就企业形象、品牌以及文化进行内外部沟通
首席财政官或财务总监（CFO）	具备丰富的金融理论知识和实务经验。负责公司理财与金融市场交互、项目估价、风险管理、产品研发、战略规划、企业核心竞争力的识别与建立、洞悉信息技术及电子商务对企业的冲击等

（续表）

公司职务	主要职责
首席营运官（COO）	主要负责公司的日常营运，辅助 CEO 的工作。一般来讲，COO 负责公司职能管理组织体系的建设，并代表 CEO 处理企业的日常职能事务；协助 CEO 制订公司的业务发展计划，并对公司的经营绩效进行考核
首席技术官（CTO）	企业内技术方面的最高负责人。制定长期技术方向（战略性）、短期技术方向（战术性）；管理研究对公司经营活动和盈利的影响；公司中使用的软件等
客户总监（CUO）	为客户制定媒体关系策略和公关活动策划，达成客户的市场或传播目标；督促客户服务团队执行媒体及公关活动，有效分配资源，并保证服务团队的工作质量；负责监督公关项目的计划和实施，使公关项目能在预算的时间和费用内完成；积极拓展客源及开发公司业务；与客户进行紧密的业务联络和沟通
首席市场官（CMO）	负责市场运营工作的高级管理人员，也可称市场总监、主营市场的副总经理或副总裁等。主要负责在企业中对营销思想进行定位；把握市场机会，制订市场营销战略和实施计划，完成企业的营销目标；协调企业内外部关系，对企业市场营销战略计划的执行进行监督和控制；负责企业营销组织建设与激励工作

（三）构建团队制度

创业团队制度体系体现了创业团队对成员的控制和激励能力，主要包括了团队的各种约束制度和各种激励制度。

一方面，创业团队通过各种约束制度（主要包括纪律条例、组织条例、财务条例、保密条例等）指导其成员，避免做出不利于团队发展的行为，对其成员的行为进行有效的约束，保证团队的稳定秩序。另一方面，创业团队要实现高效运作，还要有有效的激励机制（主要包括利益分配方案、奖惩制度、考核标准、激励措施等），这样团队成员才能看到，随着创业目标的实现，其自身利益将会得到怎样的改变，从而达到充分调动成员的积极性、最大限度发挥团队成员作用的目的。

要实现有效的激励，首先就必须把成员的收益模式界定清楚，尤其是关于股权、奖惩等与团队成员利益密切相关的事宜。需要注意的是，创业团队的制度体系应以规范化的书面形式确定下来，以免出现不必要的混乱。

四、组建创业团队应避免的误区

（一）把组建创业团队放到项目规划的最后来考虑

首先，创业团队组建的过程是创始人塑造团队共识、形成共同目标的过程，不是创始人灌输给其他合伙人和团队成员的。合伙人是否能够全身心投入到创业项目之中，关键在于内心形成“心证”，说服自己从内心到行动都信服创始人的想法、信服这个创业项目的可行性，进而自然生发出融入项目、调动一切自身积极因素和资源去发展项目的激情，这就是所谓的“参与感”。

其次，当你觉得你的创意想法或创业项目很好，需要一个人来实现技术的时候，等于已经承认了自己技术上不行。那么，就要客观地承认你的项目在技术可行性上没有得到过充分的论证，或者还需要其他队员一起加持。所以，与其他合伙人的磨合就需要更长的时间。一般来说，创始人在项目初创时期，70%的时间在找人；项目运行一段时间之后，这个比例则会有所调整，团队需要创始人投入更多的精力来和他们一起做事，共同攻坚。

最后，值得大家注意的是，能人或合伙人也不用过多。所有人都有“参与感”了，那往往就无法形成统一的意见。

（二）希望能够快速找到合伙人

创始团队的组建，是创业从意识走向实践的第一步，可谓重中之重，要慎之又慎。如果一个创始人告诉投资人“这是我请来的技术合伙人，我们是上周在参加活动的时候认识的”，说明创始人本人对技术合伙人的了解和接触时间还很短，更谈不上彼此之间建立起了充分信任和合作的基础。这样就贸然合作，显示了这位创始人在行为决策过程中的草率；同时也显示了这个创始团队组建过程缺乏信任关系和长期协作，会让投资者对他们以后的合作前景产生担忧。

（三）创业合伙人一定要是“牛人”

谁都想创业路上有“牛人”相伴，但问题在于，你是否已经足够优秀到能领导“牛人”，以及你是否已经准备好与“牛人”共事。有一句话说得很好：“合伙人的状态与能力就是你当时的状态与能力的投射。”它表明创始团队成员一般不会超越创始人的能力水平，或者说一个阶段创始人能达到的思考高度和能力水平，也代表了团队所能达到的高度和水平。所以，不要在自己都还没有准备好的时候，就妄想一定会有“牛人”从天上掉下来，这种情况下掉下来的要么是庸人，要么是陷阱。

第三节　创业团队的管理

创业团队对于创业成功具有重要的意义，但并非所有的团队都能获得成功，团队的管理很重要，它贯穿于创业团队的整个生命周期。

团队管理是门艺术，重点是在维护团队稳定的前提下，发挥团队的多样性优势，针对具体的情况灵活管理，充分利用一些普遍性的原则。

一、团队目标管理

（一）团队目标的设置

团队目标的设置是团队目标管理的关键，团队目标错误，则管理的结果定会南辕北辙。因此,团队目标的设置是一个谨慎的过程,是一个形成合力的过程,是一个合乎规律的过程。

(二)团队目标的实施

为实现有效控制,必须建立科学的控制体系。团队中的个人应努力提高自我控制、自我管理的能力,并与相互控制、相互管理结合起来,以保证目标执行万无一失。

二、成员选择管理

团队创立的第一步,目的是找到与业务需求以及与公司发展相匹配的合适人选。这需要解决两个关键问题:该聘用什么样的人?怎样聘用?

(1)根据企业的具体需求来决定用人,遵循的原则在上面的内容里已经提到。考察人员的智力、经验和人际交往能力时,不仅要考察其表现出来的能力,还要考察其潜在能力。具体考察策略可以通过正式招聘程序来进行专业评估,同时通过非正式渠道进行了解。

(2)通过多种渠道进行招聘。如招聘网站、猎头公司、“非传统”渠道等,招聘程序尽量做到严格、正规,有一套完整的招聘流程。

三、内部沟通管理

一个创业团队的构成需要不同个性、不同专业能力的成员,但肯定会出现因想法不同、立场不同而出现各种分歧或意见不同的情况。沟通是有效管理团队的重要方式之一。通常,我们通过使用以下四种管理方法解决内部冲突,达成良好沟通。

(1)信息共享。沟通使信息保持畅通,避免因为信息缺失而出现错误的决策与行为。

(2)相互了解。沟通可以化解矛盾,增强团队成员彼此之间的信任。团队缺少沟通,可能导致成员相互猜疑、相互埋怨,最后可能会导致团队分裂。

(3)促进合作。沟通可以有效解决认知性冲突,进行充分的沟通和交流,可助推团队成员对决策方案的理解,提高团队决策的质量,促进决策方案的执行。

(4)正向竞争。在企业经营管理过程中,团队成员对有关问题会形成不一致的意见、观点和看法,这种论事不论人的分歧称为认知性冲突。优秀的团队并不回避不同的意见,而是鼓励创造性的思维,提高团队的决策质量,进而提高团队绩效。

四、个人发展管理

构建一支优秀、稳定团队的关键因素之一是给个人提供广阔的发展空间。因此,在团队管理方面,最重要的一项职责,就是要保证团队中每一名成员得到发展,使成员产生较高的工作满意度,激发工作热情,创造更多的价值。个人的发展,不仅仅要依靠经验的积累,还要借助目标设定、绩效评估及反馈程序等来实现。

五、绩效激励管理

激励是团队管理中极为重要的内容，直接关系到创业企业的生死存亡。如何对创业团队进行有效激励，现在还没有固定的程序可以套用，但可以通过授权、工作设计、薪酬机制等诸多手段来实现。

（1）找到每一个人的梦想，并让员工相信你可以帮助其实现梦想。通过真挚的沟通，实现利益的互绑。

（2）把员工视为不可缺少的合作伙伴，让员工有主人翁的感觉。请让员工参与制定团队的规则。

（3）多拿出充沛的时间与员工良好地沟通。每个人都希望被团队重视，沟通的行为，就可以表现出团队很看重他，所以他就会受到很大的激励。

（4）制定一套激励人心的团队制度。在激励方面，形成一套行之有效的制度，实现激励管理上的科学化和规范化。

（5）团队的奖励机制一定要尽可能公平。管理者在设计团队的薪酬体系的时候，公平的奖励原则十分重要。要想激发员工的工作热情，你就必须就员工的经验、能力、努力程度等进行公正客观的评价。

（6）任何一种奖励方案都应当是短期的，并且要与工作周期相联系。薪酬是实现有效激励最主要的手段，毕竟收益是创业成功的重要表征。在设计薪酬制度时，应考虑差异原则、绩效原则、灵活原则。最终目的是通过合理的报酬让团队成员产生一种公平感，激发和促进创业团队的积极性，实现对创业团队的有效激励。

六、团队文化建设

文化是团队的黏合剂。文化关系到员工对公司业务、产品以及同事之间相处的理解、定位。创建强大的企业文化，可以引导、激励团队的成员团结协作，为共同的目标而努力。优秀的创业团队文化既有创始企业家的个人烙印，又具包容性、开放性和创新性，应该是全体员工共同参与的结果。封闭的“家文化”只有向健康的组织文化转变，才能更加包容和开放，容纳更多人才，吸收更多优秀文化，使企业持续健康成长。一个创业团队的文化建设需要五步。

1. 创建团队取向

把团队合作作为企业的核心价值之一，并且要特别强调团队的自我管理，就是给员工自己做决定的权利。不要只是谈论团队合作。通过给团队权利让他们用自己的方式完成工作，向员工表达承诺的认真程度，当然，也要确保他们对结果负责。

2. 分配有分量的团队目标

给团队真正重要的任务和项目，而不只是规划明年夏季一年一度的公司野餐。在观察市场的新趋势时，或者需要以新视角来看清事情时，让团队涉入。让许多人一起而不是让同样的人在任何时候都做同样的决定，这非常重要。请员工团队来挑战现状和传统智慧，这会帮助企业保持新鲜感，也领先于市场。

3. 鼓励非正式的团队

企业里更多的工作是通过非正式团队，而非正式团队来完成的。所以，要鼓励在公司内部的非正式团队的繁荣，给他们一个处理任何让他们感兴趣的问题的机会。当员工能自己解决问题，不用把每个小决定都提交给上级管理时，就会有一支更高效的团队。

4. 交叉训练员工

当员工明白公司的不同领域是如何运营的，他们更易于做那些让公司整体都受益的决定，而非只是让他们自己的部门或者群组受益的决定。给员工机会去了解其他人的工作。一些组织会每天、每周或者每月为基层员工进行换岗。同时不要忘了管理层，也要让最高执行层花几天时间直接面对一线，或者直接针对产品做些工作。这样会使他们了解目前的员工在工作上会经历什么，也会对管理团队有新的理解。

5. 提供团队资源

不管一个企业的每个人是多么有天赋，团队没有合理的资源就不会成功。团队需要一个被指定的、可用的地方，来让他们定期见面。所有的员工需要足够的时间来投入到他们的团队会议中。如果必要和允许的话，确保给团队以适当的预算，同时对如何使用预算给予指导，让他们看到公司最好的一面。

【专题实训】

实训目标:

了解与认识创业团队的成员关系;确定各成员在创业团队的角色定位;理解创业团队的组建思路与相关知识,认识到创业团队对创业的重要性。

实训步骤:

一、活动情景:针对创业团队对创业者再次进行访谈,假设三亚生存挑战的场景。

二、小组活动:针对相应的情景描述团队的特点、需要的成员以及分工,并进行思考讨论。

三、个人内化:从家庭、三亚生存训练两个方面对相关问题进行思考。

四、应用拓展:就团队工作中出现的矛盾与问题进行研讨,并结合创新、专业与就业对创业团队进行思考。

五、活动评价:通过小组总结会进行个人表现自评、他评、总评等讨论环节,由组长汇总后对每个组员进行打分。

实训过程:

一、活动情景

情景设计:生存旅行

1. 在前面的实践活动中你已加入了班级中的小团队,并共同完成了相关任务,请将你了解到的信息整理记录下来。

(1) 现阶段团队成员有多少人? 每个人承担的角色与工作是什么?

(2) 你已经为团队做了哪些贡献?

(3) 与初建阶段相比,目前出现了哪些新问题?

(4) 如果重来一次,你会如何组建团队?

2. 请你设想这样一个情景:在假期的时候,你们几个同学到达三亚进行为期一个月的旅行,但是你们每个人手里只有200元,这时候你们该怎么办? 你们必须在三亚待够一个月，该如何生存？如果你们将组成一个团队，来进行这一个月的生存旅行，那么你们的团队该怎么建？彼此间又是如何分工的？

要求：不能以个体的形式，必须是团队（可基于现有的小组）。

为了达到上述要求，请你思考以下几个问题。

（1）你要和谁组成这个团队？为什么？

（2）你们团队的核心是谁？为什么？

（3）你们的目标是什么？这个目标是怎么达成的？

（4）你在这个团队中起到了什么作用？

（5）基于上述的思考，你怎么看待创业团队？请简述一下创业团队的内涵。

二、小组活动

1. 针对三亚生存训练，请明确本次团队行动的目标是什么。团队需要哪些成员？怎么进行工作分工？

2. 如果你们需要补充一个成员，请写一个招聘启事。（包含：说明为什么招人、招什么样的人以及给予什么样的回报，尽可能地予以细化）

招聘启事

3. 请针对你们团队的特色，制订出三亚生存训练的计划。

主题：
计划内容：

4. 小组讨论

(1) 请说明你们用什么样的方法达成共识，形成决策。

(2) 如果团队内部发生冲突，解决团队内部冲突的原则与方法是什么？

(3) 你们认为在未来的团队工作中会出现哪些问题？

(4) 对今后的团队建设有哪些考虑？

三、个人内化

1. 与创新相结合的思考。

(1) 你觉得可以用哪些创新方法组建创业团队？

(2) 你了解哪些创新式的团队管理方法？请简单说明。

2. 与专业相结合的思考。

(1) 在你的专业领域的公司，他们有哪些管理特点？

(2) 如果你参与老师的一个专业课题或活动，请用 SMART 原则设定该课题的目标管理体系。(如聘请一位业内权威来做一次讲演和交流。)

(3) 这个专业领域中最普遍的管理问题是什么？都是怎么解决的？

3. 与就业相结合的思考。

(1) 你认为自己是否会加入正在创业的用人单位工作，为什么？

(2) 你认为自己是否会在各项条件都充足的条件下组建创业团队进行创业？如果准备创业，你认为自己是否具备一个团队领导者的基本素养？你将会如何选择自己的团队成员呢？如果不想创业，请说明理由。

(3) 不管是创业还是就业，你认为自己的哪些技能或特质，会成为你在工作中的优势？

四、应用拓展

1. 家庭也可以视作一个小的创业团队，根据你对创业团队的理解以及你的家庭最近一年内的一个目标，制订一份计划，规划每个家庭成员在完成这一目标过程中所担任的角色与需要完成的任务。如，制订一份家庭旅行计划。

2. 请围绕本小组的三亚生存训练应用 SMART 原则对前述工作计划进行明确的梳理。

3. 小组成员共同总结出创业团队的特征有哪些？请简单描述。（请从创业目标、团队文化和团队角色等方面进行分析。）

五、活动评价

1. 召开小组总结会议，请每个组员围绕以下问题进行发言、讨论。

（1）我对活动的贡献是什么？请从承担的内容、完成情况、工作实效等方面阐述。

（2）我对他人的评价。

（3）我对活动的建议。

2. 请记录以下内容。

（1）他人对自己的评价。

（2）他人对活动的建议。

3. 请组长做好记录和汇总，并综合大家的讨论情况，给每个组员评分。

小贴士

创业如同拔河，人心齐，泰山移；创业如同赛龙舟，步调一致，不偏不倚，才能独占鳌头。良好的创业团队是创建新企业的基本前提。初创的创业团队总有一些不完善的地方，大多数情况下完美组合的创业团队在企业发展过程中逐步形成。

专题六

整合创业资源

名人名言

一些陈旧的、不结合实际的东西，不管那些东西是洋框框，还是土框框，都要大力地把它们打破，大胆地创造新的方法、新的理论，来解决我们的问题。

——李四光

课前互动

阅读以下材料并回答问题。

我们都成长在一个资源丰富且复杂的环境中，资源在成长中发挥着重要的作用。请同学们思考在你成长的历程中，取得过哪些让你引以为荣的成绩，又有哪些遗憾？是什么原因使你取得了成绩，又是什么原因造成了遗憾呢？请用三个成绩进行分析。

问题：

(1) 第一个让你引以为荣的事情或成绩是什么？

取得成绩的原因是从自身努力程度、知识、技能、资源、机遇等分析。

(2) 第二个让你引以为荣的事情或成绩是：

取得成绩的原因是从自身号召力、知识技能、资源、机遇等分析。

(3) 第三个让你引以为荣的事情或成绩是：

取得成绩的原因是从自身号召力、知识、技能、资源、机遇等分析。

学思之窗

根据一项调查显示，大学生没有资源、没有人脉、没有经验，是创业失败的主要原因。创业兴业蔚然成风，是创造活力竞相迸发的发展，是创业资源整合的发展。创业资源既可以来自企业内部，也可以来自企业外部。市场资源和创新要素更具有开放性、流动性。要推动创新创业创造，闭门造车行不通，整合资源是大势。不拒众流，方为大海。专家指出：要坚定不移用好国际国内创新资源，吸引优质生产要素集中集聚，为创新创业创造夯基垒台，全面提升我国产业的竞争力。

根据上述背景材料及所在学校实际，探讨以下问题：

(1) 创业资源是不是可有可无？

(2) 大学生应该如何找到创业资源？

(3) 创业团队中谁应该承担整合资源的主要职责？

第一节　创业资源的获取

一、创业资源的含义

创业资源是指企业创立及成长过程中所需要的各种生产要素和支撑条件，是创业企业在创造价值过程中所需要的特定资产。

对于创业者来说，只要是对其创业项目和创业企业的发展有所帮助的要素，都可以归入创业资源的范畴。创业者既要积累个人资源，也要善于创造性地整合社会资源，以创造有利于创业的良好条件。

案例分享

牛根生的智慧与蒙牛的崛起

蒙牛的创始人牛根生先生的经营智慧非常厉害。他说，98%的资源靠整合，资源整合可赢天下。

牛根生原来是伊利的高管，离开了伊利，40多岁的他回到内蒙古，与一些高管一起创业，共筹集1 300多万元。但这1 300多万元连一条牛奶的生产线都买不了，怎么生产牛奶？

要做成这件事情需要解决四个问题：一是要有生产设备；二是要有奶源；三是要有人才；四是要有品牌。

牛根生是怎么解决这四大难题的呢?

第一,没有生产线。没有生产线,就去盘活闲置资源。当时他就去了哈尔滨一个国营牛奶厂,盘活了那里两条闲置的生产线,根据每个月的出奶量,给牛奶厂付钱。反正这两条生产线也闲置了,设备不用还容易坏,所以双方很容易达成共识。

第二,奶源的问题。要想有自己的奶源,就要有农民去养牛。农民需要用钱去买牛,他就找到当地银行给农民贷款。农民担心牛奶卖不出去,没钱还贷,双方就签了一个协议,农民把牛奶卖给蒙牛,蒙牛再把钱还给银行,把多余的钱给农民,这个问题就解决了。

第三,人才资源。每个到蒙牛上班的人才都可以得到一套房子,这样,人才就整合过来了。有了人才,就可以把企业做大,对于政府来说,这解决了培养企业、增加税收的问题。事实上,政府也想扶持一些有想法的企业家。

第四,品牌的问题。当时内蒙古有1 000多家做牛奶的企业,蒙牛起初只排在1 000多名,怎么把品牌推出去?蒙牛就从1 300多万元资金里拿出几百万元做路边户外广告,上面写着"蒙牛和伊利一起把内蒙古乳业推向全世界!"伊利那时是内蒙古乳业的"老大",那些经销商、渠道商认为,蒙牛跟"老大"一起打广告,应该是"老二"。这就是在整合资源方面借力,整合了"老大"的品牌资源。

可见像火箭般崛起的蒙牛集团离不开创始人牛根生整合资源的大智慧。

思考

本例给你怎样的启示?

二、创业资源的类型

(一) 按性质分类

按性质分,创业资源可以分为人力资源、财务资源、物质资源、技术资源和组织资源。

1. 人力资源

不仅包括创业者及创业团队的知识、训练和经验等,也包括团队成员的专业智慧、判断力、视野和愿景,以及创业者本身的人际关系网络。创业者是创业企业最重要的人力资源,其价值观念和信念是创业企业的基石,其所拥有的人际和社会关系网络使其能够接触到大量的外部资源,降低潜在的创业风险。鉴于企业之间的竞争主要是人才之间的竞争,因此高素质人才的获取和开发便成为创业企业可持续发展的关键因素。

2. 财务资源

主要是指货币资源，通常是创业企业向债权人、权益投资者通过内部积累筹集的负债资金、权益资金和留存资金。一般来说，创业初期以不高于市场平均水平的资金成本及时筹集到足额的财务资源，是创业企业成功创办和顺利经营的前提条件。

3. 物质资源

物质资源是创业企业经营所需要的有形资源，如建筑物、设施、机器和办公设备、原材料等。一些自然资源（矿山、森林等）有时也会成为创业企业的物质资源。

4. 技术资源

技术资源包括关键技术、制造流程、作业系统、专用生产设备等。通常技术资源包括三个层次。一是根据自然科学和生产实践经验而发展成的各种工艺流程、加工方法、劳动技能和诀窍等。二是将这些流程、方法、技能和诀窍等付诸实施的相应的生产工具和其他物资设备。三是适应现代劳动分工和生产规模等要求的，对生产系统中所有资源进行有效组织和管理的知识、经验和方法。技术资源大多与物质资源相结合，可以通过法律手段予以保护，部分技术资源会形成有组织的无形资产。

案例分享

不断把产品打磨好

“我参加过不少创业大赛，见过很多充满激情的创业者，一上来就讲自己的商业模式，一讲商业模式就是未来三年能赚多少钱。”周鸿祎却指出，商业模式至少包括四个方面的内容，其中首要问题是：“你提供的产品是什么？能为用户创造什么样的价值？你的产品解决了哪一类用户的什么问题？”

好产品首先要为用户创造价值，这才是商业模式的核心。360 成立之初，中国网民已达 3 亿，安全上网成为众多网民的愿望，需要付费的杀毒软件却将众多网友拒之门外。周鸿祎判断：“安全服务应该成为互联网的基本服务，像邮箱一样，还有搜索，基本的服务就应该免费。”于是他推出免费杀毒软件，在当时受到广泛质疑，也被其他杀毒软件公司视为一种“搅局”。但周鸿祎认为：让每台电脑得到保护，是有利于所有网民的一件事，360 的举动“推动了互联网安全的发展，只要对网民有利的，就应该是被大家认可的。”推出好的产品以后，还要“用聪明的推广方法接触到这些用户，在接触过程中不断把产品打磨好”。那如何向用户推广营销产品呢？周鸿祎和 360 的秘诀就是“免费”。

（案例来源：苗绿，王辉耀，世界这么大，我们创业吧[M]. 北京：中央编译出版社，2016.）

思考

本例对你有何启发？

5. 组织资源

组织资源包括企业的组织结构、作业流程、工作规范、信息沟通、决策体系、质量系统，以及正式或非正式的计划活动等，有时候组织资源也可以表现为个人的技能或能力。其中，组织结构是一种能够使组织区别于竞争对手的无形资源。那些能将创新从生产功能中分离出来的组织结构会加速创新，能将营销从生产功能中分离出来的组织结构能更好地促进营销。

（二）按存在形态分类

按存在形态分，创业资源可分为有形资源和无形资源。

1. 有形资源

有形资源是指具有物质形态的、价值可用货币度量的资源，如组织赖以生存的自然资源及建筑物、机器设备、原材料、产品、资金等。

2. 无形资源

无形资源是指具有非物质形态的、价值难以用货币精确度量的资源，如信息资源、关系资源、权力资源、个人能力及企业的信誉、形象等。无形资源通常是使有形资源更好发挥作用的重要手段。

（三）按重要性分类

按重要性分，创业资源可分为核心资源和非核心资源。

1. 核心资源

核心资源包括技术资源和人力资源。这些资源涉及创业企业有别于其他企业的核心竞争力。

2. 非核心资源

非核心资源主要包括场地、资金和环境资源。这些资源是创业企业成功创办和持续经营的基本资源。

（四）按来源分类

按来源分，创业资源可分为内部资源和外部资源。

1. 内部资源

内部资源是指创业者或创业团队所拥有的可用于创业的资源，如创业者自身拥有的可用于创业的资金、技术、创业机会信息等。

2. 外部资源

来自外部机会的发现，是创业者从外部获取的各种资源，包括从朋友、亲戚、商务伙伴或其他投资者筹集到的投资资金、空间、设备或其他原材料等。

案例分享

联环创业客

一提到王兴，很多人脑海里面第一想到的一个词汇就是连环创业者，因为他是校内网、饭否网、美团网这三个中国大名鼎鼎的网站的联合创始人，除此之外，他还有另外一层身份——大学生创业者，指在毕业之后，没有丰富的职业履历就开始创业的人。

他是一名人们口中的天才少年，高中没有参加高考就被保送到中国名牌学府清华大学，毕业后拿到全额奖学金去了美国特拉华大学师从第一位获得 MIT 计算机科学博士学位的大陆学者高光荣，随后归国创业，在前一两次不算成功的创业项目之后，王兴创立了中国版 Facebook 校内网，并很快风靡于大学校园圈之中。校内网于 2006 年 10 月被千橡以 200 万美元收购。2007 年 5 月 12 日，王兴创办饭否。这也是中国第一个类 Twitter 的网站，但就在饭否发展势头一片良好之际，它被关闭了，这让王兴事业受到挫折。之后连环创业客王兴于 2010 年 3 月上线新项目美团网，并在千团大战之中脱颖而出，稳居行业前三，并先后获得红杉和阿里的两轮数千万美金的融资，这个连环创业客的事业正逐渐走上正轨。近年五月份，美团单月流水已经突破 10 亿人民币。

（案例来源：江苏大学创新创业学院网站，http://cxcyxy.ujs.edu.cn/info/1022/1279.htm）

思考

本例的成功，实际是借助外部资源进行整合的过程，在整合的过程中，你认为最关键的是什么？

三、创业资源的获取途径

获取创业资源的途径分为市场途径和非市场途径两大类。当创业所需要的资源有活跃的市场，或者有类似的可比资源进行交易时，可以采用市场途径；其他情况下则可以采用非市场途径。

（一）通过市场途径获取创业资源

通过市场途径获取创业资源包括购买和联盟。

（1）购买：利用财务资源通过市场购入的方式获取外部资源，主要包括购买厂房、设备等物质资源，购买专利和技术，聘请有经验的员工及通过外部融资获取资金等。需要注意的是，诸如知识，尤其是隐性知识等资源虽然可能会附着在非知识资源之上，通过购买物质资源（机器设备等）得到，但很难通过市场直接购买。因此，需要创业企业通过非市场途径去开发或积累。

（2）联盟：通过联合其他组织，对一些难以或无法自己开发的资源实行共同开发。这种方式不仅可以汲取显性知识资源，还可以汲取隐性知识资源。但联盟的前提是联盟双方的资源和能力互补且有共同的利益，而且能够对资源的价值及其使用达成共识。

（二）通过非市场途径获取创业资源

通过非市场途径获取创业资源包括资源吸引和资源积累等。

（1）资源吸引：发挥无形资源的杠杆作用，利用创业企业的商业计划和创业团队的声誉，通过对创业前景的描述来获得或吸引物质资源、技术资源、人力资源和资金等。

（2）资源积累：利用现有资源在企业内部通过培训形成所需的资源。主要包括自建企业的厂房、设备；在企业内部开发新技术，通过培训来增加员工的技能和知识；通过企业的自我积累获取资金等。

究竟是通过市场途径还是非市场途径获取资源，主要依赖于资源在市场的可用性和成本等因素。例如，若证明快速进入市场能够带来成本优势，则可采用外部购买方式。对于多数创业企业来说，由于初始资源禀赋的不完整性，创业者需要获取资源所有者的信任来获取资源。但无论如何，采用多种途径同时获取不同资源都是正确的选择。

四、创业资源的获取技巧

为了及时足额并以较低成本获取创业所需要的资源，创业者需要掌握一定的获取创业资源的技巧。

（一）充分重视人力资源的获取

人力资源在创业资源中的决定性作用要求创业者必须充分重视人力资源的获取。创业者一方面应努力增强自身能力的培养，另一方面应充分重视创业团队的建设。一支知己知彼、才华各异、能力互补、目标一致和彼此信任的团队是创业资源中最为重要的资源，也是创业成功必不可少的保证。

案例分享

中国合伙人

《中国合伙人》是2013年由陈可辛导演的一部电影，讲述了20世纪80年代，三个怀有热情和梦想的年轻人在高等学府燕京大学的校园内相遇，从此展开了他们长达30年的友谊和梦想的征途。出生于留学世家的孟晓骏（邓超饰）渴望站在美国的土地上改变世界；浪漫自由的王阳（佟大为饰）尽情享受改革开放初期那蓬勃激昂的青春气息；曾两次高考落榜的农村青年成冬青（黄晓明饰）以晓骏为目标努力求学，并收获了美好的爱情。然而3个好友最终只有晓骏获得美国签证，现实和梦想的巨大差距让冬青和王阳备受打击。偶然机缘下，被开除公职的冬青在王阳的帮助下办起了英语培训学校，开始品尝到成功的喜悦。在美国发展不顺的晓骏回国，并加入学校，无疑推动了三个好友朝着梦想迈进了一大步。只是随着成功的降临，他们的友情也开始承受严峻的考验。

借助中国八十年代的时代背景，影片把中国创业故事展现得淋漓尽致。故事归故事，但是影片中的创业的合伙模式在中国是非常现实的写照，合伙期间难免会因某些名义上或者金钱上又或者是其他方面的利益而产生矛盾，但矛盾往往都是促进问题解决的。合伙创业时，只要大家都有一个共同目标，坚持初心，就一定可以做大做强，而核心团队的凝聚力是成功的必要条件。

（案例来源：上海江理智能科技中心，https://baijiahao.baidu.com/s?id=1692224262194625590&wfr=spider&for=pc）

思考

创业过程中，创业团队会遇到很多需要决策的地方，尤其是对创业项目有影响的重大决策，此时创业团队就可能起冲突，应该如何进行协调呢？

（二）以能用和够用为原则

不是所有的资源都是企业可用的资源，创业者在获取资源时应坚持能用的原则，只有满足自己的需求、自己可以支配并使其充分发挥作用的资源，才是需要获取的资源。

另外，资源的使用是有代价的。因此，创业者在获取创业资源时应该本着够用的原则，而不是多多益善。一方面，资源的有限性使创业者难以筹集到更多的资源；另一方面，当使用资源的收益不能弥补其成本时，资源的使用并不能给企业带来效益。

（三）尽可能获取多用途资源和杠杆资源

资源自身的特性决定了其用途的不同，有的资源可能在不同场合具有不同的用途，获取具有多用途的资源可以帮助创业者应付创业过程中出现的意外。在知识社会，具有独特创造性的知识是现代社会的高杠杆资源，对于杠杆资源的合理利用，有助于创业者取得一定的杠杆收益，达到事半功倍的效果。

第二节 创业资源的整合

一、整合创业资源的原则

创业资源的整合是一个复杂的过程，是创业企业对不同来源、不同层次、不同结构、不同内容的资源进行选择、汲取、配置、激活和有机融合，以使之具有更强的柔性、条理性、系统性和价值性，并对原有的资源体系进行重构，摒弃无价值的资源，以形成新的核心资源体系的过程。创业资源的整合过程可以分为资源扫描、资源控制、资源利用和资源拓展 4 个步骤。

1. 资源扫描

创业者要知道自己的资源禀赋及企业所拥有的最初资源。将已有资源识别出来，包括己方所有有价值的有形资产和无形资产，如人才、技术、设备、品牌等，找到自己的资源优势和不足，同时认清哪些属于战略性资源，哪些属于一般性资源，还要确定资源的数量、质量、使用时间及使用顺序。

扫描自身已有资源的同时，也要对外部环境进行扫描并及时发现创业企业所需的资源，确定自己所缺的创业资源可以从哪些渠道获得，以及谁拥有这些重要资源，并对各种资源渠道的获得难易程度进行排序，进而寻找利益交集；对资源所有者的利益需求进行深度分析，并与自己所拥有的资源进行比较，找到利益契合点。这通常需要创业者有行业知识和一定的社会关系网络。创业者在初始创业阶段会利用与自己关系较近的资源网络，随着业务的向前发展逐渐扩充这一网络。

案例分享

IBM 的起死回生——偶遇的人

20 世纪 30 年代初期，其实 IBM 已经走向绝境了。它倾其所有资金设计了第一台银行专用的电动机械记账机，但是在 30 年代初经济大萧条期间，银行并不想添置任何新设备。然而，面对如此窘境，IBM 并没有实施裁员政策，而是继续制造此种机器，并将之囤积在仓库里。

就在 IBM 处于低谷时，偶然的故事就这么展开了。一天，IBM 的创始人老托马斯·沃森(Thomas Watson)参加一个晚宴，碰巧坐在一位女士的旁边。当她得知他的名字时，说道："你就是 IBM 的沃森先生吗？你的销售经理为何拒绝向我展示你们的机器呢？"一位女士要记账机做什么？老沃森有些摸不着头脑。当她告诉老沃森自己是纽约公共图书馆馆长时，他仍旧迷惑不解，因为他从未去过公共图书馆。

但是第二天，图书馆一开门，他就出现在了那里。

当时，图书馆拥有数目相当可观的政府拨款。2 个小时后，当沃森走出图书馆时，他手中拿着一份足够支付下一个月工资的订单。原来，图书馆需要打破传统手工记录模式，利用机器记录市民借书及还书情况。

早期的 IBM 计算机是专门为科学研究而设计的，后来他们惊讶地发现企业界对计算机的需求强烈，企业购买它用于处理普通的事务，如薪资计算等。IBM 立即做出反应，调整产品设计方向，最终用很短的时间就占领了计算机市场的领导地位。

（案例来源：青年创业网）

思考

有些人可能由于对资源了解得不够深入、透彻，导致无法充分利用这些资源，如何才能避免这种问题？

2. 资源控制

资源控制的范围包括创业者自身拥有的资源、通过交易等形式可获得的资源，以及通过社会网络等形式可以控制的资源。在许多情况下，创业者自身拥有的资源（如教育、经验、声誉、行业知识、资金和社会网络等）就存在于创业团队中。在特定的行业，创业团队中成员的社会网络资源和技术对于企业的成功至关重要。在获取资源的过程中，需要判断这种资源对实现企业的目标是否关键，并且创造性地设计出双赢的合作方案，从而形成长期的互利关系。

案例分享

海尔的小微众创——偶然的变化

进入互联网时代，企业和消费者之间信息不对称的情况正在彻底改变。移动互联、大数据和智能制造等技术的普及，将商业带入到数字化时代，企业竞争正在演化为用户选择权的竞争。在这种态势下，曾经等级森严的树状组织结构因无法快速响应市场需求，容易滋生权力斗争而将被逐渐淘汰。企业面临的挑战是：如何针对新的生产方式和市场环境，将战略转向以用户为中心，重新配置企业资源。

中国传统家电制造业海尔集团首席执行官张瑞敏从2005年起，对海尔进行了颠覆式的组织结构改革。热销的“雷神”游戏本，最初是由3个20多岁的海尔员工发明的。在日常的工作中，他们发现很多使用笔记本的网友都是游戏发烧友，并对游戏有很多专业意见，这3位员工收集了3万多条用户意见，并把他们汇总分类为13类问题。在此基础上打造了一个全新的游戏本。后来有风投想要投资团队，海尔帮助它进一步完成了市场化，如今，海尔已100%控股“雷神科技”，并实现新三板上市。

海尔与其他普通公司禁止员工上班时间做与工作无关的事不同，海尔组织结构运作的理念是：小微时代人人都是创客，每个人都在给自己创业，只是借助海尔的平台来完成。

（案例来源：知乎网）

思考

海尔借助员工的意见打造新产品，而员工则可以依托海尔的平台实现自己的创意，由此给了你怎样的启示？

3. 资源利用

在获取和控制大量资源的基础上，创业企业开始对这些资源进行配置和利用，将它们合理有效地配置到最能发挥其使用效益的地方去体现出这些资源的价值。企业资源在未整合之前大多是零碎的、低效的，要发挥这些资源的最大使用价值、产生最佳效益，就必须运用科学的方法对各种类型的资源进行细化、配置和激活，将有价值的资源有机地融合起来，使它们相互匹配、互为补充、互相增强。

在配置资源之后，新的资源或竞争优势就会形成，企业必须利用区别于其他企业的这种优势来赢得市场。资源在整合并转化为企业内部的独特优势之后，创业者需要协调各种资源之间的关系，匹配有用的资源，剥离无用的资源。通过协调，使资源的联系更加紧密，更加具有匹配性，形成“1＋1＞2”的局面并为下一步拓展奠定基础。

案例分享

“废淘淘”互联网可回收垃圾分类

袁方创办“废淘淘”互联网可回收垃圾分类一站式服务平台，源于自己曾经的互联网运营推广工作经历。在日常策展中，袁方经常遇到展品废弃物料需要及时处理却又找不到人的麻烦，“而且一些海报、小礼品扔了可惜，卖又卖不掉，临时又找不到废品回收人”。为什么卖废品不能像点外卖那样方便？

袁方还发现，随着国家对于垃圾分类和投放监管越来越重视，一些城市沿街商铺也常常为及时处理垃圾烦恼。因为不能及时处理废弃物品，一些商家不得不把物品堆积在寸土寸金的商铺内。创立一个废品回收服务平台的念想开始在袁方的脑海生根发芽。说干就干，“废淘淘”App平台在南京江北新区正式上线。记者看到，当地注册用户在App上不仅可以随时预约废品回收人员上门收购，还可以对周边的废品回收站进行线上比价，挑选心仪的买家。如今“废淘淘”已在南京江北新区和六合区拥有固定客户5 000人，注册回收员50人。

（案例来源：新华日报，2022-09-22）

思考

本案例给了你怎样的启示？

4. 资源拓展

资源拓展即将以前没有建立联系的资源建立联系，将新获取的资源与已有的资源进行联结融合，进一步开发潜在的资源为企业所用，这也是企业持续竞争优势的根本来源。开拓创造过程能为创业企业带来新的能力，从而使其更充分地发现和掌握创业机会。

二、影响创业资源整合的要素

整合资源可以说是商业的最高境界之一。整合创业资源不仅决定着能否把创业设想转化为创业行动，而且决定着企业这一契约组织的形成方式。影响创业资源获取的因素主要有创业导向、商业创意的价值、创业资源的配置方式、创业者的管理能力及社会网络等。

1. 创业导向

创业导向是一种态度或意愿，这种态度或意愿会导致一系列创业行为。创业导向会通过促进机会的识别和开发，进而促进资源的获取。因此，创业者要注重创业导向的培育和实施，充分关注创业者特质、组织文化和组织激励等影响创业导向形成的重要因素，采取有效的方式获取资源，并在资源的动态获取、利用和整合过程中，注意区分不同资源，充分发挥知识资源的促进作用。

2. 商业创意的价值

创业的关键在于商业创意。商业创意为资源整合提供了杠杆，但获取资源还有赖于创意的价值被资源所有者认同的程度。换而言之，能被资源所有者认同的、有价值的商业创意，有助于降低创业者整合资源的难度。

案例分享

大学生创业，靠卖“创意”入百万

中北大学机电工程学院三年级学生唐帅和他的团队在山西中北国家大学科技园的大楼里拥有一间办公室，办公室地面上堆满了各种电路元件、电子检测设备和手工工具，墙壁上悬挂着很多创意草图。

唐帅和同学们组建的大学生创业团队逐渐迈入“丰收季”，有2项技术创意项目得到了两家公司的认可，技术转让后团队收入了130万元。2018年5月，国家级大学科技园中北大学科技园入股成为团队的股东之一。

唐帅创业团队的一条工作守则是，及时收集和整理各种创意，并为可实施的创意申请专利。包括像防飞溅指甲刀、可拼装式饮料瓶、携带自拍杆的手机壳等创意，团队前后积累了几十项。2017年至2020年，团队先后在校园内转让了10余项创意，向校园外转让了2项创意。转让费最高的一个创意，收入5 000元；

转让费最低的一个创意，也收入了1 500元。因为未经过专业评估，他们收取转让费，都是供需双方协商后确定的。

经历产生灵感，他们还设计了一个加油站夜间加油提醒系统。他们为察右后旗宏盛石油有限公司研发的加油站夜间车辆加油提醒系统，解决了公司夜间加油的难题。这套加油站夜间加油提醒系统，采用了红外感应技术和声、光、电提醒仪器，安装后，效果令宏盛加油站投资人十分满意。数月后，宏盛加油站投资人决定收购这项技术，唐帅提出30万元技术转让费的要求，对方没有还价。

“我们希望能搭建这样一个平台，它是一个大学生天马行空的想象和创意的汇集地。我们将邀请专家，对这些想象和创意进行评估，从中发现那些好创意。”唐帅创业团队将吸收更多成员入队，根据团队规划，他们的创业产业线将延伸至智能家具、纳米消毒产品、创意评估平台搭建等。

（案例来源：大学生创业网）

思考

创业本身就需要创意，而这支创业团队的创意就是“出售创意”，这给你怎样的启示？

3. 创业资源的配置方式

由于创业资源的异质性、效用的多维性和知识的分散性，人们对于同一创业资源往往具有不同的效用期望，有些期望难以依靠市场交换得到满足。因此，如果通过资源配置方式创新，能够开发出新的效用，使之更好地满足资源所有者的期望，创业者就有可能从资源所有者的手中获得资源使用权，以开展生产经营活动。

4. 创业者的管理能力

创业者的管理能力是企业软实力的主要表现，管理能力越强，整合资源的可能性越大。创业者的管理能力可以从其决策能力、沟通能力、激励能力、行政管理能力、学习能力和协调能力等多方面予以衡量。创业者通过管理能力获取必要资源的同时，还能为创业企业创造良好的发展环境。

5. 社会网络

社会网络是机构之间及人与人之间比较持久的、稳定的、多种关系结合而成的网络关系。由于创业资源广泛存在于各种资源所有者手中，这些所有者又处于一定的社会网络之中，而且人们对于商业活动的认识和参与，客观上会受到自己所处网络及在网络中地位的影响。所以，社会网络对于创业资源的整合具有重要的意义。

不同的社会网络和网络地位，为人们之间的沟通协作提供了不同渠道。在社会网络中处于优势地位的创业者，具有较好的社会关系依托，可以有选择地了解不同对象的效用需求，有针对性地对不同对象传递商业创意，有目的地获取不同资源所有者的理解和信任，最终成功地从不同网络成员那里获取所需的资源，为自己进行资源配置方式的创新提供基础。

除上述因素外，创业者的资源辨识能力和外部社会环境等也会对创业资源的获取产生一定影响。

三、整合创业资源的策略

（一）创造性拼凑策略

为确保公司持续发展，创业者在每个阶段都要问自己一个问题：怎样才能用有限的资源获得更多的价值？答案是学会拼凑。很多创业者都是拼凑高手，通过在资源利用方面的创新行为，进而带来意想不到的惊喜。创业者通常利用身边能够找到的一切资源进行创业活动，又通过自己的独有经验和技巧，加以整合创造。要整合已有资源，快速应对新情况，是创业的利器之一。拼凑者善于用发现的眼光，观察身边各种资源，将它们创造性地整合起来。这种整合很多时候是偶然发生的产物。而这也正体现了创业的不确定性，考验着创业者的资源整合能力。

（二）步步为营策略

创业者分多个阶段投入资源，并在每个阶段投入最有限的资源，这种做法被称为“步步为营”。步步为营的策略首先表现为节俭，设法降低资源的使用量，降低管理成本。但过分强调降低成本，会影响产品和服务质量，甚至会制约企业发展。要用一种资源补足另一种资源。尽管存在资源约束，但创业者并不应该被当前控制或支配的资源所限制，成功的创业者善于利用其他小伙伴的资源来完成自己创业的目的——用一种资源补足另一种资源，产生更高的价值，或者利用一种资源获得其他资源。

（三）挖掘内部资源的潜力

创业公司的内部资源配置不完善，不能做到资源的物尽其用，这样就很容易造成资源的浪费。创业者必须挖掘内部资源的潜力。

1. 公司内部资源内涵

公司的内部资源主要包括人力资源、财物力资源、信息资源、技术资源、管理资源、可控市场资源和内部环境资源。创业者想要合理分配公司的内部资源，首先需要对公司内部资源进行了解，在制订计划时进行分配。

2. 按照事务的重要程度进行资源的配置

经营一家公司每天需要处理的事务都是非常多的，公司内部需要对人力资源进行合理的配置，需要有一个明确的分工。有些事务需要比较多的人手的话，就需要对人员进行调动，尽量做到人力资源的合理利用。资金、技术等其他一些资源也需要根据实际情况进行合理的分配，一定不要盲目地将绝大多数资源放在一个项目上。

3. 内部资源分配要具有流动性

很多公司都是因为内部资源没有进行合理配置导致公司经营的失败，所以合理配置内部资源是很多创业者需要考虑的问题。在配置公司内部资源的时候，一定要让一部分资源具有流动性，如果发生突发情况或者是有的项目需要更多的资源的时候，这部分流动性资源就可以立刻补上。流动性资源就是我们经常说的储备资源，这部分资源属于应急资源的范畴。

4. 去除不必要的资源

很多公司现在都存在一些资源浪费的问题，这主要是因为公司内部资源过多导致的。比如人力资源这一部分，一些创业公司在招聘人员的时候可能出现同一个岗位有多个人员的情况，如果有一些岗位的工作一个人就可以完成，却招聘了 1 个以上的人，这样就会造成人力资源的浪费。其他的内部资源也是如此。

（四）吸引与获取外部资源

创业需要掌握更多的外部创业资源。外部创业资源通过以下四个渠道获取。

1. 购买资源

创业前期，首先就是要获取创业资源，同时要确定创业资源来源，这个过程是前提，也是基础。

2. 吸引资源

其次就是要确定获取创业资源的途径，其中值得注意的是，创业是一个不断循环和迭代的过程，会受到信息和资源变化等的影响。所以创业者需要不断调整方向以及创业资源获取的方式，以提高资源获取效率及资源的质量。

3. 积累资源

获取创业资源，其实根本的困难就是创业活动具有不确定性，所以，对关系网络属性以及创业资源获取关系，要进行深入研究，有助于获取更为明确的回答，积累资源。

4. 通过市场途径获取创业资源

市场途径可以细分为购买和联盟两种方式。购买是运用资金从市场购入所需的外部资源，购买物品包括厂房、生产设施、办公设备、专利技术、人力资源等。

创业资源获取途径：

（1）自有资源，指的是团队自身拥有的，可以给创业提供技术、咨询、信息等方面支持的相关资源，一般可以通过内部进行培育和开发。

（2）另外一个为外部资源，外部资源主要通过其他投资者、好友以及商务伙伴等社会关系获取。

大学生创业资源获取的方式，主要有购买资源、吸引资源和积累资源。

第三节　创业融资

一、创业启动资金预测

因为要保证公司业务顺利开展，创业者需要确定公司创业所需的资金。创业者为了保证公司业务在初创阶段的顺利开展，需要在公司业务经营达到收支平衡之前，准备足够的资金来支付各项费用。新公司在启动阶段至少要准备好6个月的各种预期费用。费用包括投资和流动资金。

（1）列出公司运营所需的设备、家具、办公用品以及人员配备；

（2）将启动费用按项目进行细致分类，包括：库存费用、公司标志制作费用、销售和营销印刷品或工具费用、产品研发费用、营业执照申请费用、相关许可证办理费用、流动资金、法律与专业服务费用等；

（3）计算每月应支付的房租、办公用品、设施、商业和健康保险、税金、网络接入、运输及其他服务的费用；

（4）其他各种费用开支：创业者个人工资、员工工资或外包商的费用。

不同行业的公司在启动阶段可能会产生不同的附加成本。因此，为了确保费用估算的准确度，创业者可以将每项实际费用多估算出一部分，从而将估算费用控制在安全范围之内。

二、创业融资的基本条件

创业者在融资之前，要保证四个方面都做得比较符合投资人的要求：

（1）创业团队的背景。有很多投资人明确表示“投资就是投人”。创业者的综合素养和创业团队成员之间的分工、特长、优劣势的互补，是创业成功的基础条件。

（2）产品雏形。无论是有形产品还是无形产品，产品都必须具有市场潜力和市场价值，这与市场增长有关。如果产品增长不好，那么创业就很难成功，这也是投资人关注的一个主要因素。

（3）现阶段资源情况。原辅材料、人才、产品、资金、渠道等要素筹备情况，或者是对某些资源的依赖，或者具备调动和约束资源的能力。

（4）未来市场占有率。创业的盈利模式必须找到盈利点，有明确的盈利来源。

我们需要理清这四个方面才能对投资者有一个整体呈现，然后结合对于项目的综合打造来引起投资者的兴趣，这样才能有上会讨论的可能性。从许多融资平台上的众多创业者的融资经验来看，一个优秀的商业计划书是必不可少的，但是仅商业计划书优秀肯定也是不够的，投资者还是会更多地综合考虑各方面的条件。

三、大学生创业常见的融资方式

社会对大学生创业一直持有良好的鼓励以及帮助的态度，故而在大学生创业方面也提供了多种多样的融资方式。大学生创业常见的融资方式如下。

（一）政策基金

优势是利用政府资金，不用担心投资方的信用问题。政府的投资一般都是免费的，降低或者免除了融资成本。劣势是申请创业基金有严格的程序要求；政府每年的投入有限，融资者需面对其他融资者的竞争。

（二）高校创业基金

高校在大学生创业期间起到一种鼓励、促进的作用，大多数高校都设立了相关的创业基金以鼓励本校学生进行创业尝试。优势是对于大学生这个群体而言通过此途径融资比较有利。劣势是资金规模不大，支撑力度有限，面向的对象不广。

（三）亲情融资

亲情融资即向家庭成员或亲朋好友筹款。优势是用这个方法筹措资金速度快，风险小，成本低。劣势是向亲友借钱创业，会给亲友带来资金风险，甚至是资金损失，如果创业失败就会影响双方感情。

（四）金融机构贷款——银行小额贷款

银行贷款被誉为创业融资的“蓄水池”。优势是银行财力雄厚。劣势是手续繁琐，需要经过许多“门槛”，任何一个环节都不能出问题。

（五）合伙融资

寻找合伙人投资是指按照“共同投资、共同经营、共担风险、共享利润”的原则，直接吸收单位或者个人投资合伙创业的一种融资途径和方法。优势是有利于对各种资源的利用和整合，增强企业信誉，能尽快形成生产能力，有利于降低创业风险。劣势是很容易产生意见分歧，降低办事效率，也有可能因为权利与义务的不对等而产生合伙人之间的矛盾，不利于合伙基础的稳定。

（六）风险投资

风险投资是一种融资和投资相结合的全新投资方式，是指创业者通过出售自己的一部分股权给风险投资者而获得一笔资金，用于发展企业、开拓市场，当企业发展到一定规模时，风险投资者出卖自己拥有的企业股权获取收益，再进行下一轮投资，许多创业者就是利用风险投资使企业渡过初创阶段。优势是有利于有科技含量、创新商业模式运营、有豪华团队背景和现金流良好、发展迅猛的有关项目融资。劣势是融资项目有局限性。

（七）天使基金

天使投资是自由投资者或非正式风险投资机构，对处于构思状态的原创项目或小型初创企业进行的一次性的前期投资。优势是民间资本的投资操作程序较为简单，融资速度快，门槛也较低。劣势是很多民间投资者在投资的时候总想控股，因此容易与创业者发生一些矛盾。

四、股权融资

股权融资是指企业的股东愿意让出部分企业所有权，通过企业增资的方式引进新的股东，同时使总股本增加的融资方式。股权融资所获得的资金，企业无须还本付息，但新股东将与老股东同样分享企业的盈利与增长。

股权融资按融资的渠道来划分，主要有两大类：

第一，公开市场发售。所谓公开市场发售就是通过股票市场向公众投资者发行企业的股票来募集资金，包括我们常说的企业的上市、上市企业的增发和配股都是利用公开市场进行股权融资的具体形式。

第二，私募发售。所谓私募发售，是指企业自行寻找特定的投资人，吸引其通过增资入股企业的融资方式。因为绝大多数股票市场对于申请发行股票的企业都有一定的条件要求，因此对大多数中小企业来说，较难达到上市发行股票的门槛，私募成为民营中小企业进行股权融资的主要方式。

五、创业企业融资的常见问题

（一）信息不对称

信息不对称可能使外部融资成本高昂，甚至完全阻止外部融资。

（二）企业资质

创业企业创办规模小、经营方式不合理或不规范、治理方针不完善、抗风险的能力弱，企业领导缺乏经营管理的经验，信息披露不够透明。

（三）市场环境

外部市场环境决定了创业型企业融资的难易程度。创业企业从传统渠道融资非常困难。

【专题实训】

实训目标：

通过本章的学习提高学生对整合创业资源尤其是创业资金的认识，使学生对获取创业资金的渠道有所了解，使其具备获取项目启动资金的能力。

实训步骤：

一、活动情景：走访企业，针对创业初期如何整合创业资源（特别是资金）等相关问题与创始人进行访谈。

二、小组活动：分工完成任务；集体分析讨论不同企业运营特点，总结并共享任务成果。

三、个人内化：完成个人商业模式分析，与老师、同学沟通，征求意见和建议。

四、应用拓展：针对小组或个人项目、想法，从商业画布九要素入手，结合创新、专业、就业等方面进行应用拓展。

五、活动评价：通过小组总结会进行个人表现自评、他评、总评等讨论环节，由组长汇总后对每个组员进行打分。

实训过程：

一、活动情景

通过对本模块关于整合创业资源内容的学习，同学们已经初步了解了创业资金是创业资源的重要组成部分，以及它对创业活动产生的作用，同时商业模式要素中的成本结构与收入来源也揭示了资金与创业活动的关系。

请你选择一家企业，与其创始人围绕整合创业资源特别是创业资金的话题进行沟通，回答下列问题。

1. 在创业初期他们怎么获取的启动资金？

2. 在创业过程中资金起到了什么样的作用？

3. 为了支持项目的持续发展，他们准备通过哪些手段解决资金问题？

二、小组活动

创业资金是创业者资源整合的重要内容。创业资金在创业过程中起着重要作用，但融资数量并非多多益善，要考虑到企业实际的资金需求，创业融资与融资回报、资金分配是需要一定策略的。

在采访创业者的基础之上，小组成员通过讨论的方式明确以下问题。

1. 初创企业应该如何对待资源整合问题？是不是所有问题都可以通过资金解决？

2. 企业持续与核心的竞争力是可以通过资金来解决的吗？资金对创业项目起到哪些作用？

3. 获取项目启动资金的渠道一般有哪些？

4. 获取支持项目发展的资金的渠道一般有哪些？

5. 投资人的诉求与项目创始人的诉求是否一致？投资人如何获得回报？

6. 创始人与投资人之间如何达成共识或取得平衡？

三、个体内化

1. 你采访的创业者的创业资金解决方法是否是最合理的？理由是什么？你有什么建议？

2. 从你们小组创业项目的角度出发，你们有哪些方法和途径解决创业启动的资金问题？

3. 你们如何考虑引入投资人（在融资的种子期）？你们将如何保证投资人的利益？

4. 请派一个人到其他小组，让这个小组扮演投资人，向他们介绍你们小组的项目，他们会投资吗？听取他们的意见与建议并记录下来。

四、应用拓展

1. 与创新相结合的思考。

（1）请通过互联网，找出你认为能够解决创业资金的创新方法，并记录一下运作的方法要点。（如众筹）

（2）如果你作为投资人，你怎么看待项目创新中的风险？你会怎么做？

2. 与专业相结合的思考。

（1）基于你的专业所处的行业，请思考在这个行业中启动创业所需要资金的量级。（十万级、百万级……）

（2）从资金使用的角度上讲，在这个专业领域创业资金将主要应用在哪个方面？

(3) 请通过互联网找到三家关注该领域的投资机构，将投资机构的信息与投资过的企业记录下来，最好分析一下他们的投资偏好。

3. 与就业相结合的思考。

(1) 如果一个用人单位的资金主要是通过融资来获取的，你会考虑加入吗？为什么？

(2) 如果你有一个好的项目，但创业资金准备不充分，此时你是考虑就业还是通过寻找方法解决创业资金的问题后，开始创业呢？

五、活动评价

1. 召开小组总结会议，请每个组员围绕以下问题进行发言、讨论。

(1) 我对活动的贡献是什么？请从承担的内容、完成情况、工作实效等方面阐述。

(2) 我对他人的评价。

(3) 我对活动的建议。

2. 请记录以下内容。

(1) 他人对自己的评价。

(2) 他人对活动的建议。

3. 请组长做好记录和汇总，并综合大家的讨论情况，给每个组员评分。

小贴士

创业者能否成功地开发出机会，进而推动创业活动向前发展，通常取决于他们掌握和能整合到的资源，以及对资源的利用能力。许多创业者早期所能获取与利用的资源都相当匮乏，而优秀的创业者在创业过程中所体现出的卓越创业技能之一，就是创造性地整合、转换和利用资源，尤其是那种能够创造持续竞争优势的战略资源，并由此成功地开发创业机会、推进创业过程向前发展。

专题七

设计商业模式

名人名言

商业模式的核心是产品，本质是通过产品为用户创造价值。

——周鸿祎

课前互动

阅读以下材料并回答问题。

深圳市大疆创新科技有限公司（DJ-Innovations，简称DJI），成立于2006年，是全球领先的无人飞行器控制系统及无人机解决方案的研发和生产商，客户遍布全球100多个国家。它占据着全球70%的无人机市场份额。

DJI商业模式的创新之处在于无人机以前主要是应用在军事方面，而大疆是第一个将无人机应用在商业领域并获得成功的企业。大疆无人机如今已被应用在军事、农业、新闻报道等方面，是可以“飞行的照相机”。

问题：

（1）分析这家公司如何将目标受众从业余爱好者变成主流用户。

（2）分析这家公司成功的关键要素。

学思之窗

根据对近年来创业团队成功经验的总结研究，学者们发现大学生作为最具活力的群体，创业模式目前还存在着模式单一、缺乏创新、技术含量低、对国家创业扶持政策了解不够等问题。在大学生“互联网＋”创业模式的优化上，可加强资源整合，进行创业模式创新，将专业特长与创业项目有机结合。商业模式最核心的三个组成部分是创造价值、传递价值、获取价值，这三个部分环环相扣，形成闭环，缺一不可，少了任何一个，都不能形成完整的商业模式。根据上述背景材料及所在学校实际情况，探讨以下问题：

(1) 一个成功的商业模式是不是一蹴而就的？

(2) 探索商业模式最关键的一项是什么？

(3) 创业团队中谁应该承担设计商业模式的主要职责？

第一节 认识商业模式

一、商业模式的含义

商业模式是一种包含了一系列要素及关系的概念性工具，用以阐明某个特定实体的商业逻辑。它描述了公司所能为客户提供的价值及公司的内部结构、合作伙伴网络和关系资本等用以实现(创造、推销和交付)这一价值并产生可持续盈利收入的要素。

商业模式，是管理学的重要研究对象之一，工商管理硕士(MBA)、高级管理人员工商管理硕士(EMBA)等的主流商业管理课程均对“商业模式”给予了不同程度的关注。有一个好的商业模式，成功就有了一半的保证。在分析商业模式的过程中，主要关注一类企业在市场中与用户、供应商、其他合作伙伴的关系，尤其是彼此间的物流、信息流和资金流。它涵盖了企业与企业之间、企业与部门之间乃至企业与顾客之间、企业与渠道之间存在的各种各样的交易关系和联结方式。

案例分享

运动产品与线上线下服务

王宁，“90后”创业者，毕业于北京信息科技大学。他是追求极致产品设计和用户体验的运动爱好者，也是减肥成功者。他通过“Keep”帮助更多的人爱上运动，科学运动，改善人们的运动生活方式。一路走来，“Keep”为运动健身用户提供跟练课程、运动相关消费品、定制运动计划等一站式解决方案，一个由“Keep”为中心的线上内容、运动产品与线下场景连接的服务闭环已然成形。

(案例来源：搜狐网 http://news.sohu.com/a/525666625_439726)

思考

通过网络搜索了解更多关于互联网健身的信息，试分析商业模式有何特点。

二、成功商业模式的特征

（一）成功的商业模式是能提供独特价值的

有时候这个独特的价值可能是新的思想，而更多时候，它通常是产品和服务独特性的组合。这种组合要么可以向客户提供额外的价值，要么使客户能用更低的价格获得同样的利益，或者用同样的价格获得更多的利益。

（二）成功的商业模式是难以模仿的

企业通过确立自己的与众不同，如对客户的悉心照顾、无与伦比的实施能力等，来提高行业的进入门槛，从而保证利润来源。比如直销模式（仅凭“直销”一点，还不能称为一个商业模式），人人都知道其如何运作，也都知道戴尔公司是直销的标杆，但很难复制戴尔的模式，原因在于“直销”的背后，是一整套完整的、极难复制的资源生产流程。

（三）成功的商业模式是脚踏实地的

企业要做到量入为出、收支平衡。这个看似不言而喻的道理，要想年复一年、日复一日地做到，并不容易。现实当中的很多企业，不管是传统企业还是新型企业，客户看中企业的产品和服务，更多是看重企业的脚踏实地。

案例分享

做最具影响力的民族文化餐饮品牌

塔斯汀品牌隶属于福州塔斯汀餐饮管理有限公司，是一个主营中国汉堡的餐饮连锁品牌。

从第一家披萨店，到第一款超级汉堡问世，再到中国汉堡的诞生，“做有温度的快餐品牌”是塔斯汀的创牌初心。

产品销售对象的定位是具备个性主张、独特审美、独立意识的年轻受众体，要打造兼具亲民价格与国潮风格，既符合国人口味也满足便捷用餐需求的手擀中国汉堡。

产品创新始终是塔斯汀坚守的品牌根本。面对市场的快速发展，塔斯汀从“打造文化品牌、创意中国汉堡、保持亲近顾客”三个维度发力，诠释品牌理念，为品牌赋能，使品牌成长。塔斯汀坚定地立下“用中国方式重新定义西式汉堡”，用中国味道承载传递中国文化，让世界认识并爱上“中国堡”的远大目标。

思考：

本案例给了你怎样的启示？

三、商业模式的构成要素

随着商业概念的自身提升，商业模式变得更加复杂，包括产品、服务、市场、供应链、营销、运作，这个准确并差异化的商业概念逐渐成熟，最终演变为完善的商业模式，从而形成一个将市场需求与资源结合的系统。

现代商业模式的最新解释，即一个企业满足消费者需求的系统，这个系统组织管理企业的各种资源（资金、原材料、人力资源、作业方式、销售方式、信息、品牌和知识产权、企业所处的环境、创新力，又称输入变量），形成消费者必须购买的产品和服务（输出变量），因而具有自己能复制且别人不能复制，或者自己在复制中占据市场优势地位的特性。

（一）你的用户是谁

根据商业活动的逻辑过程，我们知道，一切问题的来源都是基于人的需要，创意方案的产生也是为了解决人们的某种需要。因此，明确你的用户能够帮助你找到产品的需求价值。

（二）你为此创造了什么价值

解决了用户定位，企业需要思考怎样能够解决人们的需要。因此在解决问题的过程中，企业需要对用户问题认真审视和定位，并最终得出相对较好的解决方案。而产品作为价值传递的载体是整个商业活动中形式上的起点，企业需要思考解决方案的可行性，能将想法转化为产品形式，实现技术可行性。

（三）你是如何为此创造价值的

当企业完成了用户定位和市场定位之后，并不代表一切都结束了。产品需要通过什么渠道、什么方式到达用户手中，从而满足用户需求的同时实现产品价值，成为企业思考的一大问题。企业必须走进市场，面对复杂的经济环境，产品是否能满足国家的经济发展政策、定价是否合理、同质产品竞争如何、用户反馈如何等问题应运而生。因此，产品从生产直至到达用户手中，实现产品价值，最后产生企业利润的过程验证了产品的商业永续性。

要验证一个企业商业模式是否合理，我们可以用以下九个要素去衡量。

（1）价值主张：公司通过其产品和服务所能向消费者提供的价值。价值主张确认了公司对消费者的实用意义。

（2）消费者目标群体：公司所瞄准的消费者群体。这些群体具有某些共性，从而使公司能够（针对这些共性）创造价值。定义消费者群体的过程也被称为市场划分。

（3）分销渠道：公司用来接触消费者的各种途径。它阐述了公司如何开拓市场，涉及公司的市场和分销策略。

（4）客户关系：公司同其消费者群体之间所建立的联系。我们所说的客户关系管理即与此相关。

（5）价值配置：资源和活动的配置。

（6）核心能力：公司执行其商业模式所需的能力和资格。

（7）合作伙伴网络：公司同其他公司之间为有效地提供价值并实现其商业化而形成的合作关系网络。这也描述了公司的商业联盟范围。

（8）成本结构：所使用的工具和方法的货币描述。

（9）收入模型：公司通过各种收入流来创造财富的途径。

案例分享

索菲亚的客户服务模式

索菲亚是一家主要经营定制衣柜及配套定制家具，集研发、生产和销售于一体的公司。自2003年成立以来，索菲亚一直利用自身制造和信息化优势，不断提高服务质量，更及时地满足消费者对设计、安装等专业服务的要求，使公司在与其他品牌的竞争中脱颖而出，不断提高市场占有率。索菲亚的一项重要特色就在于它的客户服务。从接受订单开始，公司便会专门设立一个线上服务小组对客户进行接待，从产品设计沟通、上门安装到售后服务等一系列环节，都有专门的咨询顾问及技术人员进行一对一的答疑。索菲亚的这种客户服务模式绝不是针对某一单的客户，而是利用统一服务模式的Wi-Fi式覆盖，但又会让客户感觉自己享受的是VIP服务。

（案例来源：豆丁网）

思考

本案例给了你怎样的启示？

任何一个商业模式都是一个由客户价值、企业资源和能力、盈利方式构成的三维立体模式。由哈佛大学教授约翰逊（Mark Johnson）、克里斯坦森（Clayton Christensen）和SAP公司的CEO孔翰宁共同撰写的《商业模式创新白皮书》把这三个要素概括为：第一，“客户价值主张”，即在一个既定价格上企业向其客户或消费者提供服务或产品时所需要完成的任务；第二，“资源和生产过程”，即支持客户价值主张和盈利模式的具体经营模式；第三，“盈利公式”，即企业为股东实现经济价值的过程。

案例分享

自我出版热潮

传统的图书出版模式建立在一套甄选流程上：出版社审阅大量作家的手稿，并从中选出最有可能达到最大销量目标的作品。那么不够名气的作家可能就会被拒绝，因为出版社只有选择大众感兴趣的书籍才能获利最大。然而基于自我出版的热潮，一个新型的DIY出版商lulu. com诞生了，只需支付200美元，就能实现出版梦。lulu. com不仅能把你的作品变成一本平装或精装书，给它一个国际标准书号(ISBN)，还能保证在线零售商们把它列入书库。lulu. com的商业模式是帮助小众的、业余的作家把作品推向市场，通过在线商城，向作家提供排版、印刷工具，并帮助他们推广作品。这种做法消除了传统的图书准入门槛，与传统模式下选择有市场价值作品的做法大相径庭。

lulu. com排名前5位的自我出版书籍有：《繁忙人士的天然食品：简易免加工日常食谱》《哈瓦那犬》《调查生物学——BIO100实验室手册》《SAT制胜法》《如何创办一个婚庆公司》，销量都在5 000～50 000册。若是在传统出版行业，也许这些书都很难出版，但是在新的出版模式下，不用等待某个出版商判断他们的书是否有价值，就能将书推向市场。

（案例来源：[美]克里斯·安德森著；乔江涛译. 长尾理论[M]. 北京：中信出版社，2006.）

思考

本案例给了你怎样的启示？

第二节 商业模式的类型

商业模式也可以理解为创业者创意、商业创意，它们均来自机会的丰富和逻辑化，并最终演变为商业模式。每一种商业模式的出现，都意味着一种创新、一个新的商业机会的出现，谁能率先把握住这种商业机遇，谁就能在商业竞争中拔得头筹。商业模式有三种不同的分类方式。

一、以商业模式要素划分

（一）运营性商业模式

运营性商业模式重点解决企业与环境的互动关系，包括产品的核心优势、企业能力、关系等主要内容。如产业价值链定位，指的是企业处于什么样的产业链条中，在这个链条中处于何种地位，企业结合自身的资源条件和发展战略应如何定位；盈利模式设计（收入来源、收入分配），指企业从哪里获得收入，获得收入的形式有哪几种，这些收入以何种形式和比例在产业链中分配，企业是否对这种分配有话语权。

（二）策略性商业模式

策略性商业模式对运营性商业模式加以扩展和利用，涉及企业生产经营的方方面面。如业务模式，指企业向客户提供什么样的价值和利益，包括品牌、产品等；渠道模式，指企业如何向客户传递业务和价值，包括渠道倍增、渠道集中或压缩等；组织模式，指企业如何建立先进的管理控制模型，比如建立面向客户的组织结构，通过企业信息系统构建数字化组织等。

二、以制造商商业模式划分

（一）直供商业模式

直供商业模式主要应用在一些市场半径比较小、产品价格比较低或是流程比较清晰、资本实力雄厚的国际性大公司。该模式的制造商具有强大的执行力，现金流状况良好，市场基础平台稳固，且具备市场产品流动速度很快的特点。比如利润比较丰厚的白酒行业，很多公司就选择了直供的商业模式。

但是，中国市场战略纵深很大，市场特点迥异，渠道系统复杂，市场规范化程度比较低，在全国市场范围内选择直供商业模式是难以想象的。因此，即使强大如可口可乐、康师傅等跨国企业也选择放弃直供商业模式。

（二）总代理制商业模式

总代理制商业模式为中国广大的中小企业所广泛使用。中国大中小企业在发展过程中面临着两个最为核心的困难，一是团队执行力比较差，很难在短时间内构建一个庞大的执行团队，而选择经销商做总代理可以省去很多面对当地市场时的困难；二是资金实力较薄弱，可以通过选择总代理制商业模式，占用总代理商一部分资金的方式完成最初原始资金的积累，实现企业快速发展。

（三）联销体商业模式

随着大量中小企业选择采取总代理商业模式，市场上好的经销商成为一种稀缺的战略性资源。很多比较有实力的经销商为了降低商业风险，选择了与企业进行捆绑式合作，即制造商和经销商分别出资，成立联销体机构，既可以控制经销商市场风险，也可以保证制造商始终拥有良好的销售平台。这种方式受到了很多有理想、有长期发展企图的制造商的欢迎。如食品行业的龙头企业娃哈哈就采取了这种联销体的商业模式；空调行业巨头格力空调也选择了与区域性代理商合资成立公司共同运营市场，取得了不错的市场业绩。

(四) 仓储式商业模式

仓储式商业模式是很多消费品企业青睐的商业模式。很多强势品牌选择了仓储式商业模式是基于渠道分级成本很高、制造商竞争能力大幅度下降的现实,通过价格策略打造企业核心竞争力。比如20世纪90年代,四川长虹电视在中国大陆市场如日中天,为降低渠道系统成本,提高企业在市场上价格竞争的能力,长虹集团就选择了仓储式商业模式,企业直接将产品配送到消费者手里。仓储式商业模式与直供商业模式最大的不同是:直供商业模式是企业不拥有直接的店铺,而是通过将货源直接供应给第三方销售平台完成产品销售;仓储式商业模式是企业拥有自己的销售平台,通过自己的销售平台完成市场配货功能。

(五) 专卖式商业模式

随着中国市场渠道终端资源越来越少,越来越多的中国消费品企业选择专卖形式的商业模式。如TCL幸福村专卖系统,五粮液提出的全国两千家专卖店计划,蒙牛乳业提出的蒙牛专卖店加盟计划,云南乳业提出的牛奶专卖店与牛奶总汇等。

选择专卖式商业模式至少需要具备三种资源中的任何一种:一是品牌,选择专卖商业模式的企业基本上具备很好的品牌基础,消费者自愿消费比较多,市场认知比较成熟;二是产品线比较全,要维系一个专卖店具有稳定的利润,专卖店产品结构应该比较合理;三是消费者行为习惯,专卖式商业模式需要成熟的市场环境,比如农村集市就很难推动市场专卖销售的功能。专卖式商业模式以形象为核心,仓储式商业模式以价格策略为核心,两者商业模式完全不同。

(六) 复合式商业模式

复合式商业模式是一种基于企业发展阶段而作出的策略性选择。由于中国市场环境异常复杂,中国很多快速消费品企业在营销策略上也选择了多重形式。但是,要注意的是,一般情况下,无论多么复杂的企业与多么复杂的市场,都应该有主流的商业模式,而不能将商业模式复杂化作为朝令夕改的借口,使得营销系统在商业模式上出现重大的摇摆。

三、以营销手段模式划分

(一) 店铺模式

一般地说,服务业的商业模式要比制造业和零售业的商业模式更复杂。最古老也是最基本的商业模式就是“店铺模式(Shopkeeper Model)”,具体来说,就是在具有潜在消费者群的地方开设店铺并展示其产品或服务。

(二) “饵与钩”模式

随着时代的进步,商业模式也变得越来越精巧。“饵与钩”(Bait and Hook)模式,也称为“剃刀与刀片”(Razor and Blades)模式,或是“搭售”(Tied Products)模式,出现在20世纪早期。在这种模式里,基本产品的出售价格极低,通常处于亏损状态;而与之相关的消耗品或是服务的价格则十分昂贵。比如说，剃须刀（饵）和刀片（钩），手机（饵）和通话时间（钩），打印机（饵）和墨盒（钩），相机（饵）和照片（钩），等等。这个模式还有一个很有趣的变形：软件开发者们免费发放他们的文本阅读器，但是对其文本编辑器的定价却高达几百美金。

（三）硬件＋软件模式

将硬件制造和软件开发进行结合，以软件使用增加用户对硬件使用的黏性，消费者在硬件升级时不得不考虑软件使用习惯的因素。如苹果以其独到的 iPod ＋ iTunes 商业模式创新。

（四）电子商务模式

1. O2O 模式

O2O（Online to Offline）就是将线下商务的机会与互联网结合在一起，让互联网成为线下交易的前台。分为四种模式：线上交易到线下消费（Online to Offline）；线下营销到线上交易（Offline to Online）；线下营销到线上交易再到线下消费体验（Offline to Online to Offline）；线上营销到线下消费再到线上交易（Online to Offline to Online）。其核心就是打通消费通路，最大化地实现信息和实物之间、线上和线下之间、实体店与实体店之间的无缝衔接，很好地解决了线上线下验证问题，安全可靠，且可以后台统计服务的使用情况，方便了消费者的同时，也方便了商家。该模式最重要的特点是：推广效果可查，每笔交易可跟踪。

2. B2B、B2C、C2C 模式

这三者都是在线支付，购买的商品会放到包装箱（袋）里通过物流公司送到客户手中。B2B（Business-to-Business）是指企业与企业之间通过专用网络或 Internet 进行数据信息的交换、传递，开展交易活动的商业模式。B2C（Business-to-Customer）是指企业直接面向消费者销售产品和服务的商业零售模式。C2C（Customer-to-Customer）是指个人与个人之间的电子商务。

案例分享

吉林 B2C 电商第一人：坚守创业初心，电商精准扶贫

“全民创业，青年先行”。2010 年 6 月，担任过学生会主席的陈太春借着获得长春市首届青年创业大赛优胜奖之机，创立了阿凡提科技有限公司。在共青团、长春市委等多个部门的支持下，陈太春一次次咬着牙挺过许多始料未及的困难，如客户回款慢、资金周转困难、业务开展不顺、管理遇到瓶颈……他的公司一路披荆斩棘，经过 7 年砥砺前行，成长为省内最大的 B2C 商城。其合作单位从建行吉林省分行发展到省内知名自营商城，2017 年销售额突破 8 900 万元，为长春市及全省服务业转型升级贡献了自己的一份力量，因此陈太春也被誉为“吉林 B2C 电商第一人”。

2014年，陈太春参加团市委组织的扶贫下乡活动，看到贫困村艰难的生活状况后，不禁回想起自己儿时身处南方深山村子里时一贫如洗的辛酸。他毅然决定带领企业走出发展的“舒适区”，投入到扶贫事业中，将公司既有的成果发展成为践行创业初心和担当社会责任的平台。“我要利用自己所长，为老乡们办点实事。”陈太春坚定地说。

就这样，借助电子商务的优势，第一次扶贫取得了未曾想到的好效果。3天内销售近2万千克大米，10分钟内近3 000千克葡萄被抢购一空……陈太春带领团队运用他们最擅长的电商运营进行精准扶贫，解决了全省多个扶贫村农特产品滞销的难题。不仅如此，陈太春还为他们提供了更广阔、多元的销售渠道，并无偿为这些产品提供品牌建设、运营等专业援助。望着老乡们脸上绽放的笑容，陈太春更加坚定了扶贫助贫的决心。

2017年到2018年3月，陈太春的阿凡提团队的足迹遍布全省近百个贫困村。这些下乡经历让陈太春意识到，目前存在一个亟待解决的产业扶贫“最后一公里”问题——很多贫困户种植、养殖的产品，面临渠道窄、销售难等问题。贫困户从以前为无事可做发愁，到现在为产品无处可卖发愁。陈太春决定帮大家解决这个难题，做到扶真贫、真扶贫、真脱贫。他结合自身优势，想出了“线上＋线下”结合的精准扶贫创新方式，为贫困村产品滞销问题谋出路、想对策。

2018年1月20日，陈太春精心筹备的全国首创精准扶贫线上线下特惠交易展销会盛大启幕。展会现场，汇集了省内72个贫困村精选的优质农特产品品牌，产品涵盖绿色大米、五谷杂粮、延边苹果、黑麦面粉、黑木耳、黑猪肉、红姑娘酒、弱碱小米、笨鸡、笨鸡蛋、草编、手工葫芦等。到场的榆树市永生村、镇赉县大岗村、农安县边岗村等72个省内贫困村，皆是由阿凡提科技免费制作展位并提供全套营销服务，通过组织贫困村农特产品线上线下展销、现场推介、脱贫攻坚成果展示、爱心企业认购等活动，倾力帮助他们进行宣传与销售。此次活动创造了辉煌的销售业绩，其中，贫困村土特产品“线上＋线下”销售金额达6 000万元。活动后，很多爱心企业主动联系各贫困村，集中采购各类农特产品，为农产品进城拓宽了渠道。

紧接着，陈太春团队又马不停蹄地开始了下乡之旅，柳河的大米、靖宇的开口松子、延边的苹果等都开始上线销售。陈太春正在帮助更多的贫困村实现品牌包装设计提升、宣传视频拍摄、产品特色挖掘、营销思路梳理、销售平台搭建等。

2019年10月14日，该公司的吉林省青年电商助力精准脱贫农特产品（杭州）展销会案例入选中网联2019网络扶贫典型案例。

（案例来源：搜狐教育）

思考

本案例给你怎样的启示？

3. BNC 模式

BNC 就是"Business Name Consumer",智能商城 BNC 具有 B2C、C2C、O2O 等模式的优势,同时解决了以上模式解决不了的弊端,做到了快速免费地推广企业和产品。它是一个集高端云技术和独特裂变技术为一体的网络平台,特点是快速裂变,抑制同行模仿;是一个广大消费者零起步创业的舞台,每个人拥有自己姓名的商城,这能最大限度地挖掘出每个人的资源和潜力;是一个超越所有传统商业模式和电子商务模式的新型商务模式,可能会使电子商务快速进入后电子商务时代,这将是互联网及电子商务的最大创举。

BNC 模式没有大量管理服务费用,以小成本各自推广自己实名制的商城,产权式的网站备案让参与者感受到尊重和实惠。如厂商提供后台支持,个人主要负责推广和交易,借助吸引高品质的个人作为自己产品的代言人和合伙人,从而实现以共赢的方式推广产品和个人电商。这种模式的好处就是直销厂家、个人电商所有者获得利益,同时,商品的品牌也获得了推广。

第三节 | 商 业 画 布

一、商业画布定义

商业画布模型源自瑞士商业理论家亚历山大·奥斯特瓦尔德(Alexander Osterwalder)2010 年的著作《商业模式新生代》。商业画布简洁、易懂、可视,是一种被用来描述商业模式、可视化商业模式、评估商业模式及改变商业模式的通用语言,可以让使用者更方便地描述、使用商业模式,可以被用来构建新的战略性替代方案,也可以很好展示商业模式的创新和特点。

二、商业模式画布原则及内容

商业模式画布原则主要包括四个方面,即产品服务、客户、基础设施与基本设备及财务生存能力。这四方面既加强和客户之间的联系,又保证设计的基本原则。这些对于整个商业模式的设计都有着关键性的价值和意义。

商业模式主要覆盖了客户细分、价值主张、客户关系、渠道通路、关键业务、核心资源、重要伙伴、收入来源和成本结构九个部分。

(1) 客户细分。找出目标客户,需要考虑的问题是选择的客户到底是自己的客户还是大众客户,还是特定性的客户;商业模式不仅要服务于传统的 2/8 原则中的核心客户,还要关注利基市场中的长尾用户。

(2) 价值主张。确定自己为目标客户提供的产品/服务的价值,怎样为客户服务,满足他们怎样的需求。

(3) 客户关系。和目标客户打交道,和目标客户建立良好的关系。客户的黏性和忠诚度需要客户关系来保证,好的客户关系甚至可以建立营销的网络,好的客户关系意味着可以追加销售和新的产品销售。

(4) 渠道通路。将产品和服务触达目标客户。

(5) 关键业务。宣传产品和传递价值主张的必要商业活动,需要考虑用什么实体才能体现价值主张,建立怎样的渠道才能传播服务和产品,维系客户关系。

案例分享

山货与凉茶

大学生创业开店找项目是一件很重要的事。很多大学生自主创业没有找到针对市场需求的好项目,致使创业失败。程布惠,湘西瑶族的山里人。大专毕业后,她一直找不到合适的工作。当看到城里人很喜欢山里的土特产时,她就想到将老家边远山区那些纯天然的山货运到城里来销售。打定主意后,程布惠先是带了一小部分品种来到省城"探路",结果大受欢迎,原因是这种无污染的山货,正是追求生活质量的城市居民最喜欢的。尝到甜头后,程布惠立即在家乡找了几个帮手。她亲自前往湘西山区组织货源,并在省城租了一个 20 多平方米的门面,专门销售农家山货。没多久,程布惠又将小店一分为二,一边为批发部,一边为零售部。为充分利用店里的空间,她又在靠门道的位置卖起了山里的苦凉茶。用程布惠的话说,这叫全方位发掘资源。半成品都堆放在店里,拿来烧成茶水卖,利润就提高了不止 10 倍。这些苦凉茶品种有金银花、野菊花、凉茶叶等,原料全是山上野生野长的。程布惠还担心这种难登大雅之堂的苦凉茶在城里卖不动,不想一经推出就大受欢迎。据顾客反映,这种山里的苦凉茶虽然味道苦些,喝起来不如现代流水线生产出来的茶口感好,但原料地道正宗,在炎炎夏日里饮用真正能起到消热解毒的作用。而且每杯的价格为 1 元,顾客都说"实惠""物有所值"。接着,程布惠招了两个女帮工,准备放开手脚大干一场。初次创业的程布惠,在短短 1 年时间里,居然靠卖山货与卖苦凉茶赚到了 10 万元。

(案例来源:搜狐网)

思考

本案例给了你怎样的启示?

(6) 核心资源。需要哪些核心的资源才能保证前五个方面能顺利地搭建起来,是需要资金、人力、知识产权还是某些固定资产,这些都是在确定核心资源时要考虑的。

(7) 重要伙伴。可以给予战略支持的合作伙伴。

(8) 收入来源。俗话说:"羊毛出在羊身上。"企业不是慈善组织,要维持正常的运作需要收入,要用最合理方式来让客户付钱,换取企业为他创造的价值。

(9) 成本结构。降低不必要成本是企业获得更大收益的十分重要的方式，同时在之前的八个方面中所涉及的成本都应该在这个阶段做详细的评估。

完整的商业模式画布如图 6-1 所示。

<table>
<tr><td rowspan="2">重要伙伴</td><td>关键业务</td><td rowspan="2">价值主张</td><td>客户关系</td><td rowspan="2">客户细分</td></tr>
<tr><td>核心资源</td><td>渠道通路</td></tr>
<tr><td colspan="3">成本结构</td><td colspan="2">收入来源</td></tr>
</table>

图 6-1　商业模式画布

四、商业画布的实际应用价值

（一）制作迅速

与写商业计划书需要几周，甚至几个月的时间相比，只需要一个下午就能利用商业模式画布工具大致描述出多种不同的商业模式。而且，制作这些单页商业模式图表只需要很少的时间。这使新的商业模式创意的形成更为迅速。

（二）内容紧凑

商业模式画布工具的使用将提醒使用者谨慎措辞，尽量做到简明扼要。借此还可以练习如何提炼自家产品的核心竞争力。简单来说，就是促使商业模式设计者在最短的时间内抓住商业模式的核心和重点。

（三）方便携带

商业模式画布使商业模式只需要放在一页纸上，便于和他人进行分享与讨论。这意味着它的曝光率将会更高，能够得到不断的修改，从而日趋完善。

当商业模式被视为一个产品的时候，更能够提高效率。这不但可以让商业模式变得完整，而且可以使用那些久经考验的产品的开发方法进一步打造公司。

五、制作商业画布

描述商业模式要注意简洁、高效；既能突出重点，又关注商业模式各个部分的配套与完善；既力争把构成要素描述全面，避免以偏概全，又要注意各要素的内容避免重复。商业创意的描述可以从以下五个方面加以思考：

一是以投入、产出意图为基础。这是商业活动的特点，能够把商业创意与其他领域的创新区别开来。

二是以不确定性问题的处理为内容。这是商业创意活动的特殊情景，能够把它与一般商业决策区别开来。

三是以直观经验判断为形式。这是商业创意的主观行为特征，能够把它和商业活动中的理性分析和选择区分开来。

四是以愿景和意志为动因。这是商业创意行为的动力，把它与仅以认识为依据的行动区分开来。

五是以企业的建立和运行为目标。这是商业创意的效果，把成功与不成功的商业创意区分开来。

建立成功的商业模式是创业过程中最具价值潜力的环节。创业者在设计商业模式时需要对自己所设计的商业模式各项要素进行描述。这样，既方便自己分析，也便于其他人理解该商业模式，更有助于设计者把控整个商业模式的走向。好的商业模式应该具备以下九部分的内容。

（一）描述企业提供物（产品/服务）

描述企业的提供物其实就是描述企业的价值主张。在商业模式的定义中我们已经表明商业模式的本质是描述企业如何创造、传递并获取价值的基本原理。所以，企业的价值主张无疑位于一个商业模式最核心的地位。商业模式的价值主张是指企业要解决什么问题（客户需求），以及需求的强烈程度。即便目标客户有需求，且需求能凸显企业的独特价值，商业模式也需要考虑企业能否提供被客户接受的独特、清晰、简明的价值主张，以及这样的价值是否能够超越客户期望。如果模式体现的价值主张不符合市场需求，那么再好的资源及渠道也不可能为企业带来持续的盈利。这样的商业模式也只能是无源之水，不能持久。价值主张直接体现在企业所提供的产品和服务上。描述企业价值主张就是对公司的系列产品和服务给出总的看法。

（二）描述企业为谁提供价值

企业的价值主张是为目标客户所提供的，即企业需要在商业模式中明确细分出自己的目标客户：目标客户是谁，客户群体有多大，客户群体的增长空间有多大，客户对企业所提供的价值主张有多大的需求，依赖性又有多大。

（三）描述企业如何接触其客户

描述企业如何接触客户，即描述与客户沟通、联系的渠道。渠道通路是企业的价值主张和目标客户之间的桥梁。它说明了企业如何将自己的商品或服务传递给目标客户，并且如何促使客户接受企业的价值主张。

（四）描述企业建立的各种关系

在描述企业建立的关系时，有一些需要注意的事项。一是企业目标客户群体与企业之间的关系；二是企业已经建立并运行良好的商业关系网络；三是企业在运营维护这些关系时所花费的成本；四是企业将这些关系与其所涉及的商业模式的融合。

（五）描述企业如何赚钱

一个好的商业模式的盈利设计需要切合市场实际，并且富有弹性。这样的话，企业就存在可预期的实际盈利。这也就意味着企业将来是可以赚钱的。模式中的盈利设计包括价值获取、战略定价和目标成本规划。企业要想盈利，那就要求在用户需求既定的状态下，用户不仅是企业的目标用户，还应具有较强的消费能力，能为企业带来盈利。描述企业如何赚钱，不仅需要描述清楚企业靠哪种方式赚钱，还需要描述清楚哪种盈利方式对企业当下的情况是有利的，企业如何做才能让未来更好等。一个创业者需要思考该种商业模式能够获得的商业价值是多大。合适的商业模式可以有效改善企业的显性及隐性资产的状况。

（六）描述需要什么样的资源与能力

企业的资源既可以来自企业内部，也可以来自企业外部。不同的商业模式意味着需要不同的资源和能力。企业需要什么样的资源及如何获取这些资源关系着企业组织能否实现自己所提出的价值主张并盈利。描述资源与能力时，包括资源的类别、来源、获取及成本等方面都应予以关注。

（七）描述需要什么样的业务

描述企业商业模式所涉及的关键业务时可以将其分为以下几类：制造产品、问题解决和平台/网络。制造产品涉及生产一定数量或满足一定质量的产品，与设计、制造及发送产品有关；问题解决指的是为个别客户的问题提供新的解决方案，比如咨询公司；而平台/网络则是以平台为核心资源的商业模式。其关键业务都是与平台或网络相关的。此类商业模式的关键业务与平台管理、服务提供和平台推广相关。

（八）描述商业模式所涉及的合作伙伴

好的商业模式需要关注其利益相关者之间的关系。如果让利益各方都能获得利益，而且分配合理，那么这个商业模式在较长一段时间内是可持续的。不过商业模式不可能总是固化的。随着发展的深入，用户的很多需求会逐渐衍生出来。这时企业需要考虑商业模式的创新。没有一个商业模式是完美的，因为消费者的需求、渠道（代理或经销）的需求，以及供应商的需求等都是在不断变化的，很难保证一个商业模式能一直让利益各方都满意。

（九）描述商业模式的成本

成本结构事关企业能否存活，无疑是一个重点。无论什么商业模式都渴望能将自己的成本最小化，利益最大化，但是不同的成本结构对不同的商业模式有着不同的意义。比如廉价航空的代表西南航空公司，其商业模式就致力于在每个地方都尽可能多地降低成本。因此，在描述商业模式的成本时，应该注意到这一点。

【专题实训】

实训目标:

掌握商业画布,学会设计和分析商业模式。

实训步骤:

一、活动情景:走访企业,并思考其商业模式。

二、小组活动:分工完成任务;集体分析讨论不同企业运营特点,总结并共享任务成果。

三、个人内化:完成个人商业模式分析,与老师、同学沟通,征求意见和建议。

四、应用拓展:针对小组或个人项目、想法,从商业画布九要素入手,结合创新、专业、就业等方面进行应用拓展。

五、活动评价:通过小组总结会进行个人表现自评、他评、总评等讨论环节,由组长汇总后对每个组员进行打分。

实训过程:

一、活动情景

情景设计:考察一家企业

1. 选择你之前访谈的创业者的企业,或你熟悉的企业,或身边的一个餐馆、理发店、便利店等商家,通过你的实际消费体验与观察,思考并回答下面的问题。

(1) 你考察的对象是谁?

(2) 他们的客户群体主要是哪些人?

(3) 他们的服务内容都有什么?

(4) 他是怎么进行市场推广的? 你为什么会选择这里?

(5) 你还会来第二次吗? 为什么?

(6) 他们通过哪些产品和服务获得收入?

(7) 你发现了有哪些资源支持他们为你提供产品和服务?

(8) 你认为他们为向你提供产品和服务的时候做了什么?

(9) 你认为他们拥有哪些资源后,企业会发展得更好?

(10) 你认为他们为经营这家企业需要支付哪些成本?

2. 通过对身边企业的观察与思考,请你对这些企业如何赚钱进行简单地梳理,并认真思考这些商业模式有什么不同。

二、小组活动

1. 请将你们的成果互相分享。通过讨论、分析、比较,了解不同行业的企业的运作、经营特点,并将讨论成果记录在下表。

	企业一	企业二	企业三
客户群体			
服务内容			
市场推广			
顾客再次光顾的原因			
通过产品和服务获得的收入			
支持他们为客户提供产品和服务的资源			
向顾客提供产品和服务时的工作			
会让企业发展得更好的资源			

2. 你认为经营一个企业，你会首先考虑哪三个要素？为什么？请在小组活动中相互分享。

三、个体内化

尝试将你或你们小组的商业模式记录下来。如果你和小组都没有项目，可以再次拜访你访谈过的创业者，对其项目进行商业模式分析，并将你的分析成果与他交流，寻找出自己的思考漏洞。

1. 完成下面商业模式画布的填写。

2. 与非本组的同学交流你的商业模式画布，把同学对你的商业模式提出的问题和建议记录下来，并据此改进你的商业模式。

四、应用拓展

1. 基于你们小组采用商业模式画布对本组创业项目设计的商业模式，从商业模式九要素思考，有哪些要素可以进行优化与创新？要求思考不少于三个要素的优化与创新。请记录在下面的空白处。

2. 认真思考以下问题，并记下自己感触最深或最感兴趣的体会。

(1) 与创新相结合的思考。

- 在商业模式的创新中你最关注哪些要素的创新？请举例说明。

- 在过去的一年中你认为你身边有哪些商业模式创新的案例？请提出不少于两个项目，并对他们的商业模式创新进行简单地描述。

(2) 与专业相结合的思考。

请选择本专业领域内的一家公司，用商业模式画布分析其商业模式，以便了解本专业在商业价值实现方面的运作方法。

(3) 与就业相结合的思考。

- 借鉴商业模式画布的思维方法，以实现自己的人生价值追求为方向，看看你即将走入社会能做些什么？

- 我能帮助的对象是谁？

- 我需要为他做些什么？

- 我怎样做才能帮助他？

- 我如何让他们知道我想帮助他们？

- 我需要做哪些事情？

- 我有哪些知识与能力？

- 我需要哪些人对我进行帮助？

- 我能得到哪些?

- 我需要付出哪些?

3. 请将你能做的事情通过个人价值画布展现出来。

<table>
<tr><td rowspan="2">我需要哪些人对我进行帮助?</td><td>我需要做哪些事情?</td><td rowspan="2">我需要为他做些什么?</td><td>我如何让他们知道我想帮助他们?</td><td rowspan="2">我能帮助的对象是谁?</td></tr>
<tr><td>我有哪些知识和能力?</td><td>我要怎样做才能帮助他?</td></tr>
<tr><td colspan="3">我需要付出哪些?</td><td colspan="2">我能得到哪些?</td></tr>
</table>

五、活动评价

1. 召开小组总结会议,请每个组员围绕以下问题进行发言、讨论。

(1) 我对活动的贡献是什么? 请从承担的内容、完成情况、工作实效等方面阐述。

(2) 我对他人的评价。

(3) 我对活动的建议。

2. 请记录以下内容。

(1) 他人对自己的评价。

(2) 他人对活动的建议。

3. 请组长做好记录和汇总，并综合大家的讨论情况，给每个组员评分。

小贴士

商业模式不是简单的盈利模式或者赚钱的方法，而是由价值体现方式、价值创造方式、价值传递方式和企业的盈利方式四者及其联系构成的。商业模式的开发是企业战略设计的基础，同时可以从客户价值实现的程度、客户价值实现的可靠性和客户价值实现的效率三个角度评价商业模式设计得是否理想。

专题八

管理新创企业

名人名言

每种首创事业的成功，最要紧的还是所有当事人的基本训练。

——马明·西比利亚克

课前互动

阅读以下材料并回答问题。

“放管服”，就是简政放权、放管结合、优化服务的简称。“放”即降低准入门槛。“管”即创新监管，促进公平竞争。“服”即高效服务，营造便利环境。通过减轻企业经济负担、减免企业办事证明材料、建立企业内部安全随访制，进一步方便企业群众办事创业。“放管服”的改革正在向纵深推进。在各级政府“放管服”的背景下，请同学们到附近一个区的公共事务办事大厅，了解如何能简化企业注册流程，政府提供了哪些服务，将你的收获与同学们分享。

问题：

(1) 这里提供的服务有什么？

(2) 这里拿到营业执照和相关许可的最短周期是多久？

(3) 我们需要做的准备工作有什么？

学思之窗

2022 年 3 月 21 日，由中国传媒大学创新创业教育中心联合全球顶尖风投机构

500 Global 共同编制的《2021 中国大学生创业报告》正式发布。报告显示，八成左右的大学生表示对于企业管理了解并不深入，且仅有 20.7%的受访者认为创业应该寻求风险投资机构的投资，而符合风投机构眼中“准备好的创业者”仅有 2.12%。可见，大学生对创业的热情仍然很高，但真正深入了解的仍占少数。新创企业，就是从无到有全新组建起来的队伍。根据上述背景材料及所在学校实际，探讨以下问题：

(1) 一个成功的创业企业需要严格管理吗？

(2) 初创企业首先要管理什么？

(3) 创业管理是不是应该越管越细？

第一节 | 创办企业准备

一、认识企业组织形式

创业过程是一个建立组织和组织逐渐成长、发展的过程。创业第一步，除了做好资金、资源、心理等准备之外，极为重要的事就是针对自身情况，选择一个合适的企业组织形式。

企业组织形式是表明其财产组成、内部分工合作及外部社会经济关联的形式，具有所有权和经营权两种基本经济权利。常见的企业组织形式有独资企业、合伙企业和公司制企业三种形式。无论企业采用何种组织形式，都应知道它们是企业从事经济运作和财务运作的基础。

(一) 独资企业

独资企业在西方也称为“单人业主制”，是最简单的企业组织形式。它是指依照《中华人民共和国个人独资企业法》(以下简称《个人独资企业法》)在中国境内设立的，由自然人投资，财产为投资人个人所有，投资人以其个人财产对企业债务承担无限责任的经营实体。我国的个体户和私营企业很多都属于此类企业。

独资企业是非法人型企业，个人独资的财产属投资人个人所有，在企业财产无法清偿债务时，由投资人以个人财产承担债务。个人独资企业尤其适用于初涉市场、资金实力有限的创业者。根据《个人独资企业法》规定，设立个人独资企业应当同时具备下列条件：

(1) 投资人为一个自然人；

(2) 有合法的企业名称；

(3) 有投资人申报的出资；

(4) 有固定的生产经营场所和必要的生产经营条件；

(5) 有必要的从业人员。

（二）合伙企业

合伙企业是指按照《中华人民共和国合伙企业法》(以下简称《合伙企业法》)在中国境内设立的，由若干人，甚至几百人联合起来共同出资、合伙经营、共享收益、共担风险，并对合伙企业债务承担无限连带责任的营利性组织。合伙企业也是非法人型企业，不具备法人资格。在现代企业中，合伙企业所占比例很高。中外实践证明，合伙企业是一种灵活、简便又不失一定规范和规模的企业组织形式。设立合伙企业，应当具备下列条件：

(1) 合伙人应当为两个或两个以上的具有完全民事行为能力的人。

(2) 合伙企业必须有书面合伙协议。合伙协议是由各合伙人协商一致，明确责任，不存在承担有限责任的合伙人。合伙协议应采取书面方式订立，经全体合伙人签名、盖章后生效。合伙人依照合伙协议享有权利，承担义务。合伙协议生效后，全体合伙人经协商一致，可以修改或者进行补充。

（三）公司制企业

公司制企业是按所有权和管理权分离、出资者按出资额对公司承担有限责任创办的企业，主要包括有限责任公司和股份有限公司。

1. 有限责任公司

有限责任公司指不通过发行股票，而由为数不多的股东集资组建的公司(一般由2人以上50人以下的股东共同出资设立)，其资本无需划分为等额股份，股东在出让股权时受到一定的限制。根据我国《中华人民共和国公司法》(以下简称《公司法》)规定，设立有限责任公司，应当同时具备下列条件：

(1) 股东符合法定人数；

(2) 有符合公司章程规定的全体股东认缴的出资额；

(3) 股东共同制定公司章程；

(4) 有公司名称，并建立符合有限责任公司要求的组织机构；

(5) 有公司住所。

2. 股份有限公司

股份有限公司是指将公司全部资本分为等额股份，股东以其所持股份为限对公司承担责任，公司以其全部资产对公司的债务承担责任。设立股份有限公司，应当具备下列条件：

(1) 发起人符合法定人数；

(2) 有符合公司章程规定的全体发起人认购的股本总额或者募集的实收股本总额；

(3) 股份发行、筹办事项符合法律规定；

(4) 发起人制定公司章程，采用募集方式设立的经创立大会通过；

(5) 有公司名称，建立符合股份有限公司要求的组织机构；

(6) 有公司住所。

案例分享

宠物医院应运而生

21岁创业，18个月年流水过千万，她如何运营这门“重”生意？

李雪，是当下撸猫撸狗年轻人中的一员。彼时，李雪养了多年的爱犬患了关节类慢性病，李雪带着它四处就医。但体验很不愉快，爱犬的病没治好，诊所环境也难言满意。更叫人不知所措的是，关于疾病诊断、治疗方案等关键信息，几家宠物诊所各执一词。

既然市场满足不了养宠人士消费需求，那就自己办一家。为此她还停掉了自己打理的年销售额已达到300万的淘宝女装店。

9个月盈亏平衡背后

2013年12月，配备了15名医护人员、占地500平方米的专注于宠物高端医疗的首家宠爱国际动物医院开张。这是当时北京市房租最高的宠物医院。最初，在很多人看来，朝阳区如此高的房租成本，加上创始人太年轻，缺乏管理和专业经验，估计撑不过一年。出乎意料的是，只用了3个月，宠爱国际单月收入破万，9个月实现盈亏平衡，一年半后，宠爱国际年流水过千万，大众点评口碑全国第一。

“这是很大的变化，门店终于开始赚钱了。”李雪说。作为一名大学还未毕业就创业的“90后”，一没有背景，二没有光环，除了凭着对市场的判断，她认为最为重要的是需要倚重专业人士。

李雪最开始招人只有靠真诚，一两个月后就要让团队看到创始人的格局，对做宠物医院这件事情的投入。但不能一直“画大饼”，半年或一年后，就要让团队看到事情是在向好的方向发展，首店盈利就是证明。

作为公司化运营的机构，自然少不了市场、运营等角色。李雪与创始团队其他成员正好角色互补。李雪在大学学的是市场营销，创办宠爱国际前还有运营淘宝店的经验。这样的履历在互联网行业不算突出，换到宠物医院行业就变得稀缺。

创业之初预算有限，不可能招聘太多人，李雪亲自上阵，缺人力做人力，缺财务做财务。如果不懂行，她就现学现卖，她还去报名上了线下的财务大班课。

持续投资人才和设备

9个月做到盈利，然而，打磨3年多，直到2017年宠爱国际才开出第二家门店。

2017年年底，宠爱国际在北京筹建了7家医院；2018年宠爱国际开始异地扩张，如今在北京、上海、杭州、重庆、沈阳五地共建有近30家医院。

李雪表示，宠爱国际前期走得比较慢，规模化不是目标，满足客户需求才是立足点;运营宠物医院技术属性和服务属性重,为了持续提供稳定高质量的服务,宠爱国际在扩张前必须不断试错,把业务流程、技术标准、人才培训等内容总结提炼成便于标准化输出的模块,并形成前期口碑。为此,宠爱国际建立了一套“中台”能力,具体包括人才培训、内部运营SOP和品牌推广三方面。到了扩张阶段,宠爱国际则根据当地市场情况,选择在异地开设直营店,或者收购当地优质的宠物医院连锁品牌。

杭州宠爱国际维尼动物医院院长吴达胜是浙江大学临床兽医硕士,曾创办了杭州维尼动物医院。吴达胜对创业邦说,他非常看重医疗技术,做技术的人需要安稳的环境,但一家公司总免不了人员流动,创始人还需要应对市场变化,他不擅长这些。并入宠爱国际后,吴达胜将品牌、运营、人事等事项交由总部后方支持,自身则更好地专注于医疗技术提升,宠爱国际的平台能力正好发挥了作用。

随着宠物老龄化出现,病例复杂程度提升,医疗技术能力和人才储备越来越成为各宠物医院打造竞争壁垒的关键。2019年9月,宠爱国际动物医疗中心开业。该中心医院投资数千万,拥有15个专业化诊疗中心,23个分类科室,具有医疗、科研、教学、预防保健、康复等功能。在人才培养方面,宠爱国际形成了一套完整的培训体系,此外还与日本、韩国、美国等多个国家的顶级医疗机构建立了互访和技术交流机制。基于实践和研究,如果猫狗共处,会导致猫的情绪不稳定,病情加重概率就会增加。为了提升用户体验,2018年,宠爱国际对所有门店进行升级,设立了猫狗就诊专区。

截至目前,宠爱国际已完成B+轮融资,股东包括双湖资本、弘晖资本、博派资本等。接下去一年,李雪计划开出更多门店,进一步构建宠爱国际的口碑。

(案例来源:搜狐网)

思考

创业方向得到验证固然离不开团队努力,对消费趋势的判断和市场切入点却在更基础的层面决定了一家公司能走多远。创业者设立企业,应该采取怎样行之有效的基础管理、产品管理、营销管理方法,才能够行稳致远?

二、创业企业组织形式的选择

因为各组织形式均有自身的优势和劣势,所以创业者须分析有关的法律规定,在此基础上选择最有利于创业企业生存与发展的组织形式。各种组织形式的优缺点,见表8-1。

表 8-1 创业组织形式的优缺点

形式	特征	
	优点	缺点
独资企业	1. 企业资产所有权、控制权、经营权、收益权高度统一； 2. 企业业主自负盈亏和对企业的债务负无限责任成为了强硬的预算约束； 3. 企业的外部法律法规等对企业的经营管理、决策、进入与退出、设立与破产的制约较小	1. 难以筹集大量资金； 2. 投资者风险巨大； 3. 企业连续性差； 4. 企业内部的基本关系是雇佣劳动关系，劳资双方利益目标的差异，构成企业内部组织效率的潜在危险
合伙企业	1. 与个人独资企业相比较，合伙企业可以从众多的合伙人处筹集资本，合伙人共同偿还债务，减少了银行贷款的风险，使企业的筹资能力有所提高； 2. 与个人独资企业相比较，合伙企业能够让更多投资者发挥优势互补的作用并且投资者更多。事关自己切身利益，大家共同出力谋划，集思广益，提升企业综合竞争力； 3. 与一般公司相比较，由于合伙企业中至少有一个负无限责任，使债权人的利益受到更大保护，理论上来讲，在这种无限责任的压力下，更能提升企业信誉； 4. 合伙企业盈利更多，因为合伙企业交的是个税而不是企业所得税，这也是其高风险成本的收益	1. 合伙企业是很难做大做强的； 2. 连带责任会在一定情况下打消合伙人的积极性
公司制企业	1. 公司股东的有限责任决定了对公司投资的股东既可满足投资者谋求利益的需求，又可使其承担的风险限定在一个合理的范围内，增加其投资的积极性； 2. 公司特别是股份有限公司可以公开发行股票、债券，在社会上广泛集资，便于兴办大型企业； 3. 公司实行彻底的所有权与经营权分离的原则，提高了公司的管理水平； 4. 公司特有的组织结构形式使公司的资本、经营运作趋于利益最大化，更好地实现投资者的目的； 5. 公司形态完全脱离个人色彩，是资本的永久性联合，股东的个人生存安危不影响公司的正常运营	1. 设立程序比较复杂，创办费用高； 2. 由于公司是从社会吸纳资金，为保护利益相关者，政府对公司的限制较多，法律法规的要求也比较严格； 3. 需要交纳的所得税高

三、小微企业

(一) 小微企业的定义

随着社会经济的快速发展，国外的发达国家已经非常关注小微企业，国外定名为“MieroBusiness”。2011 年 7 月，工业和信息化部、国家统计局、国家发改局、国家发改委和财政部研究制定了《中小企业划型标准规定》。该规定首次在市场主体中新增了微型企业，这标志着微型企业发展已上升到国家战略层面，小型和微型企业将成为今后国家政策扶持的重点。这些企业的特点是规模较小，一般在 10 人以下甚至少于 3 人，他们甚至没有办公室而只是在家工作，前期投入相对比较少就可以迅速开始工作，就像淘宝平台的大部分卖家，但淘宝平台的卖家大多是销售实体物品的，一些销售软性商品的企业比如做咨询或者服务行业的，也都属于小微企业。

小微企业基本上涵盖了技术服务性行业、装配型制造行业、手工作坊和小型种植养殖业，还包括修理修配、图书借阅、旅店服务、餐饮服务、初级卫生保健服务、婴幼儿看护和教育服务、养老服务、病人看护、幼儿和学生接送服务等一些特色服务，微利项目一般建立在社区、街道。

（二）小微企业的特征

小微企业普遍存在创业意识浓厚，创业不拘规模，不怨天、不尤人、不求人，自主性、积极性很高的特点。小微企业在市场上首要问题是生存问题，基本上还顾不上考虑企业文化，甚至企业形象。由于企业小，缺乏对人才的吸引力，所雇佣员工的素质也不够高。

（三）小微企业成功要素

1. 做好区域市场规划

作为小微企业开拓市场一定要先做好规划，不要盲目求大求全。要仔细分析本公司各类产品的品种、特性、规格等特点，找到产品适合的区域市场和渠道。要选择合适的经销商，最大限度地配备资源。

2. 操作快速灵活

小微企业开拓市场要结合企业及市场的实际情况进行相应的调整，要把握低成本运作，快速抢占目标市场，快速和灵活地运作市场。

3. 巩固有效市场

小微企业首先要巩固自己在区域中现存的市场，不断扩大终端和局部市场的优势。可以及时调整资源，针对市场特点，不断挖掘潜力，集中力量巩固有效市场。

4. 及时评估和调整

开拓市场存在很多不稳定的因素，小微企业要充分利用“船小好调头”的优势，在实践中不断总结和调整，不断弥补企业自身的不足。

对创业者而言，选择一个合适的企业组织形式非常重要，因为这不仅关系到企业注册流程、企业纳税的多少、创业者个人须承担的责任、创业者的融资行为等，也在一定程度上决定了企业未来的走向。

对于初创业的大学生来说，从设立条件、融资难易程度、注册资本、税收负担、管理效率等方面看，合伙企业较适合。刚刚走出校园的大学生，想要和志同道合的朋友们合伙开一家店，但毕竟资金方面有限。选择合伙企业不用缴纳法人所得税，只需缴纳创业者的个人所得税，大大减少了税收成本，适合资金不足、无专利技术、积极肯干的大学生。在良好的发展下(资金充足,经营管理经验足,技术完备),他们也可以将合伙企业转变为有限责任公司。同时,他们可以充分发挥企业和合伙人个人的力量,增强企业经营实力,使得其规模相对扩大。每个合伙人都有权参与企业的经营管理工作,这可以让每个大学生创业者得到充分的锻炼、成长。

第二节 | 设立创业企业的流程

一、"多证合一"工商注册

对于工商部门来说,全面实行"一套材料、一表登记、一窗受理"的工作模式,申请人材料齐全后,登记部门直接核发加载统一社会信用代码的营业执照,相关信息在国家企业信用信息公示系统公示,并及时归集至全国信用信息共享平台。

对于企业来说,申请人办理企业注册登记时只需填写"一张表格",向"一个窗口"提交"一套材料",不再另行办理"多证合一"涉及的被整合证照。

注册企业流程如下:公司核名→开验资账户→进资金→会计师出验资报告→工商行政管理机关出营业执照→刻章→办理代码证→办理税务登记证→开设根本户→税务做税种核定→买税控机→办理人联系卡→买发票→开始经营。

公司名称查询前,需确定公司资本、股东姓名及出资比例、公司经营范围。

公司查名材料:股东身份证明原件、股东签署的《企业名称预先核准申请书》、委托代理人身份证明。

办理工商登记所需材料:股东身份证明、公司章程、验资报告、《企业名称预先核准通知书》、股东会决议、公司住所证明等。

(一) 名称的构成

名称一般由以下部分依次组成:行政区划+字号+行业特点+组织形式或字号+(地区)+行业特点+组织形式。

行政区划是本企业所在地县级以上行政区划的名称或地名。

字号应当由两个以上汉字组成,行政区划不得用作字号,但县以上行政区划地名具有其他含义的除外。企业名称可以使用自然人投资人的姓名作字号。

行业特点应当是反映企业经济活动性质所属国民经济行业或企业经营特点的用语。企业名称中行业用语表述的内容应当与企业经营范围一致。企业为反映其经营特点,可以在名称中的字号之后使用国家(地区)名称或县级以上行政区划的地名。

依据《中华人民共和国公司法》申请登记的企业名称,其组织形式为有限公司(有限责任公司)或股份有限公司;依据其他法律、法规申请登记的企业名称,组织形式不得申请为“有限公司(有限责任公司)”或“股份有限公司”,非公司制企业可以申请用“厂”“店”“部”“中心”等作为企业名称的组织形式,例如,“四川×××食品厂”“四川××商店”“四川××技术开发中心”。

(二) 企业名称的一般性规定

企业名称不得含有下列内容和文字:

1. 有损于国家、社会公共利益的。
2. 可能对公众造成欺骗或误解的。
3. 外国国家(地区)名称、国际组织名称。
4. 政党名称、党政军机关名称、群众组织名称、社会团体名称及部队番号。
5. 其他法律、行政法规规定禁止的。

(三) 企业经营范围的选取

企业经营范围主要包括四大类:

(1) 商贸类:五金交电、电子产品、电信器材、电线电缆、电动工具、家用电器、机电设备、通信器材、照相器材、健身器材、音响设备、酒店设备、汽摩配件、工具量具、仪器仪表、医疗设备、建筑材料、装潢材料、陶瓷制品、卫生洁具、橡塑制品、化工原料及产品、电脑及配件、印刷机械、办公用品、文体用品、日用百货、包装材料、工艺礼品、玩具、金属材料、钢丝绳、阀门、管道配件、轴承、制冷设备、压缩机及配件、服装鞋帽、服饰辅料、纺机配件、纺织原料、针纺织品、皮革制品、化妆品等。

(2) 科技类:科技服务、计算机技术咨询服务、网络科技、生物科技、环保工程、通信工程等。

(3) 咨询类:投资咨询、劳务咨询、商务咨询、财务咨询、企业管理咨询、会展咨询、市场调研、企业形象策划、企业营销策划、电脑图文设计制作等。

(4) 其他服务类:广告、物业管理、美术设计制作、礼仪服务、会务服务、快递服务、清洁服务、服装干洗、摄影服务、绿化养护、汽车美容装潢、货运代理、房地产开发、建筑安装、家庭装潢、水电安装等。

一个新创企业要获得合法的身份展开生产经营活动,就必须去工商行政管理机关办理注册登记手续,获得营业执照,并刻制印章,开立银行账户,办理税务一户通协议等。只有完成企业注册流程,方可开展生产经营活动,具体注册流程如图 8-1 所示。

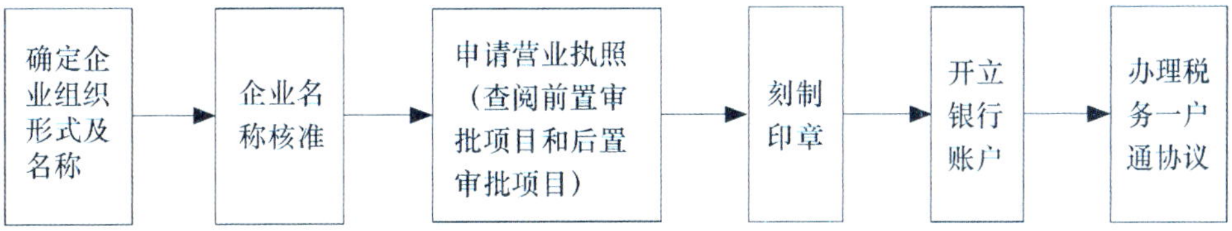

图 8-1 企业注册流程

案例分享

创业9天就破产

23岁的舒某从某工程大学电子信息专业毕业，和许多大学生一样开始找工作。通过家人介绍，舒某来到了一家事业单位。但是他认为自己只是做基础性的工作，不能很好地施展拳脚，于是选择了辞职。

一次偶然的机会，舒某见到有人销售一种不用电池的环保手电。他如获至宝，赶紧和厂家联系要求代理该产品，在他的再三恳求下，对方答应一次进货3万元以上便授权他做陕西总代理。

有了自己的想法，舒某召集了7位有意愿的同学和朋友合伙。他多方筹集了4万多元，其中有2.5万元是承诺1个月后还4万元的高利贷，其他人共拿出2万多元。公司主营域名注册、网站建设开发等项目，并做环保防水手电陕西总代理的业务。

为了取得政府网站的一个招标项目，舒某急于注册公司，在他去工商局咨询的路上刚好碰到有人在发宣传单，并称只要出1万元即可代办注册公司，注册资本想要多少都可以。于是，舒某付给对方5 000元定金，开始正式筹备自己的公司。可几天后对方的电话就打不通了。

舒某认为，成立公司就得有个公司的样子，于是没有顾及朋友的反对，租了办公室并添置了2 000多元的工艺品，以及办公桌椅、打印机、传真机、笔记本电脑等办公用品。有媒体记者鼓动舒某做广告，他又未听朋友的劝阻，投入了2 000元的广告费。

公司的准备工作还没有完全结束，借款人就提前催款，并搬走了他大部分办公用品。他只好求助银行贷款，但因没有资产抵押及担保而被拒绝。结果，公司开业(事实上并未成功注册)9天后因资不抵债而宣布破产。

(案例来源：中国教育在线)

思考

本案例给了你怎样的启示？

(四)企业选址策略

对于有创业打算的首次创业者来说，将创业地点放在哪个城市或哪个地理区域，是一件非常重要的事情，需要在最初的创业计划中予以重点考虑。

开始创业前，需要了解各个城市或地区的基本法律环境。设立企业并从事经营活动，必须到工商行政管理部门办理登记手续，领取营业执照，如果从事特定行业的经营活动，还须事先取得相关主管部门的批准文件。设立特定行业的企业，还有必要了解有关开发区、高科技园区、软件园区(基地)等方面的法规、规章和有关地方规定，这些都有助于首次创业者选择创业地点，以享受税收等优惠政策。

一般来说，无论是商业、服务业、制造业或是 IT 业，在选择经营地点时，都应该注意以下这些因素：市场因素、商圈因素、物业因素、所区因素、个人因素和价格因素。

1. 市场因素

对于市场因素，可以从顾客和竞争对手两个角度来考虑。

从顾客角度看，要考虑经营地是否接近顾客，周围的顾客是否有足够的购买力。对于零售业和服务业来说，店铺的客流量和客流的购买力决定着企业的业务量。

从竞争对手角度看，经营地点的选择有两种不同的思路：一是选择同行聚集林立的地方，同行成群有利于人气聚合与上升，比如当下的服饰一条街、建材市场、家电市场、小商品市场等；另一选择则是“别人淘金我卖水”，别人都蜂拥到某地去淘金，成功者固然腰缠万贯，失败者也要维持生存，如果到他们中间去卖水，肯定稳赚不赔。

2. 商圈因素

商圈因素，就是指要对特定商圈进行特定分析。如车站附近是往来旅客集中的地区，适合发展餐饮、食品业、生活用品销售；商业区是居民购物、聊天、休闲的理想场所，除了适宜开设大型综合商场外，特色鲜明的专卖店也很有市场；影剧院、公园名胜附近，适合经营餐饮店、食品店、娱乐场所、生活用品店等；在居民区，凡能给家庭生活提供独特服务的生意，都能获得较好发展；在市郊地段，不妨考虑向驾车者提供生活、休息、娱乐和维修车辆等服务。

3. 物业因素

物业因素同样也不能忽略，在置地建房或租用店铺前，创业者应首先了解地段或房屋的规划用途与自己的经营项目是否相符；该物业是否有合法权证；还应考虑该物业的历史、空置待租的原因、坐落地段的声誉与形象等；是不是环境污染区，有没有治安问题等都是创业者选择时需要考虑关注的。

4. 所区因素

所区因素指的是经营业务最好能得到当地所区和政府的支持，至少不能与当地的政策背道而驰。

5. 个人因素

个人因素有时会被一些创业者过多地关注，一些人常常选择在自己的住所附近经营，然而这种做法，可能会令创业者丧失更好的机会或因经营受到局限，而使购买力无法突破。

6. 价格因素

创业者在购买商铺或租赁商铺时，要充分考虑价格因素，包括资金、业务性质、创业成功或失败后的安排、物业市场的供求情况、利率趋势等，以免做出错误决定，对企业的业务经营造成不良影响。

案例分享

开花店的前期准备和选址

理想的选址就等于成功了一半。判断一个地方是不是理想的经营场所，并不是单纯看它是不是位于市中心、人流量大不大，而且还要从交通状况、客流组成、周围环境、潜在客源等多方面进行综合考察，这是一项复杂的工作。

开花店挑选地址，要和自身经营的品种、价格、档次、规模联系起来，看适合在哪里开店。如果你经营的品种无特色，服务质量一般，即使开在闹市区，经济收入也不会高。在花店选址上，要认真分析当地花店的分布情况，门市租金是花店经营成本最大的一部分，因此租金是花店选址首先要考虑的。选址前先把自己能承受的租金数额计算出来，对租金承受能力的极限有所准备，最好不要负债经营，以免给自己造成太大压力。当然，好店面也不怕租金高。以下选出几个最常见和比较有代表性的方案供参考。

(1) 繁华区、商业区。一个城市的繁华地带和商业中心，本身已经形成了一个固定的销售场所，具有了一定的消费氛围。这些地方一般也是高级酒店、宾馆和会议场所的集中地，在这里开花店，一开始就具备了“天时”和“地利”。如果经营有方，又“人和”，生意一定会红红火火。在这里的花店档次要高，不管是花店自身装修还是花店内的花卉作品都要有品位。这类花店可以从店内零售和订货业务两个方面来经营。

如国内较有名气的杭州梦湖新四季花店，就位于繁华的商业区，它是1992年在杭州湖滨路上经营起家的，当时为了选址，经营者曾经一连几天站在湖滨路上，对所有的行人进行统计分析，最终得出的结论是：“杭州人可能一辈子也不会去杭州的某一两个地方，但决不会不从湖滨路走过。”于是经营者就把花店开在了湖滨路上，正是因为选对了地方，经营者开业后的第一个星期就做了39个大花篮，营业额超过了万元。

(2) 大学区。大学生爱花，已成为一种时尚，鲜花不仅千姿百态，色彩绚丽，更重要的是许多花卉本身代表着一种含意。如红玫瑰传递爱意；黄玫瑰表示道歉；康乃馨是著名的母亲花，代表着母爱；勿忘我，寓意一目了然；满天星像一首迷离的情诗；等等。这一切，对于文化层次较高的高等学府的莘莘学子来说，是心有灵犀一点通的。每逢佳期佳节，提一个花篮，捧一束鲜花，又风雅又潇洒，何乐而不为。

有一位教钢琴的教授说，她的学生送给她鲜花，是她最愉快的事情；一些大学生在为自己的亲朋好友送礼品时，也会附上一枝康乃馨，或是一枝红玫瑰。赠送鲜花表达感情，是当代大学生最喜爱的方式之一。鲜花已经成为当代大学生生活中不可缺少的一项消费品，几乎所有的大学区内都开有花店。

(3) 住宅区。人民生活水平日益提高,花卉已不再是奢侈品。在紧张的工作之余,如果家中有几盆花草侍弄一下,既给生活增添了乐趣又是一种极好的家庭装饰。每逢佳节和喜庆之日,亲朋好友之间送上一盆鲜花绿草,花费不是很多,但收礼人会很欢喜。那么,选址在人口密集的住宅区开花店当然是明智的选择。尤其是在一些高级公寓和别墅区,花店的生意就更好了。这些地方的人收入较高,消费层次也高,常常购买一些高档次的花作为装饰。鲜花已经成为家庭必不可少的装饰,在住宅区发展花店当然市场很大。

(4) 医院。在城市中心区域里的中心医院选址,也是一个很好的选择。盛开的花朵展示着无限的生命力,鲜花作为送给病人的一种重要的礼品,很早就流行了。当一个住院的朋友,收到一束美丽的鲜花或一个漂亮花篮,也能感受到朋友的真挚关怀,情绪稳定,从而积极配合治疗。开在医院附近的花店一般都经营得很好,无论销量还是价格都非常令人满意。

(5) 周边环境良好的地点。花店选址时,一定要考虑周边环境,如既不是闹市区,附近也没有大型医院、学校或密集的住宅区,那就要看周边的环境氛围和交通情况。①拐角位置,这是两条街道的交叉处,可以增加橱窗陈列的面积,行人较多,会吸引更多的消费者来消费;②三岔路口,从各个方向看都非常显眼,正面入口处及侧面的装潢、广告招牌、展示橱窗等要精心设计,力争把过往客人吸引过来;③交通方便的地点,如停车方便的地方;④文化氛围较浓的地点。以杭州梦湖新四季花店为例,在1999年,因为花店所在的湖滨路要拆迁,经营者经过认真考察,把花店搬到曙光路:一是氛围好,地处文化艺术一条街,周围是浙江音乐厅、浙江图书馆、浙江省艺术学校、浙江歌舞团等文化单位;二是潜力大,该地段人流量虽然并不大,但是附近有浙江世贸中心、黄龙体育中心、四星级黄龙饭店等大型单位,而这些正是看不见的潜在客源;三是交通便利,花店正好处在一个丁字路口,停车极为方便,而这在花店竞争中又是非常重要的。由此可见,成功的花店和成功的选址是分不开的。

(6) 超市。花店开进超市是近年随着超市的发展而出现的新趋势,也是国际流行趋势。花店开在超市则不一样,人们在逛超市时,花往往会很自然地出现在人们面前,有时顾客无意的一瞥,就可能被吸引过来,甚至激发他们购花的欲望,进而发展成为长期客户。鲜花进入超市,为消费者购花提供了方便,同时也对普及花卉消费起到了促进作用。在瑞士、英国、法国、德国等国家,花卉在超市内的销售额都十分可观。

(7) 网上花店。随着信息时代的来临,随着物流事业的快速发展,网上花店也有了蓬勃生机,把握了时代的潮流。有业内人士认为,网上花店是花店业进步的表现。人们越来越喜欢这种花卉快递到家的更为便捷、迅速、优质的服务。

(案例来源:豆丁网)

思考

以你感兴趣的创业项目为例，上述选址方案中哪个比较适合你？是否还需要继续完善？如果没有适合你的方案，请参考以上方案简述一份适合自己的方案。

二、印章刻制与管理

获得营业执照后，可刻公司公章、法人章及财务章。新成立的企业申请刻制印章，须持以下资料，并附印章样模，到属地公安机关办理：

(1)《营业执照》副本原件和复印件一份；

(2) 法人代表和经办人身份证原件及复印件一份；

(3) 法人代表授权刻章委托书。

个体、私营企业的印章规格为圆形，直径为 3.8 cm，圆边宽为 0.1 cm，中央刊五角星，印章上刊刻营业执照上核准的企业名称，自左而右环行，印文字体一律使用简化的宋体。

公司必须保管好自己的印章，委派诚实可靠的员工进行管理，防止印章被盗、被盗盖和管理人私自使用，否则将可能给公司带来意想不到的经济损失。要建立印章保管和使用的风险防范体系，请专业律师帮助制定印章管理制度。制度包括但不限于以下内容：

(1) 指定专人保管。小微企业由作为股东的法定代表人保管较为稳妥。对大中型企业应安排行政岗位的人员保管，可采取分级保管制度，明确保管人的责任。避免业务人员自行保管，以加强监督和控制。

(2) 要有统一的印章使用台账，有用印申请表，明确审批的层级和流程，做到审批、经办、用印、文件相对应，有可追溯性。

(3) 特殊情况下携带印章外出时，一定要经领导批准，并指定监印人。印章遗失必须报案，并在报纸上刊登作废声明。

(4) 禁止在空白纸张上加盖印章，特殊情况下，一定要经领导批准，并严格进行事先和事后的核准登记。

(5) 项目或部门印章的刻制，要经申请和审批后，统一到指定单位进行刻制并备案，并严格限制其使用范围，如不能用于对外签订合同等。绝不允许分包单位使用。

(6) 企业所属部门或分支机构撤销后，必须将印章全部上交，由公司统一封存或销毁，用印记录由公司存档备查。

(7) 发现仿冒伪造印章时，及时报案追究相关人员责任。及时处理使用仿冒伪造印章签订的合同，如不同意追认，又无法协商解决时，可通过法律途径认定合同无效或解除合同。

三、开立企业银行账户

银行基本户是企业为了满足日常和现金收付业务而办理的银行账户。银行基本户办理后银行会核发开户许可证和信用机构代码证，以便监督企业的信用和资金流动等情况。

银行一般户主要是企业为了办理转账结算和现金缴存业务开办的银行账户，一般户不能支取现金。

银行临时户是企业为了满足临时需求开办的银行账户。以下是关于公司银行开户需要条件的详细介绍。

（一）基本存款账户

（1）营业执照。

（2）税务登记证。

（3）组织机构代码证。

（4）法人身份证复印件，身份证需双面复印。

（5）非法人本人来开户的，需提供法人授权书。

（6）单位公章、财务章、人名章。

（二）一般存款账户

（1）基本账户开户许可证。

（2）营业执照。

（3）税务登记证。

（4）组织机构代码证。

（5）法人身份证复印件，身份证需双面复印。

（6）单位公章、财务章、人名章。

（三）专用存款账户

财政资金需提供专门的财政批文，申请提现须人民银行核准。

（1）基本账户开户许可证。

（2）营业执照。

（3）税务登记证。

（4）组织机构代码证。

（5）法人身份证复印件，身份证需双面复印。

注：专用存款账户为对特定用途进行专项管理和使用而开立的银行结算账户。如：①基本建设资金；②财政预算外资金；③金融机构的同业存放资金；④住房基金；⑤其他需要专项管理和使用的资金等。

（四）临时账户

（1）基本账户开户许可证。

（2）营业执照。

（3）税务登记证。

（4）组织机构代码证。

（5）法人身份证复印件，身份证需双面复印。

注：临时账户最长期限为两年，设立临时机构（提现需经人民银行核准）、开展异地临时经营活动需提供专门的文件（含期限和资金量的合同及企业内部文件，可展期）。

四、办理税务登记

领取执照后，三十日内到当地税务局申请领取税务登记证。办理税务登记证时，一般必须有一个会计，也可以请一个代理记账公司代理账务。

（一）办证期限

企业自领取营业执照之日起（三十日）内，持有关证件，向当地税务机关申报办理税务登记。

（二）登记程序

（1）领表、填表、报送《税务登记表》。

（2）准备营业执照副本及复印件、企业法人代表身份证及复印件、全国组织机构统一代码证副本及复印件、企业公章财务专用章等印鉴、开户银行账号证明、生产经营地址的产权证书或租赁协议复印件。

（3）办理纳税磁卡。

（4）领取税务登记证。

（三）发票认购

依法办理税务登记的企业，在领取税务登记证件后向主管税务机关申请领购发票。

第三节 新创企业的管理

一、新创企业管理的原理与方法

（一）正确理解公司运作和管理

规范管理并不意味着公司必须有一套繁文缛节的规章制度，创业期更是如此。任何管理的目标一定是使公司运作更加有效，而非纸面文章或者形式架构做得漂亮，它的衡量标准是成果而非过程。所以，重点的思考方向应该是，公司如何能够盈利；如何能够生存下去；如何能够取得自身独特的竞争优势；等等。另外，规范管理并非一朝一夕能够建立，它需要通过长期磨合才能持续形成。

（二）建立公司运作管理的基本制度和原则

任何公司的运作和发展都需要一个系统的流程和体制。其要点和原则在于建立简单务实的基本管理框架，尽量遵照执行，并随着公司发展逐步修改完善。特别在创业期，必须有一套基本的管理制度，主要是抓好人和财两个方面。在财务方面，报销制度、现金流量、制定预算、核算和控制成本等方面必须首先考虑；在员工方面，制定员工手册，规定道德准则、考勤制度、奖惩条例、薪资方案等方面也是要考虑的。

（三）激发团队的潜能

团队是由人组成的，激发团队的内动力首先要着眼于团队内部的每个成员。这对管理者提出了很高的要求，不仅要自信、热情、敢于担当，还要随时给团队成员作出表率并指引方向，注入力量和信心。

二、新创企业的基本管理策略

（一）基本管理内容

成功的企业＝市场＋人才＋管理。因此，企业经营管理对企业的创办成功以及发展壮大是一个决定性的因素。新创企业与成熟企业不同，其内部结构简单、资金不足、制度不完善、人员相对较少，以生存为首要目标，其各方面工作都处于探索、不均衡、不成熟状态。在目前市场竞争十分激烈的环境下，新创办的企业面临的首要问题就是销售、人员、财务和风险等问题。因此，需要针对性地抓好营销管理、人力资源管理、财务管理和风险管理等一系列工作。

（二）基本管理策略

（1）明确企业目标，达成共识。有了目标，才有一个共同的愿景，这种共识能够大大减少管理和运作上的摩擦。

（2）明确“谁听谁的”和“什么事情谁说了算”，并用书面正式文件规定下来。组织架构设计中最根本的问题就是决策权限的分配，明确核心成员职责对管理畅通非常关键，否则，创业者的兄弟意气会让管理陷于混乱。

（3）强化有效沟通。由于创业期规模较小，大家都应遵循开诚布公、实事求是的行为风格，直截了当地进行沟通。

（4）在公司内部形成一个管理团队。一般采取决策层、管理层、一般员工三级管理结构；定期交换意见，讨论产品研发、竞争对手、内部效率、财务状况等。

（5）制定并遵守既定的管理制度。必须强调人人都必须遵守管理制度，不能有特例。当公司发展到一定的程度并初具实力时，可以聘请管理方面的专业人才来共图大业。

三、新创企业的人力资源管理策略

（一）新创企业人力资源管理内容

人才是创新之源，是企业最核心的竞争力。新创企业人力资源管理是企业建立规范组织结构的开端，分为高层管理团队和一般员工两个层面的管理工作，这两个层面都需要投入充分的精力和资源，才能保持企业的整体凝聚力和战斗力。

1. 基本含义

人力资源管理是指企业运用现代管理方法，对人力资源的获取（选人）、开发（育人）、保持（留人）和利用（用人）等方面所进行的计划、组织、指挥、控制和协调等一系列活动，最终实现企业发展目标的一种管理行为。而对新创企业来讲，在企业创立初期，人力资源管理主要工作是招聘新员工、员工激励和薪酬管理三方面。

2. 新创企业一般员工管理框架

新创企业人力资源管理部门一般首先需要制订人力资源管理规划，即需要设计各个部门内部的岗位、制订岗位之间分工协作方式、设计人员招聘和配置方式、制订关键绩效考核标准和方式、制订企业拟采取的主要激励手段（员工薪酬、福利、股权、个人发展等制度）。

（二）新创企业人力资源管理策略

1. 工作分析

工作分析是人力资源工作的起点和基础，主要对企业各工作职位的性质、结构、责任、流程，以及人员的素质、知识、技能等做出分析，编制职位说明和岗位规范等文件和制度。然后，据此完成企业人力资源规划、绩效评估、职业生涯设计、薪酬设计管理、招聘、甄选、录用等工作。

2. 员工招聘

企业必须根据规划和职业分析的要求等，从应聘者中挑选出企业需要的，具备必要的知识、技能以及工作经历的人。针对企业所需要增加的新员工，企业应制定出人员的招聘规划，一般以年度为周期。

新创企业招聘员工时，需考虑以下内容：招聘员工的岗位、招聘岗位的技能要求、招聘的人数、招聘方式、招聘来源、招聘员工的报酬以及其他特别事项等。企业可以参照岗位职责的要求来招聘人员，不但需要考虑员工的专业技能，还要把握员工的素质与品行。一般要进行面试甚至笔试，而不能仅凭个人简历就做出招聘决定。除了一般的面试提问之外，还可以利用专业的职业测评技术，科学地帮助企业评价应聘人员综合素质和应聘岗位的匹配程度，判断应聘者是否适合岗位的需要，而且有良好的意愿来企业工作。按照员工来源渠道，招聘方式主要分为社会招聘和校园招聘，具体可以采取招聘会、网络招聘、猎头公司推荐、熟人介绍、媒体公开招聘等方式。

3. 员工培训

培训是企业人力资源管理的重要职能之一，为了使员工能够满足企业的需要，需要对招募的员工进行知识、能力、工作态度等方面的培训。

4. 绩效管理

绩效考核是企业对员工在工作中展现的完成数量、质量、能力、态度和效益等方面进行综合评价，以判断员工与其岗位要求是否相称，并为员工培训、提升、计酬等提供依据。考核内容主要包括：创新、德、能、勤、绩、廉。

5. 薪酬制度

对基本薪酬、绩效薪酬、奖金、津贴以及福利等薪酬结构的设计与管理。薪酬制度是对员工的激励工作，是企业能否吸引那些极具创造力的人才的关键问题。

6. 劳资关系

劳资关系是人力资源管理的最后一个环节，员工若对调整不适应或不理解，就会产生对组织的抱怨情绪。如果不能妥善处理这些抱怨，很可能造成人心浮动，影响公司正常运营。

四、新创企业的营销管理策略

（一）新创企业营销管理内容

著名管理学家彼得·德鲁克认为，现代企业最重要的职能是创新和营销。营销是一项整体性的经营活动，贯穿于企业经营活动的全过程。而新创企业的首要任务是让消费者认识和接受自己的产品。所以，新企业创立初期的营销工作主要体现在产品市场销售上，具体来讲，就体现在品牌管理、价格、分销渠道和市场宣传推广四个方面。新创企业根据选择的目标市场，组织各种资源，完成新产品（或服务）的研发生产之后，一项重要工作就是创立品牌。然后再选择合适的分销渠道，开展市场宣传推广，最终将产品投放到市场，提供给目标客户。

（二）品牌管理策略

1. 构建品牌

品牌，顾名思义，就是商品的牌子，是由文字、图形、字母、数字、三维标志和颜色等要素或这些要素的组合构成，用以识别某个销售者或生产者的产品服务，并使之与竞争对手的产品或服务区别开的商业名称及标志。企业新产品推向市场时，必须有一个独特的品牌以建立一致的品牌形象，从而方便宣传推广。例如，金利来商标是公司创始人，著名的爱国、慈善大使曾宪梓先生1970年亲自设计的，商标图案、品牌名英文GOLDLION、中文金利来，三者构成了一个整体。一般来说，在命名品牌时应掌握以下四个要点：第一，简洁醒目，易读易懂；第二，构思巧妙，暗示属性；第三，富于内涵，情意深重；第四，个性突出，避免雷同。新创企业在命名品牌时，可以选择的题材很多，例如动物、花卉植物名称。

2. 统一品牌策略

所有的产品采用同一品牌。例如,海尔的冰箱、彩电、空调、计算机、手机等均使用统一的“海尔”品牌。

3. 分类品牌策略

不同产品采用不同品牌。如日本丰田汽车的卡罗拉系列、雷克萨斯系列、霸道系列等;吉利汽车的全球鹰、帝豪、英伦系列轿车。

4. 统一企业名称+个别品牌

不同产品使用不同品牌,每一品牌前冠以企业名称。例如:雀巢公司在其产品上分别使用不同的品牌,同时也在其上使用“雀巢”两字,如雀巢美禄、雀巢优麦、雀巢优活、雀巢果维等。

5. 商标注册

产品品牌只是一个经济名词,新创企业设计好品牌后,必须申请注册,成为注册商标,以获得法律的保护。商标注册对开创名牌、使企业立于不败之地有着非常重要的作用。商标是已获得专用权并受到法律保护的一个品牌或品牌的一部分,实际上是一个法律名词,即商品的品牌经过政府相关部门的审核,获准登记注册则成为商标。

(三)价格策略

企业价格的确定,应以成本费用为基础,以消费需求为前提,以竞争价格为参照,能体现定价的和谐与统一。新创企业推向市场的新产品在定价时,可以采取如下策略。

1. 撇脂定价

撇脂定价是指企业在产品投人市场时,利用消费者的求新、求奇心理,有目的地将价格定得很高,以便在短期内获取尽可能多的利润,尽快地收回投资的一种定价策略。具体有快速撇脂和缓慢撇脂两种。撇脂定价适用于市场有足够的购买者,且需求缺乏弹性,寿命周期短的时尚型新产品;独家经营,别无竞争者;目标顾客求新心理强,且收入较高。

2. 渗透定价

渗透定价又称薄利多销策略,是指企业在产品上市初期,利用消费者求廉的心理,有意将价格定得很低,使新产品以物美价廉的形象,吸引顾客,占领市场,以谋取远期的稳定利润。具体有快速渗透和缓慢渗透两种。渗透定价适用于市场需求对价格极为敏感,低价不会引起实际和潜在的竞争。

3. 适中定价

适中定价又称满意价格策略、平价销售策略,是介于撇脂定价和渗透定价之间的一种定价策略。当不具备采用上述两种策略的条件时采用适中定价。这里的“适中”是相对于顾客认知价值而言的,与市场上同类产品的价格并不一定相关。

(四)分销渠道策略

得终端(渠道)者得天下。在同质化竞争成为基本竞争形态的今天,某种程度上说,终端(渠道)竞争的成败决定着企业营销的成败。产品分销渠道是产品或服务从生产者向消费者转移时,取得这种产品或服务的所有权,或帮助转移其所有权的所有企业和个人。主要包括商人中间商、代理中间商以及处于渠道起点和终点的生产者与消费者,但是不包括供应商、辅助商。新创企业的分销渠道建设需要从整体上来布局,根据实际情况,对所有可能的渠道进行综合评估,逐步构建、选择合适的渠道。

1. 传统渠道

传统渠道主要是线下的渠道。选择分销渠道时,不仅要解决客户购买产品的问题,更重要的是要与品牌定位特点相匹配。大多数新创企业在线下都会考虑借用外部营销中介机构和零售机构的现成渠道,根据自己经营的产品特性、中间商性质、市场状况等,选择资源能力符合要求、合作意愿强烈和口碑不错的渠道作合作伙伴。只有少数工业品企业会一开始就自建分销渠道。当然,企业在发展壮大后也可自建渠道,如创办自己的营销公司、加盟店、超市等。

2. 网络渠道

网络渠道是借助互联网将产品从生产者转移到消费者的中间环节。以互联网作为支撑的完善的网络营销渠道应该有订货、结算和配送三大功能。

网络营销渠道可以分为两大类,直接渠道和间接渠道。

(1) 直接渠道

网上直接渠道的建立,使得生产者和最终消费者直接连接和沟通。企业可以通过建设网络营销站点,让顾客直接从网站订货;通过与一些电子商务服务机构如网上银行合作,网站直接提供支付结算功能;配送方面,通过与专业物流公司合作,建立有效的物流体系。

(2) 间接渠道

网上间接渠道是通过融入互联网技术后的中间商机构提供的网络间接营销渠道。网络间接营销渠道只需要一个中间环节,即只存在一个电子中间商来沟通买卖双方的信息,不存在多个批发商和零售商的情况,因而不存在多级分销渠道。目前,很多传统中间商也受到新兴中间商的冲击,开始在互联网上开设网上商店,如 C2C 渠道淘宝;B2C 渠道:天猫、京东、苏宁易购、唯品会等;门户商城渠道:腾讯商城、新浪商城、搜狐商城、网易商城等;银行商城渠道:招商银行、工商银行、交通银行、建设银行等银行的网上商城。

3. 新媒体营销

随着智能手机、平板电脑等的普及,各种手机应用软件通过网络迅速传播,新媒体对大众的消费行为产生了深刻的影响。新创企业应顺应消费者行为的改变,积极开拓新媒体营销渠道,利用新媒体的优势,转换营销观念和模式,从而达到更好的营销效果。例如,微信视频号、抖音等都为网络营销提供了新渠道。新创企业开拓网络销售渠道,可以促进线上线下销售的提升与渠道开拓。

（五）市场宣传推广策略

市场宣传推广主要是为了沟通企业与消费者之间的信息，让消费者知晓企业及其产品，刺激消费者的消费欲望和兴趣，使其产生购买行为的活动。其实质是营销者与购买者之间的通知、说服和沟通活动。对新创企业来说，可采用的市场宣传推广的主要方式包括：广告、公共关系、营业推广和互联网＋促销。新创企业选择哪种市场宣传推广方式，需要综合考虑预算费用、推广目的、目标市场特点、购买者情况等因素。

1. 广告

广告是企业为推销商品、服务或观念，以付费的方式，通过各种媒介和形式向公众发布信息的一种促销手段，包括传统广告、互联网广告。传统广告媒体大致有：报纸、杂志、广播、电视、电影、户外招贴、广告牌、霓虹灯、传单、商品陈列、POP 广告（售货点和购物场所的广告）等。在发展初期，新创企业尤其需要进行公众宣传，吸引公众对新产品或企业的注意，使更多的人了解企业的产品或服务，提高知名度。应根据自己的广告目标、产品因素、经济承受能力、销售范围及媒体知名度和影响力等选择不同的广告媒体，发布以介绍新产品和开拓新市场为主要目的的开拓性广告或通知性广告，即创牌广告。

2. 公关活动

公关活动是指企业为改善与社会公众的关系，促进公众对企业的认识、理解及支持，达到树立良好形象、促进商品销售的目的而采取的一系列活动。其特点主要是：长期效应、可信任度高、费用低，可化解危机。新创企业要善于通过各种形式的公关活动，诸如公益广告宣传，社会赞助活动、举行各种会议、博客等，特别是要善于运用新闻媒介，迅速提高企业知名度和美誉度，塑造企业良好的形象。

公关活动的主要方式如下：宣传报道，通过新闻媒介（报纸、杂志、广播、电视、网络等）传播企业信息，如记者招待会、新闻发布会、新闻通讯等；公共关系广告，如节假日的喜庆广告、对同行表示支持的祝贺广告、道歉广告、鸣谢广告等；社会福利活动，如各种赞助、捐赠慈善、救济福利活动、公共设施建设和公益活动；学术研究，如举办各种专题活动、厂庆、开工典礼、开业典礼、有奖评估、知识竞赛、参观企业文化建设、联欢会、联谊会等；各种会议，如举行产品和技术方面的展览会、研讨会和演讲会，有奖比赛，纪念会等。

3. 营业推广

营业推广又称销售促进，是指除人员推销、广告与公关活动以外，为刺激早期需求而采取的能迅速产生激励作用的推广活动，如陈列、展出、折扣、有奖销售等许多非常规的、非经常性的推广活动，刺激消费者购买和提高促销效率。为了实现营业推广目标，新创企业可以根据目标市场类型、营业推广对象竞争形势及各种推广方式的成本及效果等因素选择不同的营业推广形式。针对消费者：纪念品或样品赠送、免费试用、产品陈列、示范、优惠券、赠品、竞赛与抽奖、特价包装、以旧换新、折价赠券、俱乐部和“金卡”制等。针对中间商：交易折扣、销售竞赛、特别推销金、赠品、赠送设备、展览、展销会、订货会等。针对销售人员:奖金、红利提成、销售竞赛、培训、赠品等。

4. 互联网+促销

传统促销手段的覆盖面很广,但是收费往往偏高。全国性的报纸,一个版面的广告费动辄就是几万元、几十万元,而电视台广告,费用动辄就上亿元。利用互联网做促销,效果比报纸和电视的效果好很多。“双十一”引领了中国互联网+促销的最高境界,已经成为电子商务不可阻挡的发展趋势。

【专题实训】

实训目标：

让学生对创业的启动事项和孵化服务有基本的了解，提高创办企业的效率。

实训步骤：

一、活动情景：走访孵化器并将了解到的有关创业服务的信息记录下来。

二、小组活动：完成孵化器的走访，思考创业启动与创业服务的相关的问题。

三、个人内化：根据自己所在小组的创业项目，拟定一份企业创办事项清单。

四、应用拓展：结合创新、专业与就业对创办企业进行关联性思考。

五、活动评价：通过小组总结会进行个人表现自评、他评、总评等讨论环节，由组长汇总后对每个组员进行打分。

实训过程：

一、活动情景

1. 课前请你走访一个你熟知的创业孵化器（也可以是校内的创业基地、众创空间等），与孵化器的管理者和一些创业者交谈，了解相关的信息并将你了解的信息记录下来。

孵化器名称	
孵化器类型	
规模（面积、工位）	
孵化器提供的服务	
项目入驻孵化器可享有的优惠及政策	
孵化器对入驻项目、团队的要求	
孵化器能够提供的服务（如：培训、导师、路演、融资、财税、工商等）	
孵化器的创新点	
该孵化器的核心竞争力	
孵化器内现有项目团队对孵化器的评价	

2. 与之前访谈的创业者沟通讨论以下问题。

(1) 你在创办企业的时候都做了什么?

(2) 作为有经验的创业者你建议我们在创办企业的时候需要注意哪些?

二、小组活动

基于你走访孵化器后的思考,与你的小组成员分享,并讨论下面几个问题,将你的讨论结果记录在相应的空白处。

1. 你们是如何与孵化器的工作人员进行交流的? 交流的过程感受如何?

2. 孵化器工作人员如何评估你们的项目?

3. 如果你们的项目需要孵化,是否会选择这个孵化器,为什么?

4. 通过你们的走访,你们认为这个孵化器的盈利模式是什么?

5. 你走访的这个孵化器,对于你的创业团队和项目有哪些价值?

6. 不同地区不同领域的大学生优惠政策不同，你们的项目可以享受哪些优惠？

三、个体内化

基于你们小组的创业项目，请列一份企业创办的事项清单，并按照事项的轻重缓急做出排序。

四、应用拓展

1. 与创新相结合的思考。

（1）如果为了提高创办企业的效率，你认为有哪些创新的方法可以推动企业的创办？

（2）创办企业后你用什么机制推动企业的持续创新？

2. 与专业相结合的思考。

（1）基于本专业及所处行业的特点，在这个领域创办企业时你认为有哪些需要特别关注的？（如行业许可等）

（2）请寻找一家该领域的孵化器，他们能为你提供哪些有针对性的服务？

3. 与就业相结合的思考。

（1）你们创办企业后，用什么来吸引人才？

(2) 从企业管理和运营的角度，如何衡量一个用人单位的优劣？

五、活动评价

1. 召开小组总结会议，请每个组员围绕以下问题进行发言、讨论。

(1) 我对活动的贡献是什么？请从承担的内容、完成情况、工作实效等方面阐述。

(2) 我对他人的评价。

(3) 我对活动的建议。

2. 请记录以下内容。

(1) 他人对自己的评价。

(2) 他人对活动的建议。

3. 请组长做好记录和汇总，并综合大家的讨论情况，给每个组员评分。

小贴士

创办企业是开展社会化与商业化创业活动的开始，创业者及创业团队应着眼于企业的发展，充分利用各方资源提高企业创办效率，通过创新打造企业的竞争优势。

专题九

编写创业计划

名人名言

计划的制订比计划本身更为重要。

——戴尔·麦康基

课前互动

设计创业计划书封面。

1. 一份完整的创业计划书，可以展现创业项目和创业团队对项目运作的思考与设计，是项目价值与团队实力的展现。其核心在于把事情科学合理地说清楚，不在于写多少，而在于准确清晰的表达，体现出对项目全貌和重点的把握。

2. 创业计划书的内容结构是有要求的。按照这个内容结构，可将创业项目基本讲清楚，也能体现创业团队对项目的设计与思考。

下面，引领同学们把握创业计划书的内容结构与撰写逻辑，设计创业计划书封面。

（1）封面需要明确项目名称、项目团队（公司）、编制日期、联络方式。

（2）设计 logo，体现团队品味与认真的态度。

学思之窗

由中国人民大学、中国高等教育学会创新创业教育分会联合主办，中国人民大学创业学院、商学院、文化科技园共同承办的《中国大学生创业报告2020》显示：中国大学生的创业意愿持续攀升，有超过75%的受访在校大学生具有创业意愿，其中有高达49.86%的在校大学生的创业意愿较强。据不完全统计，大学生创业成功率只有2%～3%，远低于一般企业的创业成功率。专家建议：一是需要从不同主体出发，高起点规划、高品位设计、高标准建设、高效率运转，打造更为充足和丰富的创业人才培养实践育人平台。二是创业政策需要遵循创业活动的基本规律，深入理解大学生创业行为，针对特定人群和特定发展阶段，根据大学生和创业者的创业流程、创业类别、创业重点扶持等方面的情况，建立差异化和精细化的政策帮扶体系。

结合背景材料与所处地区实际情况，探讨以下问题：

(1) 青年创业者能否通过创业大赛受到大风大浪的锤炼？

(2) 如何提高创业成功率？

(3) 创业计划书对于青年创业者有什么意义？

第一节 撰写创业计划书及案例分析

一、创业计划书的含义

创业计划书也称为商业计划书，是创业者在初创企业成立之前就某一项具有市场前景的新产品或服务，向潜在投资者、风险投资公司、合作伙伴等游说以取得合作支持或风险投资的可行性商业报告，用来描述创办一个新企业时所有的内部和外部要素。创业计划通常包括各项计划，如市场营销计划、生产和销售计划、财务计划、人力资源计划等，同时也是提出创业前3年内所有中期和短期决策制定的方针。

创业计划书的编写一般按照相对标准的文本格式进行，它是全面介绍公司或项目的发展前景，阐述产品、市场、竞争、风险及投资收益和融资要求的书面材料。如果有了一份详尽的创业计划书，就好像有了一份业务发展的指示图一样，它会时刻提醒创业者应该注意什么问题，规避什么风险，并最大限度地让创业者获得来自外界的帮助。

案例分享

王吉鹏做客白银时代：我早就想做娱乐网站

主持人：因为你已经不是第一次创业了，在整个创办粉丝网的过程中，你肯定是已经想好了，觉得这肯定是非常有前途的。

王吉鹏：对，其实做一个网站很费心。第一，我知道我的定位是什么；第二，我知道目标人群是谁，然后有多大的目标人群。我当时自己算，中国真正狂热的粉丝有多少人，一般粉丝有多少人，对娱乐感兴趣的有多少人。因为粉丝的概念是他只要喜欢这个人，其实他就是粉丝。那我如果拿这个概念来算，中国十多亿人口有多少是喜欢别人的？定位想清楚了，人群知道了，剩下的就是这个人群的消费能力有多强。比如说，无线增值这一块的销售能力有多强，广告购买能力有多强，然后你再了解粉丝的消费能力，根据消费能力你再去想根据互联网现有的收费模式设计的粉丝网可能有什么更好的商业模式。这些想清楚了，剩下的就是内容，怎么架构内容，怎么搭技术平台，怎么设计产品，基本上是这样。根据技术找什么样的人，再根据内容找什么样的人。

我大约是在 8 月底 9 月初，在写创业计划书的过程中，将这些东西慢慢捋清楚了。

主持人：但是从一个想法变成现实的公司，可能其间还要走很多路？

王吉鹏：其实我自己跟很多人都说，有这个 idea（想法）的人在中国……

主持人：无数。

王吉鹏：保守估计不止 10 万人，而写成计划书逐渐去完善的大约有 5 万人，真正尝试拿钱去组建队伍的人只有 500 人，因为这中间会筛选掉很多人。这 500 个人中可能把它谈下来做具体行动的就是 50 个人，50 个人在做，看谁走得更快。

（案例来源：搜狐 IT）

思考

就创业来讲，由一个想法，到最后的实践、执行，这个过程是最漫长或是最痛苦的。你是否对这种“痛苦”有充分的理解？能否在这种“痛苦”中坚持下去？

对于创业计划书的作用而言，一份标准的创业计划书至少需有以下三方面作用。

（一）帮助创业者自我评价，厘清思路

在创业融资之前，创业计划书首先应该是给创业者自己看的。办企业不是“过家家”，创业者应该以认真的态度对自己所有的资源、已知的市场情况和初步的竞争策略，做尽可能详尽的分析，并提出一个初步的行动计划，通过创业计划书做到自己心中有数。

（二）帮助创业者凝聚人心，有效管理

创业计划书通过描绘新创企业的发展前景和成长潜力，使管理层和员工对企业及个人的未来充满信心，并明确要从事的项目和活动，从而使大家了解将要充当什么角色，完成什么工作及自己是否能胜任这些工作。因此，创业计划书对于创业者吸引所需要的人力资源，凝聚人心具有重要作用。

(三) 帮助创业者对外宣传,获得融资

创业计划书作为一份全方位的项目计划,既是对即将展开的创业项目进行可行性分析的过程,也是在向风险投资商、银行、客户和供应商宣传拟建的企业及其经营方式,包括企业的产品、营销、市场及人员、制度、管理等各个方面。在一定程度上也是拟建企业对外进行宣传和包装的文件。

二、创业计划书的内容

(一) 计划摘要

计划摘要列在创业计划书的最前面,它浓缩了创业计划书的精华。计划摘要涵盖了计划的要点,要一目了然,以便读者能在最短的时间内评审计划并做出判断。

计划摘要一般要包括以下内容:公司介绍,主要产品和业务范围,市场概貌,营销策略,销售计划,生产管理计划,管理者及其组织,财务计划,资金需求状况等。

计划摘要要尽量简明、生动。特别要详细说明自身企业的不同之处及企业获取成功的市场因素。如果企业家了解他所做的事情,摘要仅需两页纸就足够了。如果企业家不了解自己正在做什么,摘要就可能要写 20 页纸以上。因此,有些投资者就依照摘要的长短,"把麦粒从谷壳中挑出来"。

(二) 企业介绍

在介绍企业时,首先,要说明创办新企业的思路、新思想的形成过程及企业的目标和发展战略。其次,要交代企业的现状、过去的背景和企业的经营范围。在这一部分中,要对企业以往的情况做客观的评述,不回避失误。中肯的分析往往更能赢得信任,从而使人容易认同企业的创业计划书。最后,还要介绍创业者自己的背景、经历、经验和特长等。企业家的素质对企业的成绩往往起到关键性的作用。在这里,企业家应尽量突出自己的优点并展现自己强烈的进取精神,以给投资者留下一个好印象。

创业计划书还必须要回答下列问题:

(1) 企业所处的行业,企业经营的性质和范围。

(2) 企业主要产品的内容。

(3) 企业的市场在哪里,谁是企业的顾客,他们有哪些需求?

(4) 企业的合伙人、投资人是谁?

(5) 企业的竞争对手是谁,竞争对手对企业的发展有何影响?

(三) 产品(服务)介绍

在进行投资项目评估时,投资人最关心的问题之一就是风险企业的产品、技术或服务能在多大程度上解决现实生活中的问题,风险企业的产品(服务)能否帮助顾客节约开支,增加收入。因此,产品介绍是创业计划书中必不可少的一项内容。

通常,产品介绍应包括以下内容:产品的概念、性能及特性;主要产品介绍;产品的

市场竞争力；产品的研究和开发过程；发展新产品的计划和成本分析；产品的市场前景预测；产品的品牌和专利。在产品（服务）介绍部分，要做出详细、准确的说明，通俗易懂，并附上产品原型、照片。

一般来说产品介绍必须要回答以下问题：

（1）顾客希望企业的产品能解决什么问题，顾客能从企业的产品中获得什么好处？

（2）企业的产品与竞争对手的产品相比有哪些优缺点，顾客为什么会选择本企业的产品？

（3）企业为自己的产品采取了何种保护措施，企业拥有哪些专利、许可证或与已申请专利的厂家达成了哪些协议？

（4）为什么企业的产品定价可以使企业产生足够的利润，为什么用户会大批量地购买企业的产品？

（5）企业采用何种方式去改进产品的质量、性能，企业对发展新产品有哪些计划？

产品（服务）介绍的内容比较具体，因而写起来相对容易。虽然夸赞自己的产品是推销所必需的，但应该注意，企业所做的每一项承诺，都要努力去兑现。要牢记，企业家和投资者所建立的是一种长期合作的伙伴关系。空口许诺，只能得意于一时。如果企业不能兑现承诺，企业的信誉必然要受到极大的损害。

（四）市场机会和营销策略

这部分内容要分析为什么项目有市场，有投资价值。首先，简述该产品或服务所面对的市场及竞争者的情况。其次，把市场细分，并给出一个最适合自己的市场定位。在这一过程中，市场调查发挥着至关重要的作用。最后，通过市场调查，可以充分了解主要竞争对手，深入了解目标市场消费者，从而有助于企业在下一步宣传活动中，将其独特的竞争优势准确地传达给潜在客户，并在客户心中留下深刻印象。

市场策略主要以 4P 理论为框架，简单介绍公司的产品、定价、渠道和促销手段。4P 组合策略，即产品（product）、价格（price）、渠道（place）和促销（promotion）。市场营销策略是市场营销 4P 理论的核心，需依据以上四点层层分析，根据目标消费者的特点，为其量身定做一系列营销策略。

（五）生产运营

这部分主要介绍企业的生产策略、厂址的选择、生产计划制订的依据（注意不一定是生产计划本身）及生产运作管理考虑的因素等。

（六）人员及组织结构

一支有战斗力、高素质的管理人员和良好的组织结构是管理好企业的重要保证。因此，风险投资者会特别注重对管理队伍的评估。企业的管理人员应该是互补型的，要具有团队精神。一个企业必须要有负责产品设计与开发、市场营销、生产作业管理、企业理财等方面的专门人才。

在创业计划书中，必须要对主要管理人员加以阐明，介绍他们所具有的能力，他们在本企业中的职务和责任，他们过去的详细经历及背景。此外，还应对公司结构做简要介绍，包括：公司的组织机构图；各部门的功能与责任；各部门的负责人及主要成员；公司的报酬体系；公司的股东名单，包括认股权、比例和特权；公司的董事会成员及各位董事的背景资料。

（七）风险管理

首先，介绍企业考虑的风险类型（环境、市场、管理、财务、技术和生产等）及企业是如何分析风险的；其次，说明防范风险的总体思路和措施。在风险评估方面，一般采用风险因素分析图法，即一种风险组合的定性分析和排序方法。根据部门、过程、关键性业绩指标和主要风险类别来编制短期、中期、长期风险图。一旦风险因素被识别，可以根据其严重性（或影响程度）和发生的可能性来绘制风险图。依据以上方法采取风险管理措施时，可以通过对有类似业务的企业进行深度访谈的方式，获取实际企业防范风险的一些措施，使风险管理措施更加切合实际。

风险管理包括对风险的度量、评估和应变策略。理想的风险管理，是一连串排好优先次序的过程，优先处理可以引致最大损失及最可能发生的事情。

（八）财务分析

这里应该给出投资者最关心的一些财务数据来证明这个项目是可盈利的，包括初期资金、股本结构（创业团队和风险投资各占多少比例）、前两年预计的销售量、销售收入、净利润、销售毛利和权益资本报酬率等。为表明投资结果，还应给出项目的动态回收期、财务净现值和修正的内部收益率等。

（九）三年发展规划

制订企业的中长期规划、明确企业的功能定位、规划公司发展前景，对于企业的发展非常重要。据统计资料分析，三年是考察新公司成败的关键阶段。因此，创业者要建立和完善公司的规章制度，做好公司发展的整体规划。创业者可以根据不同科目内容，按照年度时间进度，设定预期的完成目标。

（十）附录

附录包括与创业计划书相关但不宜放在正文的一些内容，如企业的组织结构图、产品说明书或照片、设施或技术的分析、现金流量表、资产负债表等。通常，附录对于创业者获取外部资源的支持有着特殊意义。就一般附录来说，附录的内容可分为附件、附图和附表三。

（1）附件。包括营业执照副本、重要董事会名单及简历、公司章程、产品说明书、市场调查结果、专利证书、鉴定报告、注册商标。

（2）附图。企业的组织结构图、工艺流程图、产品展示图、产品销售预测图、项目选址图。

（3）附表。主要产品目录、主要客户名单、主要供应商和经销商名单、主要设备清单、市场调查表、现金流预测表、资产负债预测表、损益预测表。

三、创业计划书的编写步骤

一份有竞争力的创业计划书是需要经过反复修改、测试、提炼升华、逐步完善的。成功的创业计划书最终能够打动风险投资者投资，或者得到具有丰富企业实战经验的比赛评委的认可，其成功的原则主要有以下四个方面，这也是成功计划书所必需的要素。

（一）撰写创业计划书应遵循的原则

1. 以客观性说服投资者

创业计划书是根据客观事实撰写的，其中方案是基于现实的数据分析、详细的调查研究、严密的逻辑推理等制订的。如果一份方案写得像是一份煽情广告，那么可能会导致评委对方案产生怀疑甚至是拒绝接受方案。因为投资者需要的是一个实事求是、理性思考的创业合作者。

2. 充分展示项目优势

项目的优势，需要在创业计划书中充分展示。每个项目的优势各有不同，大家可以从创新性、商业价值、技术领先程度、有效的技术保护、维持技术创新性、技术或商业创意对现有消费水平的适应程度和盈利模式等角度来考虑自己项目的优势。

3. 逻辑严密使创业计划书更可信

成功的创业计划书脉络清晰、结构严谨、前后呼应，内容之间联系紧密，全篇形成统一整体，而不是一堆数据的简单罗列或一个个模型的堆砌。计划书不仅要展现决策的结果（方案），更要充分展现决策依据是有理有据的，是经过系统、严密的分析和思考的。也就是说，你不仅要让评委知道你将会做什么，怎么做，而且要告诉他们你为什么这么做，让他们确信你的决策方法科学，逻辑思维严密，方案合理，实施效果有保证。要做到逻辑严密，写作计划书时应该注意以下三点：

（1）统一创业计划书的内容和规格。首先，内容统一。创业计划书是为了告诉投资者为什么项目值得投资，根据论证主题的需要收集并遴选材料和数据。出现在计划书中的每一个图表，每一份报告和每一张证明都应该能够论证自身的结论。其次，风格统一。这里指的是行文，遣词造句等方面不宜各篇相差过大。

（2）注重创业计划书各部分之间的内在联系。创业计划书各部分并非割裂的，他们具有内在的联系，这种内在的联系通常体现在文章篇章的次序安排和文章内容的起承转合中。在写创业计划书时要强调这种内在的逻辑，凸显出每一步的方案都是慎重、有理有据、水到渠成的。

（3）选取素材和写作思维要严谨。创业者对市场的预测是建立在客观、科学的市场调研的基础之上的，对整个市场规模、细分市场的占有率、产品定价、产品的销售数量和销售收入、财务分析和计划、创业所需要的种子资本等的预测是综合了实地现场调研、官方数据、各行业协会信息、行业杂志、行业出版社及互联网等所获得的数据资料，是经过反复地分析与归纳的,是能够经得起市场和现实考验的。

写作过程的严谨性是创业计划书撰写和修改过程中要特别注意的。计划书内容和数据既繁且多,难免会出现前后矛盾,数据不一致的情况。因此,各成员之间的交流、反馈尤为重要,在写作完成后,统一的检查、修订工作就成了必不可少的一步。一般情况下,创业计划书都会由几个人合作完成,在这种情况下,要保证逻辑性是比较困难的。因此,在定稿时必须对方案进行整合,而且最好由一个文笔较好的人负责最后的编辑和定稿工作。

(4) 强化方案的可行性。创业计划书必须具有可操作性、可执行性,符合现实市场的要求。对投资者来说,不具备可行性的创业计划书是没有任何意义的。无论市场、生产还是财务部分都必须体现出可行性的原则。对可行性的考虑应该包括时间和资源的有限性、法律法规的限制、产品行业标准的限制等。

4. 计划书具体化

计划书具体化,应该从以下各部分体现:

(1) 投资的必要性。主要根据市场调查和预测结果及有关产业政策等因素,论证项目投资的必要性。要做好投资环境分析,对构成投资环境的各种因素进行全面的分析论证;另外要做好市场调研,包括市场供求预测、竞争力分析、价格分析、市场细分、市场定位及营销策略的论证。

(2) 环境可行性。主要包括经济环境和社会环境两个方面。从资源配置的角度衡量项目的价值,评价该区域的经济发展目标及政治体制、方针政策;法律道德和宗教民族等各方面的差异。

(3) 技术可行性。主要从项目实施的技术角度合理设计方案并进行比较和评价。

(4) 组织可行性。制订合理的项目实施进度计划,设计合理的组织机构,选择经验丰富的管理人员,建立良好的协作关系,制订合适的培训计划,保证项目顺利进行。

(5) 财务可行性。主要从项目及投资者的角度,设计合理的财务方案,从企业理财的角度进行资本预算,评价项目的盈利能力,进行投资决策,并从融资主体的角度评价股东投资收益、现金流量计划及债务清偿能力。

(6) 风险因素及对策。主要对项目的市场风险、技术风险、财务风险、组织风险、法律风险、经济及社会风险等因素进行评价,制定规避风险的对策,为项目全过程的风险管理提供依据。

(7) 保护知识产权,注意保密。创业计划书是创业者辛勤的智力劳动成果,其内容往往具有巨大的商业价值,涉及一些技术和商业机密,要求读者阅读创业计划书后对其内容保密是合理的,也是必要的。

做创业计划书应该包括两个部分:第一部分是可公开的部分,称为框架计划,是可以供投资人阅览的部分,不涉及核心内容,它包括计划的总体设想、总体目标、市场调查的计划、操作步骤。第二部分是核心内容,为具体的计划和步骤。为了保证商业计划书不被投资者擅用，在谈判初期就应该签订保密协议并要求投资者支付投资项目入门保证金，该入门保证金不归创业计划书的编写者所有，而是存在银行内计划编写人名下的一笔资金，是为防止投资人挪用计划书的内容进行投资的一种防范措施，一般在计划实施以后依然归还投资者。当投资者不予投资时，保证金在一定的时间内不予归还，当需要保密的时限超过以后归还投资者，这是需要在开始合作的合同中写明的，也是国际上通行的惯例。

要使计划书有可行性，就要做到"细"的两个方面：一方面是思考的全面；另一方面是计划的细致。投资者了解创业者的产品或服务的唯一窗口就是创业计划书，投资者如果对行业和产品不是十分了解，当他们面对一个新事物或新想法时，总会产生许许多多的疑问："这样做真的可行吗？"因此创业计划书的一个重要作用是为投资者解答问题。我们应该把投资者可能产生疑问的地方都预先设想到，并在创业计划书中给出合适的答案。对消费者、竞争对手、合作伙伴的调研都可以增强方案的可行性。

在创业计划书的修改阶段，我们要善于寻求权威的帮助。学生自身实际经验有限，这个时候就需要借助外脑寻求突破，向有实战经验的老师或专业人士请教、向从事相关行业的人请教，根据他们的意见，修改方案。

（二）撰写创业计划书应规避的误区

(1) 过于技术性的文件。创业计划书应该以普通人的口吻来撰写，并避免使用任何术语和无休止的缩写。创业计划书应该易于阅读和理解，而不应晦涩难懂。

(2) 焦点不够清晰。覆盖范围太大的计划书和试图同时做太多事情的公司是无法吸引人的。成功的概念通常是简单的，而成功的创业者一般将注意力集中在一个有限的市场和产品线上。

(3) 荒谬的估值。此类计划书的起点往往是一个不合理的结论，然后向前推理，基础则是不切实际的未来预期或是胡编乱造的比较。其实，估值应该基于投资者真正支付金额的合理估算。

(4) 数字。数字是关键。融资要求、预期回报率和现金流预测，这些都必须具有吸引力和足够的野心，否则就是浪费时间。没人会下大力气去运作一个永远超不过夫妻小店规模的项目。数字应该在一开始就以一种简单的形式出现。不要把它们埋在计划书的后面。

(5) 未体现竞争。所有有能力的创业者都非常了解他们所面临的竞争情况。如果他们在创业计划书中说没有竞争，那就是自欺欺人。一个可靠的创业计划书含有很多关于竞争对手的详细情况及为什么这项方案具有真正的竞争优势。

(6) 不要期望完美的陈述。每一种情况都会有缺陷。如果一个投资者找的是没有缺点的计划，那他将永远没有投资对象。

(7) 过多的附录和数据表。如果申请贷款的话，过多的附录和数据表可能是必需的，但股本投资者通常根据几个重点来做出决定。如果投资者真的对方案感兴趣，那所有的参考证据和背景材料都可以随后提供。

(8) 让其他人执笔计划书。顾问撰写的计划书和创业者的文笔有着明显的区别，并缺乏真实性。如果一定要请专家帮助，也要在你自己完成了草稿之后进行。

(9) 难以置信的利润和回报。声称你的公司将很快达到 35% 的营运利润率和 100% 的资本回报率，这样的计划书是不足取信的。带着现实和保守的态度，才能使你获得回报。

撰写创业计划书是一门艺术。它应该是一个项目拿到融资的最佳机会，因此应当认真对待这项工作。

第二节　路演创业计划书

一、路演的目的及形式

创新创业项目路演就是创业者向众多的投资者讲解自己的企业产品、发展规划、融资计划。创新创业项目路演分为线上项目路演和线下项目路演。线上项目路演主要是通过 QQ 群、微信群或者在线视频等互联网方式对项目进行讲解；线下项目路演主要通过活动专场与投资者进行面对面的交流。

常见的项目路演，一般有以下三个流程：

(1) 创业者演讲，讲述项目的基本情况和创新点，介绍团队情况和融资计划，一般是 5～8 分钟，不超过 10 分钟。

(2) 听众提问，会问及投资者感兴趣的若干问题，通常是在核心竞争力方面进行确认，一般 2～3 名听众提问，不超过 5 分钟。

(3) 专家点评，相关的行业专家给予一些专业指导意见，或者在融资方面给予一些规划建议，一般会给 3 分钟。

当前，有越来越多的路演平台，给创业者越来越多的路演机会，甚至在线路演也成为创新的热点。而创业者和投资者，也会利用路演的机会进行深入交流，逐渐形成路演的一个隐形“圈子”。

举办路演活动的机构，往往都希望能够坚决执行设置好的路演流程，创业者和投资者都在既定的时间内完成自己的演讲，这也是创业者素质的一种体现。

创业者路演(如果为 8 分钟)一般按照以下顺序分配演讲的时间：

(1) 介绍项目背景，1 分钟。

(2) 讲解商业模式或核心创新要素，4 分钟。

(3) 给出关键信息，如专利情况、营收情况等，1 分钟。

(4) 介绍团队情况，1 分钟。

(5) 讲解融资计划，1 分钟。

根据路演活动的性质和给出的时间限制，可以适当对时间进行重新划分。对于一些公益创业项目，要多分配一点时间对已经实施项目的情况进行介绍。

二、路演的五要素

（一）路演 PPT

路演 PPT 主要起展示项目的作用，不用放大段文字，仅保存关键信息用于展示即可，如：关键事例、模型、数据、照片等。同时，对路演 PPT 的排版，不用追求过度精美，但注意要排版清晰整齐，评委看着会更舒服。

（二）路演稿

朝着如何能达成路演目标的方向去写，可写商业价值，以及符合大赛评审规则的加分点。

（三）路演人

团队成员人人都准备路演，人人随时都可路演。

（四）路演设备

线下路演时，提前熟悉不同电脑系统下 PPT 如何播放、激光笔如何翻页、话筒如何使用等。线上路演时，提前熟悉 PPT 投屏操作，提前测试自己的麦克风、摄像头，调节好灯光、摄像头角度等。

（五）路演现场

路演现场的准备主要在于做好心理上的准备。

三、为路演准备的资料

资料一般包括 PPT、PDF 版的商业计划书、纸质版商业计划书（内附名片），需要对团队情况（过往经历、合作分工、股权结构、期权池）、商业模式、业务进展、成本结构、融资规划、结合接下来的业务进展制订的资金使用计划、未来三年经营预测、上市计划或退出计划等内容加以细化，要坚决摒弃简版、大字、需要旁人充分展开联想的介绍方式。如果能有一段客户应用场景的视频来展示整个创业模式就更好了，这能有效地缓和紧张、压抑的现场气氛。遇到业务和财务数据介绍不清楚的时候，创业团队中的专业人士要及时解释，但切忌粉饰业绩，一旦在随后尽职调查的过程中被打上“不诚信”的标签，再好的项目也会被一票否决。对投资者来说，企业的道德风险是不可触犯的天条。

在创业路演时，往往需要一份 PPT 配合演讲，一般来说，进入决赛的路演时间为 10 分钟，冠亚军争夺赛的路演时间为 5 分钟。一份逻辑清晰、特色突出、设计出彩的 PPT 会给专家评委留下专业且用心准备的印象。一份好的路演 PPT 一般会包括以下四部分内容。

（一）项目要点陈述

该部分是给评委一个项目画像，即用几句话，连续并简明扼要地表达如下内容：项目的核心业务，商业模式和盈利模式，市场规模，核心技术或商业模式的门槛，项目现状，未来规划等。

（二）市场问题或痛点

路演一般以市场问题或痛点开篇，这样容易引起评委的注意和关注。除了清楚地指出面对的问题或痛点是什么，还应有相关支持数据等。

（三）解决方案

项目团队针对上面所述问题或痛点，提出创新解决方案，内容一般还要包括现有方案及其缺陷和优势等。介绍公司推出的产品/服务，包括该产品/服务是如何工作的，能为客户带来什么价值，一般还要附上相关照片。介绍门槛和壁垒，包括各种可以形成参赛项目"护城河"的因素，如技术专利、市场壁垒、政策壁垒等。

（四）市场分析

市场就是具有能力购买你的产品与服务的人群。市场分析数据不能是泛泛的数据，一般要有行业发展分析、国家相关产业政策、竞争情况、市场规模等。

四、路演的技巧

（一）得体

路演之所以不同于其他环节，就是因为创业者登台之后，不只是项目，连同这个人本身都会成为"门面担当"。"以貌取人"虽然看似肤浅，但很多时候，尤其是路演时，打扮得体不仅可以让创业者更加自信，给投资者及观众一个好的初次印象，而且也是对人的基本尊重。

（二）把控时间，做好应变准备

通常情况下融资路演需要创业者进行 PPT 演示，将自己的案例、项目、团队等多重信息传递给投资人。但原本 1 小时的演示时间突然缩短一半，甚至缩到更短的情况也是时有发生的。因此，创业者一定要提前做好完全准备，不论是 5 分钟，10 分钟还是半小时的展示时间，都能够随机安排时间，将最好的内容推介出去。

（三）表达激情背后的愿景与使命

伟大的企业，都有自己的使命和愿景，也许初时像是痴人说梦，但它会将创业者的激情传递出来。有的投资人，想要的并不只是一桩普普通通的生意，而是可能改变行业生态的，有梦想、有情怀同时有未来的项目。

（四）做好失败准备

创业者需要做好心理准备，因为即使项目有着新颖可行的商业模式，有很棒的团队与技术，路演也发挥得不错，但这并不代表着路演后一定可以遇到“伯乐”，马上拿到投资。这并非因为创业者或项目不够好，可能是这一次的路演中没有那个匹配度很高的投资者，也可能是因为投资者比较谨慎。

现在常说到的巨头企业，不论是腾讯、阿里巴巴，还是脸书（Facebook）、爱彼迎（Airbnb），他们当年的融资之路一样艰辛，所以无须因为一次路演失败而介怀。

（五）只要“10 分钟”

这里所说的“10 分钟”并非实际生活中的准确时间段，而是告诉创业者，时间非常重要，时间越短，路演效果反而会更好。如果投资人只给“几分钟”的推介时间，那创业者就务必要将时间压缩在 5 分钟之内，但一定要掌握好节奏，不能虎头蛇尾，急急忙忙结束。

（六）把路演讲成故事

研究发现，讲故事是最能获得听众关注的方式，同时，这种方式也最能令创业者的路演变得令人难忘。所以，在投资者面前，所有的 PPT、数字、图表其实都只是辅助工具，这些内容都是他们司空见惯的，但是创业者可以简洁且清晰地讲述自己的案例，从而引起投资者的关注与共鸣，让他们愿意为你投资。

（七）紧抓重点

对投资者来说，时间无疑是十分宝贵的资产，创业者需要紧抓重点，专注于投资者最想了解的诸如竞争力、商业模式、盈利方式、项目进展、产品情况等关键点。逻辑混乱是路演中的大忌，这样的讲述方式不仅会令人昏昏欲睡，还会给投资者留下十分不好的印象。

（八）创业热情＋自信

创业热情对创业者来说是非常重要的，对自己的项目拥有无限热情、无限能量的创业者，在路演中会加分不少。同时，它也能够展现出创业者的自信，能够让投资者更加认可、更加相信你可以做好。但凡事过犹不及，过度的自信便是自负，如此只会令投资者心生反感。

（九）多加练习

绝大多数的创业者不会只经历一场路演便成功融资，那么练习就显得十分必要了。创业者可以对投资者可能问及的问题提前进行预演，在实际问答的过程中，可以向潜在投资者再次展示公司的业务指标与竞争优势。

掌握好以上这几点，路演之前好好准备，路演之中出色发挥，路演之后对投资者提出的问题与反馈详细记录，并不断改进，那么创业者会发现，路演中出现的问题会越来越少，自己的路演水平也在不断提高，同时获得投资者融资的概率也越来越大。

第三节 | 大学生创新创业大赛及案例分析

一、中国国际“互联网+”大学生创新创业大赛简介

改革开放以来，国家十分重视对于青年人才的培养。习近平总书记提出“要加快建设创新型国家”，就需要着力培养“有理想、有本领、有担当的青年创新创业人才”。在此大环境下，由教育部与政府、各高校共同主办的中国国际“互联网+”大学生创新创业大赛应运而生，并受到了高校重视、受到大学生的认同。大赛旨在深化高等教育综合改革，激发大学生的创造力，培养造就“大众创业、万众创新”的主力军；推动赛事成果转化，促进新业态形成，服务经济提质增效升级；以创新引领创业、创业带动就业，推动高校毕业生更高质量创业就业。

大赛共有五个赛道，包括高教主赛道、“青年红色筑梦之旅”赛道、职教赛道、萌芽赛道和产业命题赛道。如职教赛道面向职业院校（含高职高专、中职中专）学生，要求参赛项目能够将移动互联网、云计算、大数据、人工智能、物联网、下一代通信技术等新一代信息技术与经济社会各领域紧密结合，培育新产品、新服务、新业态、新模式；发挥互联网在促进产业升级以及信息化和工业化深度融合中的作用，促进制造业、农业、能源、环保等产业转型升级；发挥互联网在社会服务中的作用，创新网络化服务模式，促进互联网与教育、医疗、健康、交通、金融、消费生活、文化创意服务等深度融合。

案例分享

咖啡渣与创业

废旧的咖啡渣，在大家看来一文不值，却有一群在校大学生，用它来自主创业，她们用咖啡渣发酵培育的盆栽植物，比一般栽种的更绿更护眼。现阶段推行的多肉、绿箩、绿萝、晶钻、金边吊兰等种类，因自主创新、时尚潮流，备受学员的热烈欢迎。带头人周詹敏，是云南师范大学毕业生，用咖啡渣来栽种盆栽植物，这个项目的名字叫啡尘工房。在第一场赛事的前一晚，好多个小伙伴一次次地改动演说的 PPT 和演说词，一次次地排练，整整的熬了一个整夜。直到如今，周詹敏都能想到那一个静寂的夜里，校园里萦绕着她们高声记诵发言稿的响声。“大家五个人坐到一起，相互之间鼓励，大声说着加油。”

有志者事竟成，啡尘工房的拼搏获得了收益，她们在逐层选拔中出类拔萃，最后得到了几万元创业资金。几个人决定以此为突破口开展自主创业。周詹敏做为比赛时的大队长，顺理成章肩负起了领着全部队伍的重担。在获得很多技

术专业讲师的提议后，她们逐渐踏遍街头巷尾，与咖啡厅、鲜花种植产业基地寻找合作伙伴；她们逐渐制作宣传册，在商城里挨家挨户介绍自己的商品；她们事必躬亲，从开展咖啡渣配土实验，到盆栽花盆的搭配，再到绿色植物的售卖，不敢有一丝怠惰。团队发布了香水百合、肥皂花和按摩油花等新的盆栽植物，逐渐招新手扩大团队，并申请办理咖啡渣培育土技术性专利权。团队还在淘宝网开展了众筹项目，以盆栽植物开展感恩回馈。历时一个月就得到募款 56 305 元，拥护者达到 994 人，完成率 563%。而很多拥护者都表明不要她们感恩回馈的礼品。“你们不易，这种小礼品不用了。”很多人说。

从参加比赛到逐渐自主创业再到与其他企业谈合作，她意识到自身以前的创意策划与创新是那么的孩子气。“大家还必须不断进步，勇于探索，即使有千难万险，也绝不放弃。”

（案例来源：搜狐网）

思考

如何采用“互联网＋”网络营销模式使得创业初见生效？

大学生创新创业大赛的举办是国家发展战略的重要体现，为当代大学生全面发展提供了优质的平台，推动了产学研融合发展。同时，国家出台了很多相关的优惠政策来帮助大学生更好地创新创业，多部委颁发了各项文件以促进创新创业工作的落实。

（一）发展现状及成果

大学生创新创业大赛成为了一项高校教育实践教学的重要途径，习近平总书记给参加第三届大赛“青年红色筑梦之旅”的大学生的回信更是进一步明确了大赛的目标，使得大赛走向了新高度。大赛取得了如下成果：

一是参与人数众多，形成了一支庞大的创新创业的青年队伍。在大赛举办期间，大量有为的青年人才得以培养出来，将来必定成为社会建设的可靠力量。

二是为大学生们上了一堂有温度、有深度的国情思政大课。举办大赛以来，超 400 万大学生以“青年红色筑梦之旅”为途径，深入民众，贴近国情，为中国的精准脱贫扶贫以及乡村振兴助力。

三是掀起了一股创新大潮。大赛通过将基础教育、职业教育和高等教育进行有效结合，激发了大学生的创新意识，在全国掀起了创新创业的热浪。

四是大赛使得大量的高质量创新项目得以呈现。在大赛的激励之下，大学生创新创业能力得到了有效提高，以赛促创取得显著成果。据统计，大赛后成立的公司近 50%最终完成融资，接近五分之一的公司融资金额超过 5 000 万元，从实践类项目的运营成果来看，有 13%左右的公司收入超过 5 000 万元，最高收入达 2 亿元。

（二）项目备赛

1. 研究大赛评审规则

“互联网＋”大赛评审规则是项目备赛的指挥棒。研究和正确解读大赛评审规则，有助于从宏观和微观两方面把握办赛的指导思想和制订备赛策略与实施方案。

与“创青春”“挑战杯”国赛不同，“互联网＋”大赛强调参赛项目的落地性和实践成效。各赛道、各组别项目的评审规则各不相同、侧重点也有差异。如，除产业赛道、萌芽赛道以外均设计“带动就业”和“引领教育”评审维度。“带动就业”评审维度主要从项目运营直接提供的就业岗位数量、质量和带动产业上下游的就业能力和规模来把握。设计“引领教育”评审维度，更加彰显办赛的育人本质。该评审维度侧重把握项目来源与实施，要体现专创融合、团队成员所学所用、项目成长对团队成员创新精神、创业意识和创新创业能力的锻炼和提升。

高教主赛道注重科技成果的有效转化、落地实施，其中的师生共创组项目评审重点应把握项目的重大性、是否已注册、科技成果转化与创业的成效。

职教赛道注重开展就业型创业实践，注重产品原型、服务模式或生产加工工艺的创新，以及岗位、流程、管理、方法等方面的创新。分为创意组和创业组，评审规则除了相同的五个维度以外，创意组评审强调项目的创新性、创业组评审强调项目的商业性。即使是创意项目，也关注项目前期实施的成效。

产业赛道把教育端和产业端联系起来，鼓励参赛学生会学、能学和敢闯会创，注重产业问题解决方案的科学性、可行性。

红旅赛道注重评审项目推进“三区”经济社会发展的创新性、实效性和可持续性。其中，公益组项目评审强调参赛项目的社会价值、非营利的公益成果、受众面和可持续性（与创业组要求相同），关注项目持续运营能力；创意组和创业组项目评审规则的差异主要体现在创新性、实效性和可持续性三个维度上。

参赛项目网报时要注意以下事项，以保证上传无误、一次通过。一是团队成员基本信息要填报准确，保证学信网验证顺利通过。注意毕业生参赛须为毕业五年以内的毕业生。二是报名要选准赛道、组别和项目类型。特别注意高教主赛道师生共创项目组报名参赛的三个条件要求：师生共同创业；教师所占权重或持股比例高于学生（如已注册，师生股权合并计算不低于51%，且学生参赛成员合计股份不低于10%）；参赛教师为高校在编教师。三是注意佐证材料要收齐，比如：带动就业证明、社会影响（媒体相关报道）、营业执照扫描件、专利、政府批文、鉴定文件等。四是上传的评审材料格式要符合要求，省赛网评PPT较现场路演PPT可以内容更翔实些。

2. 科学制订备赛方案

基于“互联网＋”大赛通知精神和评审规则，结合实际，可从学校和参赛项目两个层面分别制订备赛方案。由于“互联网＋”大赛历时时间长、动用的资源多和项目的选拔多层级，要求参赛学校高度重视，上下形成合力，明确从项目选择，团队组建与导师聘任，商业计划书撰写以及PPT、VCR的制作与完善到N次项目打磨与路演（基于项目比赛晋级情况）等各备赛环节的任务目标、时间节点、责任部门和责任人，在此基础上制订备赛时间进度表，并按时间表备赛。

一般项目备赛方案要晚于校级备赛方案出台，需参赛项目晋级后撰写。备赛启动时间最好安排在上一届赛事结束后，备赛启动会可与上一届总结表彰会一同召开，一方面总结经验教训，另一方面给备赛留出充裕时间。

3. 项目选拔

坚持师生、院系、校企间联动与协同的参赛项目开发机制，挖掘、拓展和评估学生自主开发、专业教学、教师科研、社团协会、校企合作的项目与实践活动，持续实施大创项目计划等，以此开发教学、生产、科创、科研、实践等双创大赛项目。

学校加大宣传和参赛培训，组织院系两级选拔赛，择优选拔有较好的创意设计、立项孵化与创业成效突出、在技术（或服务）和商业模式上有突破和创新、符合政策导向和产业发展、已注册企业或运营多年的项目作为种子参赛项目。

4. 团队组建与导师聘任

投资界有这样一种说法：宁可投资一流团队，二流项目；也不投一流项目，二流团队。由此可见创业团队的重要性。创业团队的优劣直接决定能否顺利融资和成功创业。因此，参赛团队应以原先创业或实践的团队为班底，根据项目业务开展所需，跨专业、跨学科组建，要求成员间能力与优势互补。

最好是从相关专业课教师（含兼职教师）和双创导师库中选聘指导教师，组成导师团队，能够全程指导和陪伴团队备赛。注意在团队组建和导师选聘上不要强拉硬拽、虚位挂名和滥竽充数；项目创始人和导师要重视和加强团队建设，尽可能缩短磨合期。同时做好团队参赛分工，要求项目汇报人要具有演讲水平较高、普通话标准、仪表端庄大方等特质。

5. 设计和提炼商业模式

商业模式是满足客户需求、实现价值主张，呈现项目持续盈利的整体解决方案。一个好的商业模式应具复制性和推广性强的特点。商业模式设计是否完整、可行，决定项目是否具备盈利能力或盈利潜质、是否能够生存和持续成长，也是创业计划书的核心和项目打磨的重点。因此，项目备赛要高度重视商业模式的设计与提炼。一要熟悉和客观分析项目所处行业的现状、商业模式的优劣，并清楚产业政策导向；二要将项目置于产业链中，运用商业画布工具分析、确认项目的价值主张、关键业务、客户、渠道、资源和利益相关方，树立和运用互联互通思维，最终构建商业逻辑合理、充满时代感、价值链完整的商业运营方案。

6. 撰写商业计划书

撰写商业计划书时，项目的商业逻辑一定要合理，具体要说清八个问题：我是谁；为什么要做这个项目；项目亮点、特色与优势是什么；如何盈利；项目投入、融资与盈利怎样；为什么我能做；前期运营如何；未来如何发展。一般按照项目摘要、市场分析、产品与服务、竞争分析、盈利模式（或营销模式）、创业团队、财务预测与融资、运营现状与未来发展的体例格式撰写，并把项目整体的商业画布要素融合到计划书里呈现。

7. 打磨商业计划书

打磨商业计划书是项目修改完善的关键任务，需要梳理出清晰的项目逻辑关系。通常采取八步法打磨。一是标题的核心论点提炼，用一句话描述项目的定位与亮点；二是市场分析要聚焦、有针对性，不喊口号、不空泛说教、不追求大而全，多用数据或案例说清市场容量、发展前景和现状问题；三是提炼出产品或服务的核心价值，准确阐述刚需与痛点问题；四是讲清楚解决方案、目标客户及核心竞争力；五是做好前期运营现状总结、竞品分析和未来规划；六是明确项目运营策略，做到商业逻辑合理、可行；七是混编团队的组成要合理，讲好创业故事；八是财务分析准确，融资与使用合理。

8. 参赛路演准备

参赛项目能够顺利晋级，关键在于路演答辩水平与质量，它决定着项目到底能走多远和获奖的等级。因此，各参赛团队都要高度重视路演，赛前应充分准备和演练。

（1）团队成员合理分工

现场路演涉及项目介绍和答辩两个环节。最好由项目负责人汇报和答辩，项目负责人熟悉亲身经历的项目，能够声情并茂地介绍项目、回答评委提问，有说服力。项目单项业务问题则赛前安排具体负责的团队成员准备和回答。为有效应对答辩环节，一是要站在评委角度梳理问题，二是基于职务职责分工，全员全方位准备、各有侧重、相互模拟提问。

（2）路演时间把控准确

现场路演一般采取“5＋3”形式，即 5 分钟汇报、3 分钟答辩。团队成员在备赛时一定要反复练习，细化到形体仪表和着装、每张 PPT 用时、每分钟说多少字，达到脱稿演讲、张嘴就能说、上台就能讲。

（3）汇报层次清晰

现场路演 PPT 是商业计划书的精华浓缩版，一般有 18～20 页，要求制作简洁、图文并茂、视觉冲击力和代入感强。路演汇报要做到人与 PPT 结合到位，围绕“为什么、做什么、如何做、谁来做、需要多少钱、未来如何发展”六方面介绍项目，做到逻辑清晰、重点突出、表情自然、吐字准确、充满激情、表达到位。

（4）准确答问

现场答辩时评委提出的问题主要验证项目是否真实，答辩学生要注意力集中、听清问题、快速反应、镇定自如地及时回答，切忌所答非所问。即使遇到无法解答问题也要做到中肯，回答“不会”，不要跟评委发生争执。此外，答辩环节团队成员间要及时提醒、及时补位。

（三）项目案例

《“鲜果行”应用创业计划书》选摘自“互联网＋”大学生创新创业大赛获奖作品。这类获奖项目都有提升大学生创业技能的功效。大学毕业生通过自主创业，将自己的兴趣与职业相融合，使自己能够在自己所喜欢的领域大显身手，充分展现自己的才华，并达到自己所预期的目标。

案例分享

“鲜果行”应用创业计划书

一、项目简介

（一）项目背景

随着经济的快速发展和人民生活水平的不断提高，人民不仅要求吃得好，更要吃得健康。越来越多人愿意花钱来提高自己的生活质量，比如去健身房、旅游等。饮食方面，水果也越来越受大家欢迎。

（二）市场机会

得益于校园鲜奶定制的启发，团队准备首先在校园里推广这一计划（相当于App应用开发前期的需求分析设计）。如果校园推广顺利，可以考虑开发App应用，进一步扩大目标群和个性定制服务。

二、App产品/服务

本App设计将彻底改变传统商业性App的设计思路和风格，按照科学性、新颖性、趣味性的设计理念，将App打造成一个制造快乐，分享信息，增进互动交流的鲜果定制产品。App通过分享水果的营养价值，介绍水果的其他用法，提供不同的套餐选择方案；同时也鼓励用户个性定制自己想要的水果套餐，参与指定用户每天的水果列表，提醒用户每天按时完成水果任务，并根据时令季节、天气状况等场景提供推荐和自由选择两个方案，方便了用户的同时也在此过程中实现自身经济价值和社会价值。

三、目标市场分析与竞争优势

一方面，走访了大学校内的几个水果摊（为尽量保证调研数据的准确性，大学周边的水果店不列入调研范围），据统计结果，大概共有20个摊点，平均日销售额在750元，这样一个学校一天水果的销售额在15 000元左右。那么按照34%（此数据来自某一学校的调查，因条件限制就用别的数据代表一般学校了）的人会在校内摊位买水果算，这样整个学校水果的日销售额为15 000/0.34＝44 117.064 71（考虑到水果店地理位置和季节原因，这里经过衡量取得平均值。一般来说春夏季水果需求高于秋冬两季）。另一方面，根据人群估算。武汉大学如今在校生规模达48 000余人，其中研究生17 000余人。按照本科生日均水果消费1.6元，研究生3.0元的标准（由于研究生有国家补助和导师发钱，手头较宽裕，水果花费自然高于本科生），通过下面公式计算：31 000×1.6×0.4＋17 000×3×0.6＝50 440元。数据分析，高校有非常大的水果市场潜力。

本款 App 主要针对年轻大学生，虽然大学生个体购买力小，其消费水平偏低，但是市场潜力巨大，值得关注并采取开发措施。

（一）竞争优势

1. 主题鲜明，专注于目标人群，有价格优势。

2. 方便快捷，省时省力。

3. 水果套餐礼盒使用权可以转赠。

4. App 增加了推荐和个性定制的多套方案，可供选择。

5. 保证货源质量，可信赖性强。

6. 会员门槛低，增加了会员与供货商的互动。

（二）盈利模式

1. 短期盈利模式

短期内盈利较小，由于派送，主要是牺牲个人时间精力赚取批发后卖出水果的差价费，但更重要的目标是使其进一步扩大市场份额，为之后产品完善、进一步深入人心作铺垫。暂时不考虑利用 App 赚钱。

2. 中期盈利模式

经历前期的宣传和实践，中期会员发展较多，信誉积累也差不多，准备开挖校园的教职工宿舍楼那块市场，吸引教师家庭为会员。由于他们属于有收入一族，有冰箱，购买力强，可以一星期为派送时间间隔。

3. 长期盈利模式

经历前中期的努力，会员数发展更多，App 也更完善。根据会员的供货量，可以线下开一个属于自己的水果商店，不仅作为供货源，还能卖给其他人。除了赚取批发后卖出的中间差价（盈利主要来源），可以考虑植入一些广告，收取广告赞助费，也可以通过使用 GPRS 等服务产生一定量的流量费用，与移动运营商合作从中提取一定费用。

四、知识产权

本 App 自主开发，核心知识产权属个人所有，不存在任何产权纠纷。

五、战略和计划

我们的战略是线下销售为主，App 不断完善各个板块功能，让产品更加人性化，提高用户体验。以 App 的互动作为品牌的特色，吸引广大会员，促进水果产品的销量，从而赚取利润。通过 App 的网上运营推广，打造属于自己的水果精品店。

（一）产品开发

因为本次创业初期以线下校园推广为主，App 前期主要服务于会员客户，方便互动，故 App 最初版本只有最基本的功能。受资源限制，目前 App 开发主要由一群爱好编程的小伙伴组成的创业团队负责。后期随着资金的流转和会员数的增加，App 会逐步升级完善，提供更多的服务和推广运营功能。

（二）市场推广

由于该服务主要的目标人群是大学生，故推广对象主要集中在校园大学生之间。具体活动推广方案如下。

1. 搭建平台举办宣传活动推广

时间：选在中午放学到下午上课之间的吃饭时间。

地点：校内各个食堂附近以及主教学楼的交叉路口等人流量比较多的地方。

内容：准备好宣传用品(宣传单上标明活动主题、规则、下载 App 二维码、赠送小礼品以及现场报名的方式)。准备一台笔记本电脑，播放吃水果益处多多的视频烘托现场气氛。

2. 利用社交渠道推广

(1) 了解大学生一般都使用哪些社交网站和软件，在类似于人人网、豆瓣、马蜂窝等一些交流社区中宣传此产品，吸引用户关注，利用口碑宣传扩大影响。

(2) 通过在微信朋友圈中分享、QQ 群中群发消息、微博中分享等方式，利用一切社交渠道加大推广力度。

六、团队成员

（一）负责人：XXX

（二）团队：

部门	工作职责
运营部	负责线上线下的盈利模式、运营计划、活动文案、策划、销售团队组建及培训
技术部	负责技术平台的搭建、增值功能的开发，页面、专题、广告设计，相关的技术平台的维护
推广部	线上线下推广目标的制定、实施

七、SWOT 分析

★优势	(1) 主题鲜明，与时俱进，目标客户群明确； (2) 定制服务类似于网上开店模式，但物流又优于它； (3) App 辅助管理会员，使得服务更加人性化； (4) App 的引进加强了推广效应
★劣势	(1) 技术限制，前期 App 只能提供基本功能； (2) 前期在用户少且分散的情况下，派送较耗时
★机会	(1) 随着人民生活水平的提高，大家都有养生的意识，水果消费量日益增多； (2) 当下经济条件允许大学生拥有较富裕的零花钱，目标市场潜力大； (3) 首次提出水果定制服务，解决了困扰消费者水果“新鲜度”的问题
★威胁	(1) 校内及周边实体水果店较多，竞争激烈，短时间改变学生的消费方式有一定的挑战性； (2) 目前刚刚起步，市场占有率低，没有形成规模和品牌效应

八、财务计划

（一）投资概算:1 万

项目	资金使用范围	投入预算(元)
1	App 开发费用	4 000
2	线下推广赠送水果服务	5 000
3	借用场地,印刷传单等办公材料	1 000

（二）收入预测

基于前面的市场和竞争分析,我们相信随着服务的完善,可以满足多数大学生的消费需求,有着巨大的竞争优势。

时间段	项目进展	营运情况预测	收入预测(元)
0—3 月	项目开发	0	0
4 月	项目试运行	全校范围内第一个月达到 1 000 名用户,每个用户一个月可赚取 30 元利润	3 万元
4 月后	项目运行	全校范围内每个月用户可达到 1 500 名,以每月 10%的速度递增	>4.5 万元

九、风险评估

根据意向用户下的订单来批发水果以及决定是否开发 App,本次创业风险主要在于创业人员的时间和精力成本。

十、其他因素

严格按照方案行动,积极完成各自任务,团结协作。方案进行中常常会有突发事件的干扰,甚至出现不可预料的环节。这就要求我们在开始前对每个环节细节精心设计考虑周全。一旦出现特殊情况时好心中有数,及时处理,以避免不利因素的扩散。如果遇到突发事件,团队应积极合作研究,做好危机处理,并及时妥善处理,原则是让用户满意,根本目的是尽量完善服务,提升服务的质量和占有更多市场率。

思考

这个参赛项目给你的启发是什么?

二、“创青春”全国大学生创业大赛简介

“创青春”是“创青春”全国大学生创业大赛的简称,是“挑战杯”中国大学生创业计划竞赛的改革提升。共青团中央、教育部、人力资源和社会保障部、中国科协、全国学联决定,在原有“挑战杯”中国大学生创业计划竞赛的基础上,自 2014 年起共同组织开展

“创青春”全国大学生创业大赛，每两年举办一次。大赛下设3项主体赛事：大学生创业计划竞赛、创业实践挑战赛、公益创业赛。

（一）大学生创业计划竞赛申报条件

1. 已创业类申报条件

拥有或授权拥有产品或服务，并已在工商、民政等政府部门注册登记为企业、个体工商户、民办非企业单位等组织形式，且法定代表人或经营者为符合参赛资格的在校学生、运营时间在3个月以上（以预赛网络报备时间为截止日期）的项目。

2. 未创业类申报条件

拥有或授权拥有产品或服务，具有核心团队，具备实施创业的基本条件，但尚未在工商、民政等政府部门注册登记或注册登记时间在3个月以下的项目。

（二）创业实践挑战赛申报条件

拥有或授权拥有产品或服务，并已在工商、民政等政府部门注册登记为企业、个体工商户、民办非企业单位等组织形式，且法定代表人或经营者符合参赛资格的规定、运营时间在3个月以上（以预赛网络报备时间为截止日期）的项目，可申报该赛事。申报不区分具体类别、组别。

（三）公益创业赛申报条件

拥有较强的公益特征（有效解决社会问题，项目收益主要用于进一步扩大项目的范围、规模或水平）、创业特征（通过商业运作的方式，运用前期的少量资源撬动外界更多的资源来解决社会问题，并形成可自身维持的商业模式）、实践特征（团队须实践其公益创业计划，形成可衡量的项目成果，部分或完全实现其计划的目标成果）的项目，且参赛学生符合参赛资格的规定，可申报该赛事。申报不区分具体类别、组别。

（四）项目案例

《快递驿家》选自大学生团队获奖作品。项目可行性比较大，提供了一种独特的方式，能够充分满足大学生的需求，通过大力宣传，只要有了可观的用户数量，发展前景将会很乐观。

案例分享

“快递驿家”项目

1. 项目背景

（1）经济环境

不断增长的快递业务为物流行业带来很大压力，驿站作为物流末端投递能力建设的代表，通过变革物流末端，为快递行业助力。

（2）社会环境

消费者对高品质快递服务的需求越来越高，使快递企业呈现“微利化、无利化、亏损化”的趋势。同时,同质化服务也让消费者对于各大快递品牌难有忠诚度。因此,快递服务的末端配送有一定的市场空白。

(3) 技术环境

物流前端的各项技术得到应用。其他前沿技术,如人工智能、大数据等,各大快递公司也在纷纷跟进研究。技术的发展让项目的服务模式更优化。

2. 项目分析

(1) 优势

“快递驿家”项目目标人群清晰,且在市区的布点工作已初步完成,大量的驿站既能减少消费者末端配送资源的浪费,又能提高快递员的投递成功率。同时,创业团队的专业知识过硬,实践经验丰富,团队成员来自物流管理、物流工程、会计等不同专业,既有物流管理的专业知识,又有电商的实战技能,更有财务的详细准确预算。项目总体优势明显。

(2) 市场痛点

末端危机、服务危机、资源整合危机。

(3) 竞争对手产品

百城当日达、丰巢。

(4) 运营策略

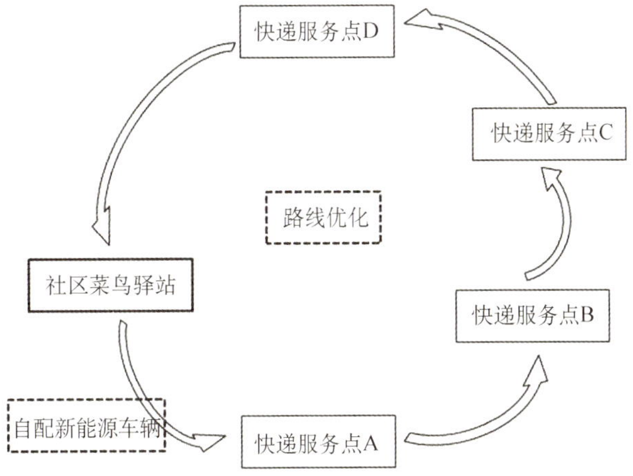

“快递驿家”项目的营销模式主要是从服务、媒体宣传和树立公司品牌等多个方面展开,比如,在当地媒体定期做广告宣传,扩大影响,吸引客源,增加业务量,让更多的消费者体验驿站的便捷,为更多的快递公司解决“最后一千米”和“最后一百米”的配送服务难题。在这种模式下,项目解决了各大物流公司在末端配送的难题,各大物流公司不必再花费大量的人力、财力来搭建末端配送平台,大大减少了成本费用。

(5) 风险

略

(6) 组织结构

略

(7) 财务状况

融资分类	主要用途	2018 年	2019 年	2020 年
房屋租赁	公司办公场地的租赁	50 000 元	130 000 元	200 000 元
设备购置	办公、运输、智能分拣设备	100 000 元	240 000 元	370 000 元
短期薪酬	职工、管理人员的工资、奖金、差旅、津贴和补贴	200 000 元	450 000 元	760 000 元
软件平台	企业管理平台、用户平台	500 000 元	970 000 元	1 400 000 元
流动资产	公司日常运营	150 000 元	210 000 元	270 000 元
合计		1 000 000 元	2 000 000 元	3 000 000 元
		6 000 000 元		

3. 项目前景

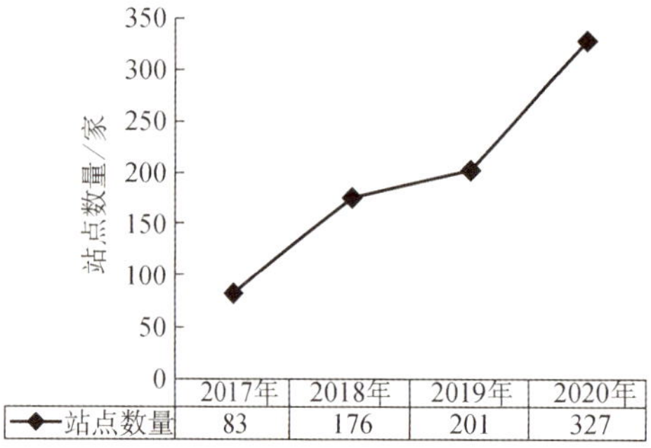

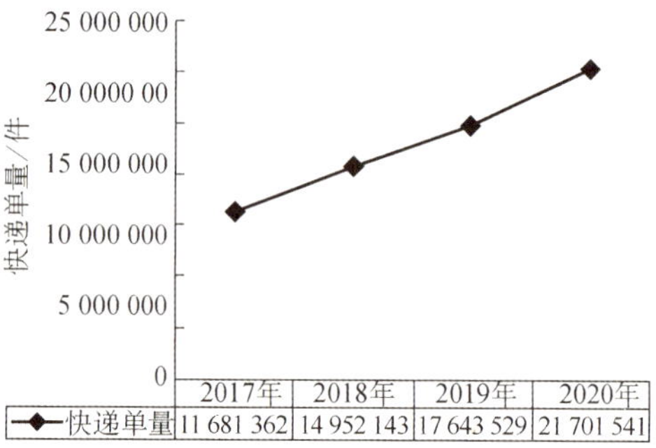

思考

你是否对这个参赛项目的创新点表示认同?

三、大学生电子商务"创新、创意及创业"挑战赛

全国大学生电子商务"创新、创意及创业"挑战赛(以下简称"三创赛")是激发大学生兴趣与潜能,培养大学生创新意识、创意思维、创业能力以及团队协同实战精神的学科性竞赛。"三创赛"为高等学校落实教育部、财政部《关于实施高等学校本科教

学质量与教学改革工程的意见》，开展创新教育和实践教学改革，加强产学研之间的联系起到积极示范作用。该赛事在全国高校和社会产生了巨大反响，极大地促进了大学生的就业和创业。大赛的目的：强化创新意识、引导创意思维、锻炼创业能力、倡导团队精神。大赛的价值：大赛促进教学、大赛促进实践、大赛促进创造、大赛促进育人。

（一）竞赛规则

竞赛形式分线上和线下两种，原则上尽量采用线下形式，特殊情况下可以采用线上形式。在国赛、省赛和校赛中，均可采用小组赛和终极赛（排名赛，各小组第一名进入终极赛）两轮赛制。校赛、省赛的终极赛需要排出团队名次，或者前 10 名排出名次，为晋级更高级的比赛做准备。

小组赛在封闭环境下进行，终极赛在公开环境下进行。小组赛参赛团队演讲 8 分钟，评委提问与参赛选手回答 7 分钟，每个团队分组赛为 15 分钟；终极赛每个团队做 8 分钟演讲，一般不再安排问答环节。

参赛选手须是经教育部批准设立的普通高等学校在校研究生、本科生或专科生，专业不限，经所在学校教务处等机构审核通过后方具备参赛资格。高校教师既可以作为学生队的指导老师也可以作为混合队的队长或队员（但一个“混合队”中参赛团队的教师总数不能超过学生总数）。

参赛选手每人可以同期参加一个常规赛和一个实战赛。参赛队伍分两类：一类是学生队，队长和队员须全部为全日制在校学生；一类是师生混合队，队长必须为教师，队员中学生数量必须多于教师。可以跨校组队，以队长所在学校为报名学校。队员的身份信息的真实性由队长负责。大赛提倡参赛队员合理分工、学科交叉、优势互补。

（二）竞赛题目与作品

大赛提倡选题多元化，促进创新意识、创意思维和创业能力的提高，作品选题可以来自行业、企业的需求，也可以由参赛团队自拟。参赛作品必须是参赛团队的原创作品且首次参加比赛（属于第一类“原始创新”）；如果该作品已经参加过其他比赛，在满足下列三个附加条件时也可以参赛（属于第二类“迭代创新”，但等同于第一类）：参赛队伍须在校赛开始前 10 个工作日在大赛官网上传参赛作品摘要，摘要内容须包括项目背景、意义、主要内容、主要成果及该项目的主要创新、创意及创业三方面的标志性内容，字数在 100～300 字，校赛开始后不得修改。

以下案例选自大学生团队参加全国大学生电子商务“创新、创意及创业”挑战赛的获奖作品，体现了团队对于商业模式的深入研究。

案例分享

“心动365”特色礼品网站项目计划书

第1章　背景分析

礼品消费市场可分为国内外两个市场，其潜在需求均十分可观。全球礼品需求约2 000亿美元，其中：美国占40%，欧洲占24.8%，日本占8.7%，中国只占5.8%；在美国、德国、意大利等国举办的大型国际展览会，平均每个展览会成交额达500亿美元左右；每年美国的手工艺品销售额约120亿美元、文具家庭用品约740亿美元（有66%的家庭年消费近400美元，有15%的家庭年消费860美元），促销品达到190亿美元。中国礼品大量占据全球市场的同时，也面临潜在的挑战，主要是礼品行业具有门槛底、劳动密集、工艺相对简单等特点，近一两年，其他发展中国家也都纷纷涉足礼品的生产，对中国的产品产生了潜在的影响。中国礼品年增长速度超过了12%，不过，和许多“中国制造”的产业一样，中国礼品大部分集中在中低端市场，礼品的开发设计、知识产权保护、品牌营销都是我们亟须改善的软肋。

第2章　项目概述

2.1　公司名称

“心动365”特色礼品股份有限公司。

2.2　企业理念

我们的理念：正品保障，个性至上。企业内部员工对待彼此诚心诚意；诚心诚意为顾客打造最具人性化和个性化的服务平台，与客户建立长期合作关系。我们以提供给顾客个性、时尚、创意、温馨、惊喜的礼品为创业核心理念，因人而异是礼品最能吸引消费者的亮点，也是我们对市场前景非常看好的重要筹码。

2.3　公司组织架构

略

第3章　经营内容

3.1　任君挑选

本专区的功能几乎跟所有销售网站一样，由顾客自己挑选礼品自行购买，礼品主要来源于合作商家以及本公司设计并交由生产商生产的礼品。但本专区让顾客搜索礼品更加便利，直接选定对象和用途，让最合适的礼品展现在顾客面前（图9-1）。

3.2　如您所愿

“如您所愿”业务是针对那些工作太忙、闲暇时间较少的人群，对挑选礼物没有概念、很难决定的人群，惰性较大、不愿花时间和精力以及想给对方一个惊喜或不好自己出面而想让我们帮其代购的人群。

顾客将其赠送的对象、赠送的用意、对我们工作所要求的期限以及其他具体要求提交后，我们会在第一时间进行处理，将符合要求的本网站所有礼品提供给顾客挑选，顾客挑选完后我们将为其代购，及时解决问题（图9-2）。礼品是私人定制，产品的价格比较高，但质量较高。我们的礼品根据顾客支付的预付款来制作。这个预付款包括产品成本的70%，物流成本的10%，毛利润的20%。

思考

本案例对你有何启发？

四、大学生创新创业项目的思路

互联网创业时代的到来催生了一批新兴产业和创业青年，如今，互联网服务功能的转变以及“互联网+”的时代变革又像是一块敲门砖，敲开了又一扇创新时代的大门。在“大众创业，万众创新”的大潮下，我们迎来了一个创新创业的新纪元，大学生创新创业成了一道亮丽的风景线。在新时代社会高质量发展下，各行各业都掀起了革命。大学生若能把握创业机会，将创意转化为创新创业的利器，挖掘一些商机，那将是另外一番天地。

1. “互联网+”思维为大学生创新创业提供种子

（1）“众创空间”创业服务平台为大学生创业提供土壤

“互联网+”行动计划，成为影响中国发展的重要历史机遇。比如杭州市推出了大学生创业的特色小镇，作为与传统的园区、开发区不同的创新载体，在理念、机制、模式等方面全面升级。后来，在全国掀起了“特色小镇”热潮。杭州梦想小镇作为首个“互联网+特色小镇”，展开了一系列创新引领下的城乡发展转型探索，取得了一定的经验，为后续特色小镇建设发展探索了一条新的路径。

（2）“互联网+”、共享经济为大学生创新创业提供新模式

“互联网+”给国家和社会带来了很大的影响，如何在网络高度发达的时代实现更好的发展也成为当下人们普遍关注的话题。在互联网时代背景下，很多新的产业都涌现出来，共享经济也应运而生，共享单车、共享充电宝等都迅速发展。当前“互联网+”和共享经济时代下，产品的用户是消费者，也是传播者。产品做得好，消费体验好，口碑就会好。传统行业要依靠互联网口碑的力量自建流量，从而赢得更多用户。实体店好比地面作战，一对一吸引消费者，而线上市场好比是空中力量，能实现一对多覆盖。线上线下互补，不可偏废。线上是宣传销售渠道，能吸引粉丝，增加用户黏性，还可以实现二次营销。因此，当今时代大学生创新创业有了新模式。

2. 网络为大学生创业提供新平台

在现在的就业模式中，电子商务是很多大学生创业发展的主要方式。中国电子商务协会领导表示，网络创业主要是支持学生以自己的努力来加强创新力度，并且给大学生提供实验场所，为大学生创造更多的就业空间。我国电子商务市场发展拥有很大的潜力，在目前的 1 000 多万家大中小型企业中，已有 80%的企业能够运用电子商务手段进行贸易活动，而成千上万的大学生加盟，将为中国电子商务市场进一步发展锦上添花。因此，大学生创业者们要在全民自主创业的大环境下，充分利用电子商务，抓住机遇，拓宽思路，勇于尝试，学会创业。

电子商务平台或者是网络营销要想取得成功，必须在整个生产过程中，从产品的构思、设计、制造，到产品的包装、运输、销售，认真思考这种差异性，采取有针对性的方法和措施。同时，大学要深入挖掘新业态创造的就业机会，为大学生提供帮助。

【专题实训】

实训目标：

厘清创新创业项目，掌握创业计划书的结构、撰写方法；掌握创业项目路演时应该展示的内容与路演的方法和技巧。

实训步骤：

一、活动情景：描述你与创业者沟通的感受，并征求他给你的建议。

二、小组活动：分工完成任务；集体分析讨论不同企业运营特点，总结并共享任务成果。针对你要向投资者（利益关联方）展示的内容，思考他们会提出什么问题，你们会怎么回答，并将你们达成的共识记录下来。

三、个人内化：结合自己的创业项目，完成1分钟路演的准备工作，并进行模拟路演。

四、应用拓展：针对创业路演所解决的问题和创业路演时利益关联方所能够提到的问题进行思考，并结合创新、创业、专业与就业对创业路演进行关联性思考。

五、活动评价：通过小组总结会进行个人表现自评、他评、总评等讨论环节，由组长汇总后对每个组员进行打分。

实训过程：

一、活动情景

情景设计：创业计划

1. 如果你是投资者，你最想在1分钟内了解哪些事情？你会依据什么做出判断？

2. 小组讨论后共同确定投资者关注创业项目的哪些方面？请对其进行排序，通过换位思考投资者关注的要素，更好地把握创业计划的要点。

3. 与创业者沟通，询问他进行创业路演时的感受，他是通过哪些渠道参加路演的？并征求他对你的建议。

二、小组活动

1. 小组共同寻找与本组创新或创业项目相似或相关的案例,从投资者关注的方面对其进行描述(竞品分析)。

2. 请同学们通过小组讨论和分工合作的方式,针对小组创新或创业项目的各要点提供具有说服力的阐述,要求尽可能提供真实数据作为依据。

3. 请同学们通过小组讨论和分工合作的方式,制订本组的创业计划书,制作路演PPT或视频。

4. 每位同学尝试小组路演;小组推选一名同学进行全班路演。

5. 小组成员相互分享路演时的感受,或作为观众的感受。

三、个体内化

1. 如果你是一个投资者,你将会最关注一个项目的哪些方面?请阐述你的观点。(如创业团队、市场分析、商业模式、投资回报和产品与服务)

2. 如果你是一个竞争者,你将会最关注另一个创业团队及其项目的哪些方面?请阐述你的观点。

3. 如果你是一个目标消费者,你将会最关注一个创业团队及其项目的哪些方面?请阐述你的观点。

4. 请结合自己的创新创业项目,制作路演的PPT和视频,并演练一个1分钟的路演。这一过程你发现了哪些问题?你认为这些问题应该如何解决?

四、应用拓展

认真思考以下问题，并记下自己感触最深或最感兴趣的体会。

1. 与创新相结合的思考。

(1) 通过创业路演，可能给创业团队解决哪些问题？这些问题会影响创业团队的哪些发展？你认为创业路演中可以有哪些创新？

(2) 你最担心你的路演对象向你提出哪些问题？为什么？

2. 与专业相结合的思考。

基于本专业的特点在创业路演中你将会突出什么？你将说给谁听？

3. 与就业相结合的思考。

如果要你推销自己，请用 1 分钟路演的方式写一份简历。

五、活动评价

1. 召开小组总结会议，请每个组员围绕以下问题进行发言、讨论。

(1) 我对活动的贡献是什么？请从承担的内容、完成情况、工作实效等方面阐述。

(2) 我对他人的评价。

(3) 我对活动的建议。

2. 请记录以下内容。

(1) 他人对自己的评价。

（2）他人对活动的建议。

3. 请组长做好记录和汇总，并综合大家的讨论情况，给每个组员评分。

小贴士

创业计划是创业的行动向导和路线图，既为创业者行动提供指导和规划，也为创业者与外界沟通提供相对完整的项目资料。创业路演需要精心的准备，本着实事求是的态度，突出项目的核心要素与创新点。明确路演的目的是通过路演获取更多的资源支持与合作伙伴，并在与利益关联方的交流中进一步完善对项目的思考。

附　　表

______小组学习积分表

专题	小组总分	组长	组员	组员	组员	组员	组员	组员	组员
一									
二									
三									
四									
五									
六									
七									
八									
九									

参 考 文 献

[1] 斯晓夫. 创业管理[M]. 杭州：浙江大学出版社，2020.
[2] 蔡启明，刘益平. 创业管理[M]. 北京：科学出版社，2020.
[3] 段国定，索昕煜，丁雄. 创业基础[M]. 北京：航空工业出版社，2020.
[4] 聂晶. 我们的创业[M]. 北京：新华出版社，2020.
[5] 曾云. 创新与创业[M]. 重庆：重庆大学出版社，2020.
[6] 张汝山. 大学生创新创业教育[M]. 北京：高等教育出版社，2020.
[7] 钟宇，胡俊岩. 大学生创新创业基础[M]. 北京：北京理工大学出版社，2020.
[8] 王学义，杨琰华，赵鑫. 创新创业基础[M]. 北京：电子工业出版社，2020.
[9] 吴梅. 电子商务创业[M]. 南京：南京大学出版社，2020.
[10] 许跃，李伸荣. 大学生创新创业实务[M]. 哈尔滨：东北林业大学出版社，2020.
[11] 张耀辉，王勇. 创业原理、案例与实训[M]. 北京：清华大学出版社，2020.
[12] 苗珍. 大学生就业与创业指导[M]. 海口：南方出版社，2020.
[13] 葛海燕，黄华. 大学生创新创业指导与训练[M]. 北京：清华大学出版社，2020.
[14] 延凤宇，孙艳丽. 大学生创业实训手册[M]. 北京：国家行政学院出版社，2019.
[15] 王仲贵. 大学生创业教育[M]. 北京：中国原子能出版社，2019.
[16] 胡金林，金文豪. 大学生创业理论与实训[M]. 武汉：武汉大学出版社，2019.
[17] 李梅芳，杨芳，张镇. 大学生创业基础[M]. 天津：南开大学出版社，2019.
[18] 叶吉波，张宝臣. 大学生创业教育教程[M]. 大连：大连理工大学出版社，2019.
[19] 张雅伦，张丽丽. 大学生创新创业基础教程[M]. 北京：北京理工大学出版社，2018.
[20] 武琦，王国泰. 大学生创新与创业基础[M]. 成都：西南交通大学出版社，2018.
[21] 黄藤. 大学生创新创业教程(慕课版)[M]. 北京：人民邮电出版社，2018.
[22] 谭书敏，张春和. 互联网+大学生创新创业教育概论[M]. 成都：电子科技大学出版社，2018.